HEYNE FILMBIBLIOTHEK

W0178007

MERYL
STREEP

Hollywoods neues Gesicht

Originalausgabe

WILHELM HEYNE VERLAG
MÜNCHEN

HEYNE FILMBIBLIOTHEK
Nr. 32/109

Herausgeber: Bernhard Matt

Redaktion: Willi Winkler

Copyright © 1987 by Wilhelm Heyne Verlag GmbH & Co. KG, München,
und Autorin
Umschlagfoto: Süddeutscher Verlag, Bilderdienst, München
Rückseitenfoto: Stiftung Deutsche Kinemathek, Berlin
Innenfotos: Archiv der Autorin; Archiv Lothar Just, München;
Stiftung Deutsche Kinemathek, Berlin; Bildarchiv Engelmeier, München;
Deutsche Presse-Agentur, München
Printed in Germany 1987
Satz: Fotosatz Völkl, Germering
Druck und Verarbeitung: Ebner Ulm

ISBN 3-453-00122-2

Inhalt

7 Quality Streep
15 Vom häßlichen Entlein und dem blonden Schwan
26 Vassar College
34 Jahre der Selbstverwirklichung
55 Die durch die Hölle gehen
75 Die Verführung des Joe Tynan
92 Kramer gegen Kramer
113 Alice im Wunderland
129 Die Geliebte des französischen Leutnants
147 In der Stille der Nacht
159 Sophies Entscheidung
179 Silkwood
208 Der Liebe verfallen
220 Plenty – Meryl Streep ist eine *demanzipierte* Frau
235 Jenseits von Afrika
251 Sodbrennen
265 Scarlett oder George Sand, das ist hier die Frage

268 Filmographie
284 Danksagung
284 Bibliographie
286 Register

Quality Streep

Angesprochen auf einen der »neuen Sterne am Himmel Hollywoods«, meinte Truman Capote entsetzt: »Oh mein Gott, schauen Sie sich doch nur ihre Nase an. Diese rote, dünne Schnauze erinnert mich an einen Ameisenbären. Und dann diese Augen – wenn sie kleiner oder enger beieinander wären, könnte man meinen, sie sei ein Huhn, das gleich zu gakkern anfängt und ein Ei legt.«

Dieses Huhn, von dem die Rede ist, heißt Meryl Streep; ein Name, bei dem viele glaubten, es würde sich um einen Druckfehler handeln, als sie ihn zum ersten Mal auf einem Kinoplakat lasen.

Karikaturisten stellen die Streep oft mit einer überdimensionalen Nase dar. Obwohl es sie schmerzt, hat sie gelernt, damit zu leben. So erzählte sie zur allgemeinen Belustigung, wie sich bei einer Liebesszene mit Alan Alda in *The Seduction of Joe Tynan* (Die Verführung des Joe Tynan) ihre Nasen in die Quere kamen. Jedoch sollte sich jeder vor Anspielungen auf ihre Nase hüten, falls er nicht für immer in Ungnade fallen will. Nie wird Meryl vergessen, als Dino De Laurentiis' Sohn nach einer Premiere zu seinem Vater meinte: »Sie spielt gut, aber sieht schrecklich aus. Denk' nur an diesen Zinken.« »Er sagte es zwar auf italienisch, da ich aber in Vassar die Sprache studiert habe, verstand ich ihn dennoch«, erinnert sich Meryl. »Hinterher fragte ich mich wirklich, was das Gerede sollte. Schließlich hatte man mich in der High School zum bestaussehendsten Mädchen gewählt.«

Obwohl sie rein äußerlich nicht über die Attribute eines Glamourstars wie Lana Turner, Marilyn Monroe, Grace Kelly, Jane Russell, Kim Novak oder einer Marlene Dietrich verfügt, ist sie aus der Hollywoodszene nicht mehr wegzudenken. Ihr Ruhm beruht auf Talent, Eifer, Ausdauer, Perfektion, Selbstvertrauen, gepaart mit einer nicht zu beschreibenden Hingabe an diesen Beruf. Am Anfang ihrer Karriere verglichen sie einige Kritiker mit Leinwandidolen wie Greta Garbo, Bette Davis und Katharine Hepburn, doch mittler-

weile hat man eingesehen, daß die Leistungen Meryl Streeps einzigartig und unvergleichbar sind. Meryl Streep ist nur mit Meryl Streep zu vergleichen.

Regisseure, die mit ihr arbeiteten, bestätigen, daß sie jede Rolle spielen kann und sich dennoch treu bleibt. Sie wird ihr Letztes für die Darstellung geben, sonst hätte sie das Angebot nicht angenommen.

Meryl gesteht offen, daß sie keineswegs daran interessiert ist, ein Filmstar in der Art einer Joan Crawford oder Elizabeth

Taylor zu sein, die in verschiedenen Filmen immer die gleiche Rolle in jeweils anderen Kostümen spielten.

»Ehrlich gestanden, hätte ich vor 40 Jahren gelebt, wäre ich niemals zum Film gegangen. Ich hätte es nicht ertragen können, daß ein Studio oder ein Studioboß mein Privatleben und meine Karriere kontrolliert oder gesteuert hätte.« Meryl räumt aber ein, daß durch das alte Studiosystem einem Schauspieler vieles erleichtert worden sei. »Egal ob man gut oder schlecht war, man bekam als Studio-Hätschelkind immer die besten Rollen angeboten. Heute ist es doch so: Wenn man mit seinen Filmen Erfolg hat, wenn man bekannt ist – ich umschreibe das so, weil ich den Ausdruck ›Star‹ nicht ausstehen kann –, hat man es leicht, weil einem die Rollen als erster angeboten werden. So kann man sich die guten Rollen aussu-

Meryl und ihr Oscar für ›Kramer vs. Kramer‹.

chen. Ich hatte und habe immer die Angst, Angebote abzulehnen, weil ich befürchte, es könne kein anderes Angebot folgen. Nie habe ich ein Skript abgelehnt, wenn ich glaubte, es sei für mich geeignet. Ich nahm alle guten Angebote an, denn ich war froh, daß sie zu mir gekommen waren.«

Ein Umstand, der Kolleginnen wie Faye Dunaway verärgert: »Das Verdammte an Meryl Streep ist der Umstand, daß sie als erste die Rollen angeboten bekommt, die einem zu einem Oscar verhelfen können«, meinte Faye erbost in einem Interview.

Gefallen der Streep das Drehbuch oder das Filmteam nicht, lehnt sie Rollen trotz horrender Gagen ab und bleibt lieber bei ihrer Familie zu Hause. So wird man sie nie in einem Werbespot, einer Soap-Opera wie *Falcon Crest, Dallas* oder *Dynasty,* einem Science-fiction-Film oder in einer Massenproduktion sehen. Haben die Angebote bestimmte Qualitäten, die sie als annehmbar einstuft, sagt sie mit Sicherheit zu, egal, ob der Regisseur oder der Drehbuchautor noch völlig unbekannt sind.

Neben Barbra Streisand, Jane Fonda, Sissy Spacek, Sally Field, Jessica Lange, Kathleen Turner und Goldie Hawn gehört Meryl Streep zu den Frauen Hollywoods, die allein durch ihren Namen ein Drehbuch verwirklichen können.

Aber anders als diese Stars hatte Meryl erkannt, daß einer ernsthaften Karriere Filme wie *China Blue, King Kong, Smokey and the Bandits, Barbarella* oder *Carrie* nur schaden würden.

Das Kinopublikum zerfällt in zwei Lager: die einen besuchen ihre Filme wegen Meryls eleganter Darstellungsart, während die anderen unter keinen Umständen zu einem Streep-Film zu überreden sind, weil ihnen die »zickigen Manierismen« der Streep auf die Nerven gehen.

Ähnlich verhält es sich bei den Kritikern. Den Streep-Anhängern stehen Journalisten wie z. B. Pauline Kael gegenüber, die kein gutes Haar an Meryl und ihren Filmen lassen.

Ihr Talent stellte Meryl, neben ihren Theaterauftritten, in *Julia* (1977), *The Deer Hunter* (1978), *Manhattan* (1979), *The Seduction of Joe Tynan* (1979) und den Fernsehproduktionen

»Die neue Madonna Hollywoods.«

The Deadliest Season (1977) und *Holocaust* (1978) unter Beweis. Aber erst nach ihrer Rolle in *Kramer vs. Kramer* (1979) begannen sich die interessanten Angebote bei ihr zu häufen. Auf *The French Lieutenant's Woman* (1981) folgten *Still of the Night* (1982), *Sophie's Choice* (1982), *Silkwood* (1983), *Falling in Love* (1984), *Plenty* (1985), *Out of Africa* (1985) und *Heartburn* (1986).

Seit *The French Lieutenant's Woman* (1981) gehört Meryl zu den berühmtesten und bekanntesten Gesichtern der Branche. Gleichzeitig begannen die Reporter zu behaupten, daß sie eine geheimnisvolle Aura umgäbe. Dies ist auf die Tatsache zurückzuführen, daß Meryl freiwillig keinerlei Angaben über ihr Privatleben macht. Wird ein Reporter mit seinen Fragen zu aufdringlich, läßt sie ihn einfach sitzen und geht. »Mir scheint, daß man als Berühmtheit viel Energie

Meryl als Sarah Woodruff.

darauf verschwenden muß, das zu schützen, was man schon
vorher erreicht hat. Dazu kommt der lästige Umstand, daß
man mich überall erkennt. Früher konnte ich in der Straßen-
bahn fahren, um Leute aus dem Alltag zu studieren, etwas,

was jeder gute Schauspieler braucht. Heute habe ich oft das Gefühl, daß ich beobachtet werde.«

Meryl will auf keinen Fall dem Beispiel Marlene Dietrichs oder Greta Garbos folgen, die, vor ihren Fans versteckt, in völliger Zurückgezogenheit leben. »Mir reicht schon eine gute Verkleidung«, gesteht sie verschmitzt lächelnd.

Um von ihren Filmen und dem damit verbundenen Ruhm abschalten zu können, kehrt Meryl, wie auch ihr Freund Robert De Niro, immer wieder zum Theater zurück. Doch auch hier wird sie von ihren Kinofans verfolgt, so zum Beispiel vom kanadischen Premierminister Pierre Trudeau, der nach einer Vorstellung hinter die Bühne kam, um sich mit ihr zu unterhalten. Meryl allerdings beantwortete seine Fragen nur mit knappen Antworten. Später meinte sie: »Ich kapiere nicht, wieso berühmte Leute immer andere berühmte Leute treffen wollen.«

Auch ist sie von dem weltweiten Ruhm und dem Rummel um ihre Person überrascht.

»Ich verstehe nicht, warum die Leute soviel Aufhebens um die Arbeit eines Schauspielers machen. Stellen Sie sich vor, Sie gehen an dem Zeitungsstand 57. Straße/Ecke 6. Avenue vorbei und sehen Ihr Gesicht auf dem Titelblatt einer Illustrierten. Eine Woche später liegt das gleiche Cover auf dem Boden einer U-Bahn-Station. Sicher hat es einer schon angepinkelt. So ist das eben.

Aus diesem Grund schütze ich auch mein Privatleben und meine Familie zu Hause. Daheim bin ich frei von allen Zwängen und lebe ganz unbekümmert, während ich bei der Arbeit nie unbekümmert bin und sein kann. Ich achte immer darauf, was ich sage. Eigentlich ist das schade, denn ich war früher viel offener, d. h., ich bin zwar immer noch offen, aber früher sagte ich meine Meinung viel entschiedener. Jedes Wort, das ich jetzt sage, wird gleich auf die Goldwaage gelegt. Wenn ich z. B. sage, die Soundso war gestern abend echt miserabel, weiß es bald jeder, und es steht in keinem Zusammenhang mehr damit, wie ich es gemeint habe. Man kommt sich vor wie ein Politiker. Wer will denn schon so leben? Ich jedenfalls nicht. Aus diesem Grund sehe ich es auch nicht ein, wieso die Presse erwartet, daß ich sie über jeden meiner Schritte unterrichte.«

Um sich die neugierigen Presseleute vom Hals zu halten, erklärte sie kürzlich, sie werde nur noch zehn Filme machen; dabei zerpflückte sie nervös ihr Taschentuch.

Dies ist die andere Seite der Meryl Streep. Während sie auf der Leinwand kühl, selbstbewußt, sanft und sicher wirkt, ist sie privat oft nervös, unsicher, schüchtern und gerät leicht in Panik. Obwohl sie mit Leichtigkeit in jede neue Rolle schlüpft, zweifelt sie immer wieder an sich selbst. Ihr Bruder Harry erinnert sich, daß kurz vor einer Theaterpremiere bei Meryl alles »Mist« ist. »Ich bringe das überhaupt nicht«, behauptete sie oft. Worauf Harry nur antwortete: »Das kann überhaupt nicht deine schlechteste Vorstellung sein. Du hast doch schon beim letzten Mal behauptet, das sei die schlechteste gewesen.«

Bei der Oscarverleihung 1983 ließ sie ihre Rede fallen, und als *Sophie's Choice* im National Theatre in London Premiere hatte, lief sie während der Vorführung zurück ins Hotel, um sich umzuziehen. Aus Angst vor »der Meute« hatte Meryl »Blut und Wasser geschwitzt«. »Ich habe eben keine Methode, um mich zu beruhigen. Manche Leute meditieren oder entspannen sich auf eine andere Weise. Die sind dann ganz sicher.«

Doch gerade diese Schwächen und Charaktereigenschaften sind es, die die »Madonna von Hollywood« menschlich und sympathisch wirken lassen.

Dieses Buch erhebt nicht den Anspruch, eine endgültige Biographie Meryl Streeps zu sein. Vielmehr will ich die Entwicklung und die Ansichten Meryls sowie den Verlauf ihres bisherigen Lebens, ihre Karriere und einige bisher unbekannte Fakten aufzeigen, die dazu beigetragen haben, ihren sensationellen Erfolg zu begründen.

Es ist eine Hommage an eine Frau, die, obwohl ihr der Begriff »Star« mißfällt, eine der wenigen ist, die dieses Prädikat wahrhaft verdienen.

Andrea Thain

Vom häßlichen Entlein und dem blonden Schwan

»Als Kind hätte man mich leicht für ein Monster aus der Muppet-Show halten können.«

Meryl Streep

Meryl im Alter von sieben Jahren.

Als am 22. Juni 1949 in Summit, New Jersey, ein kleines Mädchen geboren wurde, war der Vater, Harry Streep II, der größte Fan dieses kleinen Wesens. Die Mutter, Mary Louise Streep, erinnert sich, daß die Geburt ohne große Probleme verlaufen war. Bei der Suche nach einem Namen für das klei-

15

ne Geschöpf entschied Harry II, daß es nach seiner Frau benannt werden sollte. Doch schon bald wurde das Kind nur noch Meryl gerufen.

Meryl Streeps Eltern gehören dem gehobenen Mittelstand an. Harry II arbeitete bis zu seiner Pensionierung bei Merck Pharmaceutical. Seine Frau Mary Louise verdiente zusätzlich als Illustratorin und Malerin.

Genaugenommen sind sie eine uramerikanische Familie, die den uramerikanischen Traum erfolgreich träumte. Dank ihrer Arbeit und ihrer Leistung erreichten sie das, auf was sie heute stolz sind.

Nach der Geburt von Meryls Brüdern, Harry III, auch »Third« genannt, und Dana, zogen die Streeps nach Basking Ridge. Wenige Jahre später siedelte die Familie nach Bernardsville, New Jersey, um.

Meryl meinte, daß sie als Kind »rechthaberisch, affektiert und stur« gewesen sei. »Ich sah aus wie eine Frau in den mittleren Jahren. Die anderen Kinder hielten mich oft für eine Lehrerin.«

Aber auch die Erwachsenen waren von der kleinen Streep nicht gerade begeistert, die sich neugierig und besserwisserisch in ihre Angelegenheiten einmischte.

Harry III meinte, daß Meryl »ein perfekter, schrecklicher Tyrann« gewesen sei, der nicht nur Dana und ihn terrorisierte, sondern auch die anderen Kinder der Straße. »Sie war ein rechthaberischer Straßenschreck. Das arme Kind, das ein Spiel, das Meryl sich ausgedacht hatte, nicht mitspielen wollte.«

Eines Tages allerdings rächten sich die »Unterworfenen« und fesselten Meryl an einen Baum. »Danach traten sie mir so lange gegen die Beine, bis sie bluteten. Aber im Grunde hatte ich ein solches Martyrium verdient.«

Während in den Anfangsjahren ihrer Karriere die Leute oft glaubten, sie hätten sich bei dem Namen Streep verlesen oder verhört, machte sich keines ihrer Nachbarskinder über den »guten, holländischen« Nachnamen lustig. »Mit Carmine Petriccione, Pancho Solegna und Bozo della Russo in meiner Nachbarschaft wagte es niemand, über meinen Namen Witze

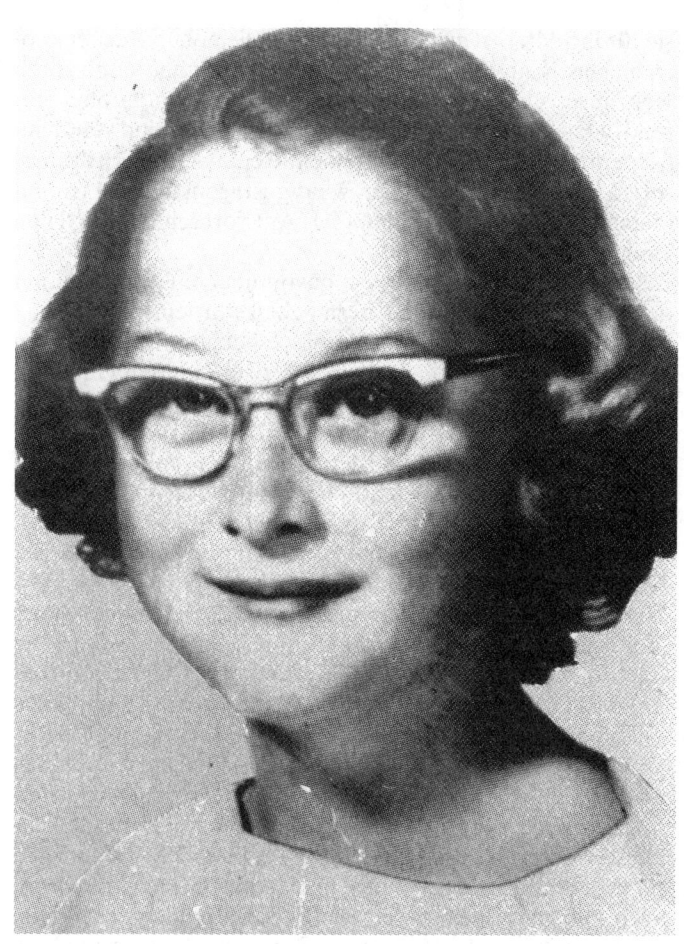

Drei Jahre später ...

zu reißen. Dagegen wurde ich oft wegen meines Aussehens gehänselt. Ich war ein häßliches Kind mit einem großen Mund. Außerdem gab ich immer schrecklich an.«
Meryl war als Kind wirklich keine Schönheit. Sie mußte dicke Brillengläser und eine Zahnspange tragen. Außerdem war

17

sie für ihr Alter zu groß und zu dünn. Die hohen Backenknochen, das Kinn und die krumme Nase, die heute mit ihren Reiz ausmachen, wirkten im Gesicht eines Kindes eher störend. Das linke Ohr war größer als das rechte und stand außerdem noch mehr ab. »Third meinte einmal, daß ich aufpassen müsse, wenn es draußen windig ist, sonst würde ich mit meinen Ohren davonfliegen.« Als Antwort schlug Meryl ihm einige Milchzähne aus.

Zu dieser Zeit war Meryl fest davon überzeugt, daß sie auf der ganzen Welt nur ihre Eltern lieben würden.

»Meine Minderwertigkeitskomplexe bekämpfte ich, indem ich Rad fuhr, Basketball spielte oder schwimmen ging. Damals besuchte man keinen Psychiater, sondern legte sich einfach in die Sonne oder vertrieb die Probleme mit Sport.«

Eine weitere Leidenschaft Meryls war die Filmkamera ihres Vaters. Wie die meisten Väter besaß auch Harry Streep eine Kamera, um die »glücklichen Momente« für immer festhalten zu können. Third berichtete, daß Meryl sich im Laufe der Zeit zu einer Art Regisseur entwickelte. »Sie verkleidete uns, und zusammen tanzten und hüpften wir dann durch das Wohnzimmer, während Pa alles filmte.«

Den ersten Applaus erntete Meryl im Alter von zwölf Jahren. Mit großer Überredungskraft hatte sie ihre Lehrer davon überzeugt, daß sie dazu geeignet sei, das »O, Holy Night« als Solo zu singen. Meryl, die das Lied auf französisch vortrug, überraschte mit ihrem Koloratursopran nicht nur ihre Familie. Mary Louise Streep, eine Frau der Tat, entschied sofort, daß das Talent ihrer Tochter nicht brachliegen dürfe und sah sich nach einem geeigneten Gesanglehrer um. Nach einigen Telefonaten wurde Mutter Streep fündig: Estelle Liebling, die 1903 neben Caruso an der Metropolitan Opera debütiert hatte. Oft erzählte sie ihren Schülern: »Caruso hatte keine Stimme. Er hatte eine Posaune.«

Estelle Liebling war eine exzentrische Persönlichkeit mit einer Vorliebe für feuerroten Lippenstift. Ihre Schüler empfing die 80jährige Künstlerin in ihrem Apartment und begleitete sie persönlich an ihrem Steinway-Flügel, den sie liebevoll »mein Baby« nannte.

Sechs Jahre später …

Am lebhaftesten blieb Meryl die Schülerin vor ihr im Gedächtnis. »Sie war eine sprudelnde Rothaarige, die gerade
debütierte. Ich hielt sie für sehr gut. Aber ich hielt auch mich

für ausgezeichnet.« Die Rede ist von Beverly Sills, die heute mit zu den führenden Operngrößen der Welt zählt.

Nach vier Jahren allerdings beschloß Meryl, nicht länger Gesangsunterricht zu nehmen. »Ich wuchs nicht in einem Zuhause auf, wo man ständig klassische Musik hörte. Und obwohl mich meine Eltern ermutigten, glaubte ich nicht, daß sie mehr von der Sache verstanden, als ich es tat. Noch heute tut es mir ein bißchen leid, daß ich meinen Unterricht nicht fortsetzte. Doch damals war ich mehr an Jungen und dem Job eines Cheerleaders interessiert.«

Meryls Entschluß, nicht länger Gesangstunden zu nehmen, war eine einschneidende Metamorphose vorangegangen. Nachdem Meryl sich für die Bernardsville High School entschieden hatte, beschloß sie, genau wie die Mädchen in *Seventeen Magazine* auszusehen.

»Jeder ist in diesem Alter egoistisch. Man paßt sich an, versucht perfekt zu sein, probiert aus und achtet darauf, daß man die richtigen Schuhe zum passenden Kleid anzieht. Außerdem will man nicht zu dünn oder häßlich sein, damit die Leute, wenn sie einen ansehen, nicht in Ohnmacht fallen.«

Aus diesem Grund stand Meryl eines Morgens auf, zertrat ihre Brille, weigerte sich, weiter eine Zahnspange zu tragen und bleichte ihr »trübes, krauses, braunes Haar« mit Wasserstoffperoxid und Zitronensaft. Ihren Pickeln rückte sie mit verschiedenen Waschlotionen und Alkohol zu Leibe. Mary Louise Streep erinnert sich, daß sie und ihr Mann zu dieser Zeit planten, ein weiteres Bad anzubauen, da Meryl am Morgen mindestens 90 Minuten brauchte, um sich herzurichten.

»Für mich war das Kindheitstrauma endgültig vorbei. Nie wieder wollte ich so mies aussehen. Aus diesem Grund spielte ich viele Jahre die blonde Prinzessin.«

Meryl spielte ihre Rolle mit großem Erfolg. Neben dem Theaterkreis war sie Mitglied im Schwimmteam, arbeitete an der Schulzeitung und dem Jahrbuch mit, sang im Chor und gab jeden Morgen über die Sprechanlage die verschiedensten Veranstaltungen bekannt. Am meisten aber befriedigte sie der Umstand, daß sie zum Cheerleader des Footballteams gewählt worden war. »Alles, was sie berührte, schien sich in

Gold zu verwandeln«, erinnerte sich eine Klassenkameradin. Für Proteste gegen Vietnam und die Regierung hatte man in Bernardsville High School keine Zeit und kein Interesse. An erster Stelle standen Football, Filme, Tanzveranstaltungen, Frisuren und Verabredungen.

Die Wochenenden verbrachte man mit der Vorbereitung auf das »große Ereignis, das in einem Kinobesuch, einem Hamburger, einer Tour durch die Stadt und einer kurzen Umarmung« bestand. Meryl, die sehr darauf achtete, auszusehen, als sei sie »gerade einem Modemagazin« entstiegen, wurde schnell eine Persönlichkeit, an der sich die anderen Schüler orientierten.

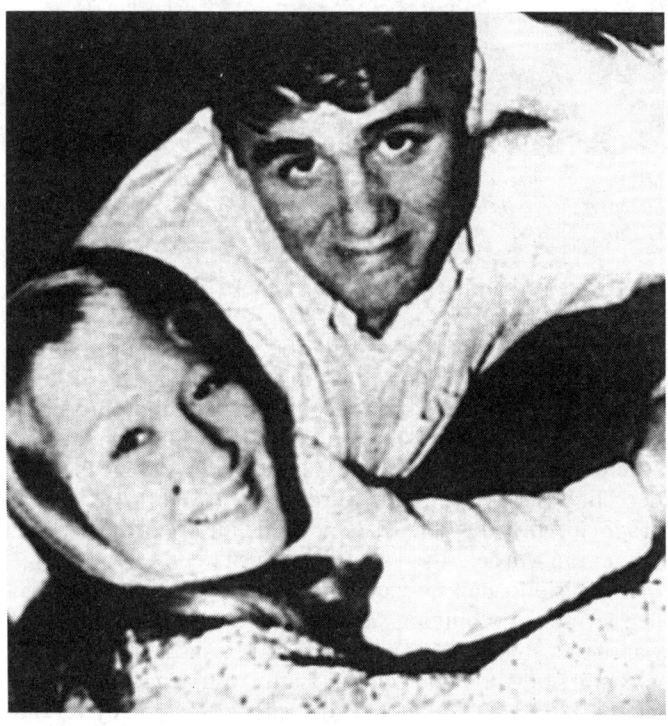

Meryl zusammen mit ihrer ersten Liebe Bruce Thomson.

Oklahoma. Sitzend: Mike Corvelli, Meryl Streep, Sue Castrilli, Harry Streep; stehend: Bob Strade, Marty Anderson, John G. Ricciardi, Candy Giglio.

Aus diesem Grund war niemand erstaunt, als sie sich mit dem Star des Footballteams, Bruce Thomson, zu treffen begann. Thomson wurde zu Meryls dauerhaftester »Schulromanze«, obwohl ein Freund Thomsons meinte: »Für sie war es keine Jahrhundertsache wie für Bruce. Sie mochte ihn, und sie sahen gut zusammen aus. Das waren für sie, glaube ich, die entscheidendsten Gründe. Bruce glaubte daran, daß sie ihn nach der High School heiraten würde. Doch Meryl war viel zu pragmatisch. Sie wußte, daß eine Ehe ihrer Karriere nur im Wege sein würde. Also sagte sie einfach nein.«

Meryl gesteht, daß sie viel von Thomson und seinen Freunden lernte: »Zusammen saßen wir in der letzten Reihe. Sie waren so lustig. Was ich über Witz und Komödien weiß, habe ich zum Teil von ihnen gelernt. Einige von den Jungs aus der letzten Reihe, die heute Grundstücke in New Jersey verkaufen, waren die witzigsten Menschen der Welt. Ich war ein sehr guter Zuhörer, noch bevor ich mich entschlossen hatte, Schauspielerin zu werden.«

Den Entschluß, Schauspielerin zu werden, faßte Meryl, nachdem sie in einigen Musicals, die von der Bernardsville-High-School-Theatergruppe aufgeführt wurden, Erfolge gefeiert hatte. Bei den Streeps war es üblich, daß jedem der drei Kinder zusätzlich zu seinem Geburtstag ein Tag zur Verfügung stand, an dem es tun und lassen konnte, was es wollte. Meryl entschied sich meistens für den Besuch eines Musicals. Zu ihren Favoriten zählte Meredith Willsons Werk *The Music Man*. Meryl war fasziniert von der Rolle der Bibliothekarin, die den vermeintlichen Musikprofessor vor der Entlarvvung schützte. Als Meryl erfuhr, daß die Laienspielgruppe der High School plante, *The Music Man* aufzuführen, bewarb sie sich um die Rolle der Elizabeth. »Ich glaube, dies war der Zeitpunkt, an dem mich das Theaterfieber gepackt hat.« Wie besessen übte und probte Meryl ihre Rolle. Als sie am Ende des Stückes vor den Vorhang trat, stand das Publikum von seinen Sitzen auf und ehrte sie mit einer »standing ovation«. »So muß sich Prinzessin Diana gefühlt haben, als sie zum ersten Mal neben Prinz Charles auf dem Balkon stand«, beschreibt Meryl ihre Gefühle.

Third, der den jüngeren Bruder der Bibliothekarin gespielt hatte, erinnerte sich, »daß die Sache mulmig wurde, als Meryl auch noch in *Lill Abner* und *Oklahoma!* die Hauptrolle erhielt«. Die meisten waren der Ansicht, daß Meryl nicht ständig die beste Rolle bekommen sollte. Aber, wie es ihr Lehrer Dick Everhart beschrieb, »sobald Meryl auf der Bühne stand, vergaß man alle anderen. Das Mädchen aus der ersten Reihe wirkte so professionell. Gewiß, auch andere waren talentiert, aber Meryl stellte sie alle in den Schatten.« Die meisten ihrer Mitschüler waren davon überzeugt, Meryl würde als Musicalsängerin Karriere machen. Doch die Streep zeigte keinerlei Interesse in dieser Richtung. »Was ich bis zu diesem Zeitpunkt gesehen hatte, waren ausschließlich Musicals mit Ethel Merman und Mary Martin in den Hauptrollen. Ich glaubte nicht, daß ich über die Energie dieser Frauen verfügte, um ebenfalls Musicals spielen zu können.«

Meryl als »Homecoming Queen« im Jahr 1967.

In ihrem letzten Jahr an der High School war Meryl zur »Homecoming Queen« gewählt worden. Für sie stellte sich die Frage, was noch zu erreichen war. »Oft glaubte ich, daß es nach der High School nichts mehr geben würde.« Doch schnell fand sich für sie eine neue Herausforderung. Heute meint die Streep, wenn sie sich an ihre High-School-Zeit erinnert: »Ich war ein nettes, gutaussehendes, sportliches Mädchen, das innerhalb von vier High-School-Jahren ungefähr sieben Bücher gelesen hat. Dafür las ich den *New Yorker* und das *Seventeen Magazine*, klopfte große Sprüche und hatte keine Ahnung von Mathematik und Physik. Durch Französisch rettete ich mich mit meiner Fähigkeit, die Stimmen anderer Leute zu imitieren. Von Grammatik hatte ich nicht die leiseste Ahnung.

Dennoch, die High-School-Zeit hatte auch ihre Schattenseiten. Zum einen war da dieser schreckliche Wettbewerb um die Jungs. Wenn man mit dem falschen Jungen ausging oder die falschen Schuhe anhatte, war man erledigt. Es machte mich sehr unglücklich. Die wichtigste Entscheidung während dieser vier Jahre bestand in der Frage, welches Kleid ich für die Schule anziehen würde.

Ich dachte, wenn ich gut aussehe und die richtigen Dinge mit den richtigen Leuten unternehme, würde man mich mögen. Doch genau das Gegenteil trat ein: Die anderen Mädchen wurden eifersüchtig. Ich hatte nur zwei Freundinnen an der High School, und eine davon war meine Cousine.

In Bernardsville spielte ich zwar mit dem Gedanken, zum Theater zu gehen, doch fest entschlossen, Schauspielerin zu werden, war ich erst, nachdem ich mich im Vassar College außer mit Musicals auch mit Stücken auseinandergesetzt hatte.«

Vassar College

»Ich habe einen Traum, der dann und wann
wiederkehrt und an den ich mich jetzt erinnere.
Ich sitze oben auf einer hohen Säule, auf die ich
hinaufgeklettert bin, und sehe keine Möglichkeit,
wieder herunterzukommen, mir schwindelt, wenn
ich nach unten sehe, und hinunter muß ich, doch
ich wage nicht, mich in die Tiefe zu stürzen,
ich kann mich nicht mehr da oben festhalten,
und ich sehne mich danach, endlich zu fallen,
aber ich falle nicht.«

Meryl Streep als Fräulein Julie in Strindbergs
gleichnamigen Stück

Vassar College war für Meryl Streep eigentlich nur eine Not-
lösung. Sie selbst hatte sich schon nach ihrem ersten High-
School-Jahr entschlossen, nach Vermont an das Bennington
College zu gehen. Während des Sommers hatte Harry Streep
sie dorthin gefahren, damit sie sich das College ansehen
konnte.
»Ich war begeistert. Schon immer hatte ich eine gewisse Vorliebe für die Neuenglandstaaten gehabt. Die Anlage des Colleges gefiel mir auch sehr gut, doch schon bald wurde mein
Traum zerstört. Die Frau, der ich mich vorstellte, wollte wissen: ›Welche Bücher haben Sie in den Sommerferien gelesen?‹ Ich schaute sie fragend an. ›Was meinen Sie damit?‹ erkundigte ich mich. Schließlich war ich doch Mitglied der
Schwimmstaffel von Bernardsville. ›Wollen Sie damit sagen,
daß Sie während des Sommers kein einziges Buch gelesen haben?‹ meinte sie mürrisch und schaute mich dabei mißbilli-
gend an. Ich überlegte, und da fiel mir ein, daß ich an einem
Regentag in der Bibliothek gewesen war und einen dicken
Wälzer mit dem Titel *Dreams* verschlungen hatte. Ich fand
das sehr faszinierend und erzählte ihr davon. Sie fragte mich,
wer es geschrieben hätte, und ich antwortete ›Carl Jung‹ und
sprach das J wie in ›jugular‹ aus. Sie aber verbesserte mich

Meryl zu Beginn ihres Studiums in Vassar.

nur und sagte: ›Bitte, Jung‹, mit einem J wie in ›young‹. Da
reichte es mir. Schließlich war es das dickste Buch, das jemals
jemand über den Sommer gelesen hatte, und sie regte sich
auf, weil ich den Namen des Verfassers falsch aussprach. Ich
stand einfach auf und sagte zu meinem Pa: ›Daddy, bitte fahr’
mich nach Hause‹, was er dann auch tat.«

Vassar College sollte eine weitere Metamorphose bei Meryl einleiten.

»Hätten sie mich gefragt, welche Bedeutung der Begriff ›Frauenrechtlertum‹ hat, hätte ich mit Sicherheit geglaubt, daß es etwas mit lackierten Fingernägeln oder einer tollen Frisur zu tun hat. Ich glaube, die Tatsache, daß in Vassar ausschließlich Frauen waren, war der Katalysator für eine neue Wende. Eine Wende, die sowohl meine Phantasie, mein Denken als auch meine Meinung betraf.«

Als Katalysator sah sie den Umstand an, daß sie in den ersten zwei Jahren »die wunderbarsten Frauen der Welt« traf. Meryl, die bis zu diesem Zeitpunkt nur »ungefähr sieben Bücher« gelesen hatte, lebte nun mit Frauen zusammen, die alle Bereiche der Wissenschaft und ihre Erkenntnisse kritisch hinterfragten. Fest entschlossen machte sich Meryl daran, den Wissensvorsprung der anderen einzuholen.

Hatten sie früher Modemagazine überallhin begleitet, so waren es nun die Bücher Kierkegaards, Sartres, der Brontë-Schwestern und Youngs. Freunde mußten sie oft zur Entspannung bei einer Cola oder einem Glas Bier zwingen.

»Ich fühlte mich absolut gut in dieser Atmosphäre. Und ich blühte auf. Zum ersten Mal fühlte ich mich auch vom eigenen Geschlecht akzeptiert. In Vassar verlor ich den Drang, andere Leute zu übertrumpfen. Das Beste zu geben wurde für mich selbstverständlich. Ich lernte aber auch, eine eigene Identität zu entwickeln und an mich selber zu glauben.«

Vassar College, das Frauen wie Jane Fonda und Jacqueline Bouvier Kennedy Onassis besucht hatten, war, nach Meryls Meinung, reich an »eigentümlichen, smarten, unansehnlichen, sonderbaren und prägenden« Frauen.

Am Wochenende brachten Busse Hunderte von Studentinnen nach Yale, Vassars Bruderschule in New Haven, doch der Stellenwert der Verabredungen hatte sich geändert. »Man schlief mit den Jungen, damit man über etwas reden konnte«, ist die treffendste Beschreibung.

Zwar war Meryl Mitglied in Vassars »Night Owls«-Chor und half mit, Feiern zu arrangieren, doch ihr Hauptaugenmerk galt ihrem Studium.

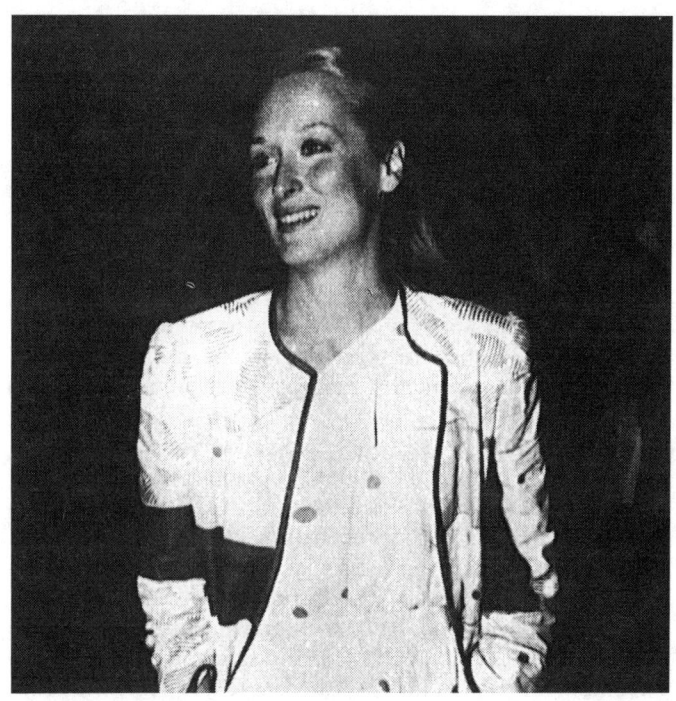

Bei einer Party 1970.

»Es war eine großartige Zeit. Ich konnte denken, im gleichen Atemzug ›Arschloch‹ sagen, konnte alles tun, was ich wollte, weil alles erlaubt war.«

Weil sie das tun konnte, was sie wollte, stand sie auch eines Tages in dem Kurs »Einführung ins Drama« auf und las die Rolle der frustrierten Blanche DuBois in Tennessee Williams *A Streetcar Named Desire* (Endstation Sehnsucht). Clint Atkinson, ihr Lehrer und der Regisseur der Theatergruppe, sprang begeistert auf und riet ihr, einmal Strindbergs Drama *Fräulein Julie* zu lesen.

Das Stück verwirrte Meryl, doch nach mehrmaligem Lesen konnte sie das Handeln der eigenwilligen Titelheldin akzeptieren und würdigen.

Atkinson hatte natürlich einen Hintergedanken bei der Sache. »Eines Tages fragte mich Clint, warum wir nicht einmal Strindbergs *Fräulein Julie* aufführten«, erinnerte sich Evert Springchorn, ehemaliger Leiter des Fachbereichs Schauspiel in Vassar. »Ich sagte nein. Ich wollte das Stück nicht herabgewürdigt sehen. Es habe ja auch nur drei Rollen. Aber Atkinson lud mich zu einer Lesung für den gleichen Abend ein. Ich ging auch hin, und schon nach kurzer Zeit war ich von Meryl hingerissen. Es ging einem durch und durch. Ich sah Atkinson an und nickte.«

Als Meryl erfuhr, daß man ihr die schwierige Rolle des Fräulein Julie gegeben hatte, war sie erstaunt, denn schließlich hatte sie noch nie in einem Drama, sondern immer nur in Musicals gespielt.

»Ich war mir nie sicher. Alles, was ich wußte, war, daß ich eine Axt nehmen und damit den Kopf eines Kanarienvogels abhacken sollte. Meine Freunde in der zweiten Reihe würden vor Schrecken und Abscheu aufheulen. Ich liebte es.«

Die meisten Frauen von Vassar waren von ihrer darstellerischen Leistung begeistert. Atkinson rühmte Meryl als »brillante Schauspielerin«. »Auf der Bühne umgab sie ein undefinierbarer Schein. Sie spielte Fräulein Julie mit einer Wollust, die einen, wenn man ihr Alter bedachte, schockieren konnte.« Um alle Bereiche des Theaters kennenzulernen, arbeitete Meryl als Regisseurin, als Produzentin eines Molière-Stückes, sie war für Requisiten, Beleuchtung und den Ton verantwortlich, entwarf die Kostüme für die Aufführung von John Steinbecks *Von Mäusen und Menschen* und Tennessee Williams' *Camino Real*. »Ich war endgültig dem Theater verfallen, obwohl ich mir oft sagte, das es kein Beruf war, der einem am Leben halten konnte.«

Zu Beginn des zweiten College-Jahres waren sämtliche Attribute des ehemaligen Cheerleaders verschwunden. »Meine Ansichten über Körperhygiene waren etwas ins Wanken geraten, dies war 1969, aber, bei Gott, ich fühlte, daß ich nun eine Persönlichkeit und ein Hirn hatte.«

Meryl lief in Jeans und alten Sweatshirts herum, und die Welt erschien ihr »rosarot«.

Meryl nach ihrem erfolgreichen Vassar-Abschluß.

Das sollte sich erst ändern, als Vassar College sich entschloß, auch Männer aufzunehmen. »Auf 40 Männer kamen 1600 Frauen. Dennoch, plötzlich war alles anders. Mit einem Schlag übernahmen sie die Leitung der Schulzeitung, der Literaturzeitung, des politischen Diskussionskreises. Mit einem Mal waren die Klassensprecher Männer.

Zu Beginn hatte ich hinter den politischen Ideen gestanden, doch dann rissen einige Männer mit großen Sprüchen die Führung an sich. Diese Egotrips konnte ich nicht ausstehen. Jeder fühlte sich als kleiner Abbie Hoffmann, umgeben von einem Schwarm schmachtender Verehrerinnen.

Ich bin allergisch gegen Leute, die ein solches Theater aufziehen und gegen solche, die es mitmachen. Ich fand es einfach zum Kotzen.«

Später meinte Meryl, daß sie dankbar für die ersten Vassar-Jahre war, die noch ohne den Wettbewerb um Männer auskamen. »Zum ersten Mal in meinem Leben schloß ich mit Frauen Freundschaft, denen ich vertrauen konnte.«

Da Meryl zu den besten Studentinnen des Colleges zählte, bot man ihr an, ein Jahr am Dartmouth College in Hannover, New Hampshire zu studieren.

In Dartmouth verhielt sich die Aufteilung der Studenten ähnlich wie in Vassar, nur daß hier 100 Männer auf eine Frau kamen.

Meryl beschreibt die Zeit in Dartmouth als eine ihrer einsamsten Zeiten.

Die Männer sahen Frauen nur als Mißgeburten an, mit denen man höchstens spazierengehen konnte. In den Klassen rissen sie die Gesprächs- und Diskussionsrunden an sich und ließen eine Frau überhaupt nicht zu Wort kommen.

»Entweder waren wir Sexobjekte für sie oder sie ignorierten uns. Da ich keine Verabredungen wollte, war ich sehr einsam.« Um sich abzulenken, stürzte sich Meryl in ihr Studium. Sie hatte Kurse für Kostümdesign, Tanz und das Verfassen von Theaterstücken belegt. Sie schrieb »lustige Stücke über Frauenrechtlerinnen« und versuchte, eine Laientheatergruppe auf die Beine zu stellen.

»Die schönste Erinnerung an Dartmouth sind die Barsche, die wir zum Frühstück aßen. Unser Haus, das ich mit einigen Studenten teilte, lag direkt am Connecticut River. Wir mußten nur vor die Haustüre gehen und die Fische fangen. Man kann sich nicht vorstellen, wie phantastisch der frischgefangene Fisch schmeckte.«

Noch mehr als die Männer in Dartmouth überraschte Meryl

die dortige Notengebung. Als sie ihr Zeugnis in Händen hielt, war sie mehr als verwundert.

»Ich traute meinen Augen nicht. In Vassar hatte man eine Party gefeiert, als ein Student zum ersten Mal in 20 Jahren ein A (vergleichbar der Note »Sehr gut«, Anm. d. Verf.) in Englisch erhalten hatte. In Dartmouth dagegen waren A's an der Tagesordnung. Aha, sagte ich zu mir, das ist also der Unterschied zwischen einem Männer- und einem Frauen-College. In Vassar müssen wir uns die A's verdienen, hier bekommt man sie nachgeschmissen.«

Doch auch ihre guten Noten konnten Meryl nicht über die schlechte Stimmung am Dartmouth College hinwegtrösten. So verkürzte sie ihren Austauschaufenthalt und kehrte im Anschluß an das Zwischenzeugnis nach Vassar zurück.

Kurze Zeit später bot ihr Clint Atkinson eine Rolle in der Off-Off-Broadway-Produktion von Tirso de Molinas Stück *The Playboy of Sevilla* (Der Spötter von Sevilla) an. Dankbar nahm Meryl das Angebot Atkinsons an, der bei diesem Stück Regie führte. Während der Spötter von Michael Moriarty gespielt wurde, verkörperte Meryl eine »seiner leichtesten Eroberungen, natürlich nur im Stück«.

Nach dreiwöchiger Laufzeit wurde das Stück vom Spielplan des Cubiculo Theatre abgesetzt. Meryl kehrte nach Vassar zurück und bereitete sich auf ihren Abschluß vor. Nachdem sie ihr Diplom erhalten hatte, reiste Meryl nach Vermont, wo sie von der Green Mountain Guild, einer kleinen Theatergruppe, engagiert worden war.

Jahre der Selbstverwirklichung

»Während die einen mir noch Rosen streuen,
überlegen die anderen schon, wie sie mich durch den
Dreck ziehen können.«

Meryl Streep

Angesichts der katastrophalen Arbeitssituation junger Schauspieler war Meryl froh, daß sie bei der Green Mountain Guild untergekommen war.
»In der Woche verdiente ich 48 Dollar, und das nicht einmal im Zeitalter der Depression. Aber wir lebten in einem wunderbaren, alten Haus, das ich mir heute mit Sicherheit nicht leisten könnte, und wurden von einer alten Dame bemuttert, die die Kunst liebte.«
Das Repertoire der Truppe bestand überwiegend aus Shakespeare- und Tschechow-Stücken, die man in Colleges und Skihütten spielte. »Oft mußten wir uns in einer kleinen Kammer oder in der Küche umziehen. Ich konnte die Leute und die Snowmobile hören. Wenn dann das Licht ausging, spielten wir oft bei dem Schein von Kerzen.«
Doch nachdem Meryl in ihren kleinen Rollen das Beste gegeben hatte, merkte sie, daß sie, wenn sie wirklich Erfolg haben wollte, an eine andere Bühne gehen mußte.
Da die wöchentlichen Gagen gerade zum Leben reichten, zog Meryl nach Bernardsville und übernahm den Job einer Serviererin. Während sie bediente, überlegte sie, an welche Schauspielschule sie gehen könnte.
»Eigentlich wurde mir die Entscheidung von der Schule selbst abgenommen. Während Juilliard 50 Dollar verlangte, kostete Yale nur 15 Dollar. Also sprach ich in Yale mit zwei Frauenrollen vor: zum einen Shakespeares Portia, zum anderen Williams' Blanche DuBois. Ehrlich gesagt wußte ich nicht, was ich tat, aber ihnen schien es zu gefallen, und sie nahmen mich auf.«
Die drei Jahre an der Yale Drama School waren für Meryl

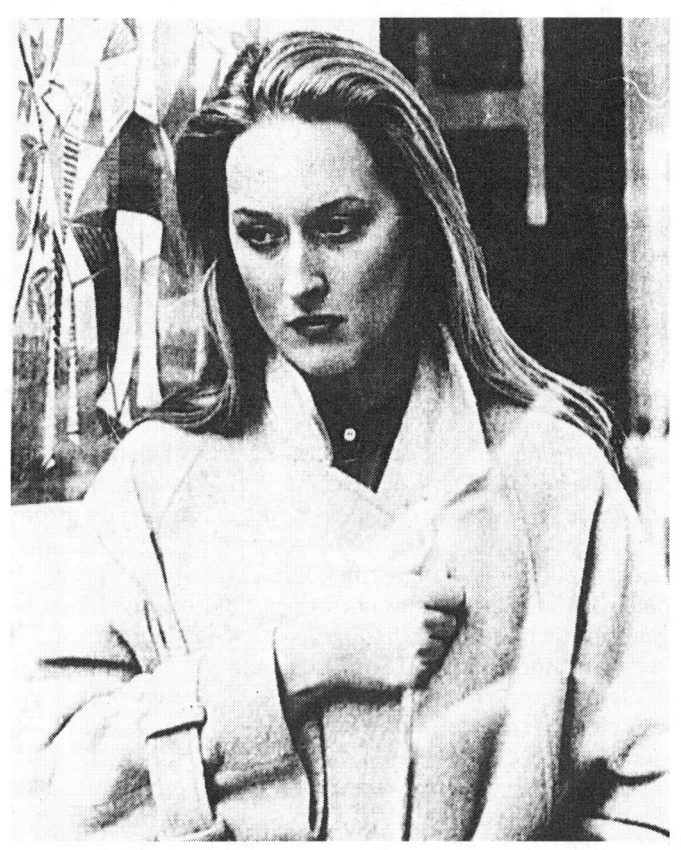

Meryl während ihrer Zeit bei der Green Mountain Guild.

sehr anstrengend, wenn auch ein gutes Training für den späteren Show-Alltag. »Nachdem ich erst einmal drin war, gab es für mich kein Zurück mehr«, erinnert sich Meryl. Da die Lehrer in Yale ihr Talent erkannten, forderten sie sie bis an ihre Leistungsgrenze. In den drei Jahren wirkte Meryl an mehr als 40 Produktionen mit, unter ihnen Strindbergs *Der Vater*, Shakespeares *A Midsummer Night's Dream* (Mittsommernachtstraum), Brechts *Happy End* und Tennessee Williams' *Summer and Smoke*. Robert Lewis, einer von Meryls Lehrern, erinnerte sich besonders an die Verkörperung in dem Williams-Stück: »Es war mit Sicherheit die beste Darstellung der Alma, die ich je gesehen habe. Sie löste ein Gefühl bei mir aus, das man sonst nicht hat, wenn man Studenten spielen sieht. Es war, als würde man das Leben einer realen Person beobachten. Manchmal konnte man kaum zuschauen. Immer wenn Meryl auftrat und spielte, wünschte man sich, daß der Autor das sehen könnte.«

Christopher Durang meinte, daß Meryl im allgemeinen sehr umgänglich war, aber sie konnte es schon damals nicht ausstehen, »wenn man ihr blöd kam«.

»Einmal, als wir gerade Brechts *Leben Eduard des Zweiten* probten, spielte Meryl die Königin und ich ihren Sohn. Wir arbeiteten mehrere Wochen daran, aber es klappte irgendwie nicht richtig. Der Regisseur hatte die Bühnendekoration als Zirkus aufgezogen und kleidete die Schauspieler entsprechend ein.

Meryl sollte das Kostüm einer Trapezakrobatin tragen. Sie hatte Perlen auf der Brust und um die Oberschenkel. Immer, wenn sie sich bewegte, klirrte es. Sie trug das Kostüm mit Todesverachtung und warf dem Regisseur wütende Blicke zu. Unter keinen Umständen wollte sie so auftreten. Meryl setzte sich durch. Später waren die Perlen verschwunden.«

Bald schon war Meryl der Star des Schulensembles, der Kritiker, Produzenten und Bewunderer gleichermaßen anzog. Den größten Applaus erntete sie mit Komödien. Wenn sich die Gelegenheit ergab, spielte sie noch bei fallendem Vorhang den Clown, gestikulierte und meckerte drauflos, so z. B. als sie die 80jährige, verkrüppelte und dazu noch wahnsinnige Übersetzerin Constanze Garnett in der Farce *Der Idiot Karamazow* spielte.

»Tom Haas inszenierte die Aufführung«, meinte Christopher Durang, der das Stück zusammen mit Albert Innaurato geschrieben hatte. »Haas fand aber, daß Meryl manchmal die anderen Personen zu sehr dominierte und forderte sie zur Zurückhaltung auf. Das tat sie dann auch, aber als dann der Endapplaus losbrach, wirbelte sie in ihrem Rollstuhl auf der

Bühne herum und schrie: ›Geht nach Hause, geht nach Hause!‹ Dann mimte sie einen Herzanfall. Erst lachte alles, doch dann wurde es sehr still. Die Leute wußten nicht, ob der Anfall Spiel oder Ernst war. Erst als Meryl meckernd davonhüpfte, atmeten sie erleichtert auf.«

Das Stück wurde ein so großer Erfolg, daß es schließlich am Yale Repertory Theatre gespielt wurde.

Haas' Anspruch erschreckte Meryl zunächst, nachdem er sie im ersten Semester angefahren hatte, sie würde ihr Talent verstecken, aus Angst, »in einem Wettstreit mit ihren Partnern zu unterliegen«. »Etwas Wahres war an der Sache schon dran«, gesteht Meryl, »aber Haas hatte keinen Grund, mich öffentlich zu warnen, daß ich so mein Talent vergeuden würde. Alles, was ich wollte, war nett zu sein, mein Diplom zu bekommen und wieder aus der Schule zu verschwinden.«

Obwohl Meryl ein Stipendium in Yale bekommen hatte, verdiente sie sich ihren weiteren Lebensunterhalt selbst, da Harry Streep II mittlerweile pensioniert war und Third und Dana

Zusammen mit Joe Grifasi (l.) und Brian Dennehy (r.).

noch das College besuchten. Doch die Leistungsforderungen an der Schule, die Gelegenheitsjobs und die anderen Studienfächer kosteten ihren Preis:»Ich wurde nervös und müde. Ständig hatte ich etwas anderes zu tun.«

Zunächst wurde Meryl immer dünner und bekam starke Magenschmerzen. Als sie schließlich einen Arzt aufsuchte, bestätigte er, daß sie an einem Magengeschwür litt.

Aber auch ihre Nerven waren in zusehendem Maße strapaziert. Joe Grifasi, ein Studienkollege Meryls, erinnert sich an einen Zwischenfall während einer Probe:»Weil ein Schauspieler sein Stichwort verpaßt hatte, stand Meryl längere Zeit allein auf der Bühne. Das Stück spielte in der Praxis eines Psychiaters. Meryl lief unruhig hin und her, betrachtete die herumliegenden Instrumente und die Tintenklecksbilder. Plötzlich, als hätte sie irgend etwas in sich selbst erkannt, begann sie zu weinen.«

»Die Arbeit für den Abschluß war noch einmal schrecklich anstrengend. Wie sehr sehnte ich mich nach der Zeit, wo zu Semesterbeginn ein neuer Lehrer den Raum betrat und verkündete: ›Machen Sie sich keine Sorgen um das, was Sie im letzten Jahr gelernt haben. Dies ist ein neuer Anfang.‹«

Voll Sehnsucht dachte sie an die verrücktesten Übungen zurück, wo z. B. die Worte durch Zahlen ersetzt worden waren. »Einmal spielten wir so Tschechows *Drei Schwestern*. Ich war Mascha, und ein Satz sah so aus: ›Drei, fünf, fünf, sieben, zwei, acht, neun.‹« Oder wie durch einen Lehrer »Emotionen ins Gedächtnis gerufen wurden«, daß Meryl sich »abgestoßen fühlte, wie dieser Mann in unserem Privatleben herumstöberte«.

Kurz vor ihrem Abschluß wollte Meryl alles hinwerfen. »Aber ich wußte genau, was sie zu mir sagen würden. ›Druck? Was für Druck? Warten Sie erst einmal ab, wenn Sie draußen sind. Dort herrscht Druck.‹ Erst als ich mir vor Augen führte, daß ich in Zukunft nicht gegen zwölf oder 15 Personen ankämpfen mußte, sondern gegen 20000, war das sehr befreiend für mich.«

Ihr Psychiater meinte, daß alle Probleme von allein verschwinden würden, sobald sie Yale abgeschlossen hätte.

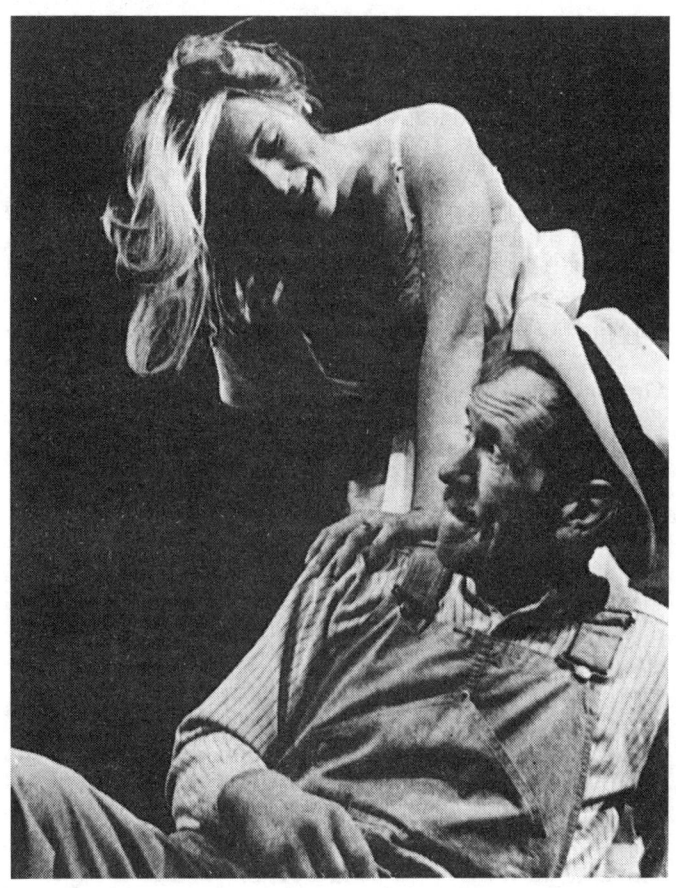

Mit Ray Poole in Tennessee Williams' Stück ›27 Wagons Full of Cotton‹.

»Und wissen Sie, er hatte recht. Nach meinem Abschluß hatte ich keine Sorgen mehr.«
Nachdem Meryl in ihrem letzten Jahr an der Yale Drama School in sechs von insgesamt sieben Stücken mitgewirkt hatte, die vom Yale Repertory Theatre produziert wurden, erhielt sie ihren Master of Fine Arts.
Im Sommer nahm sie an der jährlichen Eugene O'Neill

Playwrights' Conference teil, bei der sich vor allem junge Drehbuchautoren profilieren können. Doch diesmal stach Meryl alle anderen in der Gunst um die Produzenten aus mit der Hauptrolle in der Komödie *Isadora Duncan Sleeps With the Russian Navy*.

Dank der Rolle der Isadora Duncan erhielt Meryl in Connecticut verschiedene Angebote. »Ich stand vor der Frage, ob ich nach all den Jahren irgendwo im Hinterland versauern oder ablehnen und ein neues Risiko eingehen sollte.« Meryl entschied sich für letzteres.

Im Sommer 1975 beschloß sie, an einer der berühmt-berüchtigten Massenveranstaltungen der Theater Communications Group, kurz TCG, teilzunehmen. Schauspielschüler aus allen erdenklichen Schulen stellen sich dabei den Agenten regionaler Theater vor. Zwar handelte es sich meistens um kleine, unbekannte Theater, die aber den Vorteil hatten, daß sie in Städten wie Baltimore, Chicago, Atlanta oder Minneapolis beheimatet waren, was den Sprung an eine größere Bühne erleichterte. »Es war einfach unglaublich«, berichtete Meryl, »jeder Teilnehmer hatte eine Szene aus einem tragischen und einem komischen Stück parat. Die meisten spielten Shakespeare und einen modernen Dramatiker.«

Den Abend vor der Veranstaltung verbrachte Meryl mit einigen Freunden und ging schon früh zu Bett. Als am nächsten Morgen der Wecker läutete, siegte ihre Abneigung gegen Wettbewerbe: »Ich wachte auf, sah auf den Wecker und schlief wieder ein. Ich ging einfach nicht hin.« Grifasi erinnerte sich, wie er und einige Freunde verzweifelt auf Meryls Ankunft warteten. »Als sie nicht kam, glaubten wir, ihr sei etwas passiert. Schließlich war dies eine ihrer wichtigsten Chancen gewesen, und sie war einfach nicht erschienen. Viele glaubten, daß damit der Schlußstrich unter die Karriere der Meryl Streep von ihr selbst gezogen worden sei.«

Instinktiv habe sie erkannt, meint Meryl spöttisch, daß es nur vergeudete Zeit gewesen wäre, an der Veranstaltung des TCG teilzunehmen. »Schließlich hätte ich die nächsten fünf Jahre damit verbracht, mich wieder nach New York zurückzuspielen.«

Statt dessen suchte sie Rosemarie Tichler auf. Mrs. Tichler, die u. a. für die Besetzung der Stücke von Joseph Papps Public Theatre zuständig ist, zählt mit zu den grauen Eminenzen der Theaterbranche. Vor allem ist sie für ihren Rolodex bekannt, in dem die Telefonnummern sämtlicher Stars, Regisseure, Produzenten, Filmfirmen, Theater und aller renommierten Psychiater verzeichnet sind.

Auf diesen Rolodex starrte Meryl bei ihrem ersten Besuch und war von ihm hypnotisiert wie ein Hase von der Schlange.

»Ich flehte sie an, daß sie für mich ein Vorsprechen arrangierte. Sie aber fragte mich nur, wieso ich nicht bei der TCG da-

Zusammen mit John Lithgow in William Gilette's ›Secret Service‹.

beigewesen wäre. Ich erzählte ihr, daß ich Magenschmerzen gehabt hätte und aus diesem Grund verhindert gewesen sei. Sie sagte: ›Nun, in Ordnung‹, und sah mich lange an. ›Ich habe da vielleicht etwas für Sie.‹ Und so bekam ich die Rolle in *Trelawny of the Wells.*«

Als bekannt wurde, wie Meryl an die Rolle gekommen war, waren viele der Branche sprachlos.

Trelawny of the Wells handelt von den Ängsten und Nöten einer kleinen Theatergruppe und ihrem Star Rose Trelawny, dargestellt von Mary Beth Hurt. Meryl war in der Rolle der Imogen Parrott zu sehen, einer Schauspielerin, die die Wells Company verläßt und an einem anderen Theater ein Star wird. Als Rose sich überlegt, ob sie das Theater für einen reichen Mann sausen lassen soll, steht ihr Imogen mit Rat und Tat zur Seite.

Obwohl Meryls Rolle nicht besonders groß war, stellte Walter Kerr in seiner Kritik sie und Mary Beth Hurt positiv heraus: »Aus der überspannten Aufführung ragen zwei Personen heraus: Meryl Streep als eine raffinierte erfolgreiche ehemalige Kollegin, die jetzt der ›Star‹ an einem anderen Theater ist, bissig, nüchtern und phänomenal ausgestattet mit einem rosafarbenen Kleid und weißen Straußenfedern. Und Mary Beth Hurt als Rose Trelawny.«

Aus dieser Zeit entspringt auch Meryls Freundschaft mit ihren damaligen Kollegen John Lithgow, Mary Beth Hurt und Mandy Patinkin, der sie gerne in der weiblichen Hauptrolle in *Ragtime* gesehen hätte, ein Angebot, das Meryl aus terminlichen Gründen nicht annehmen konnte.

Zwei Tage nach dem Erfolg in *Trelawny of the Wells* fragte das Phoenix Theatre bei Meryl an, ob sie daran interessiert sei, in einem der Stücke, die das Theater anläßlich der 200-Jahr-Feier 1976 aufführen wollte, mitzuwirken. Zur Auswahl standen Arthur Millers *A Memory of Two Mondays* und Tennessee Williams *27 Wagons Full of Cotton.* Meryl sagte zu, bat aber, ihr vorher das Skript zu schicken. »Zunächst griff ich zu dem Stück von Tennessee Williams. Ich war von einer achtstündigen Probe zu *Trelawny* völlig erschöpft und kaputt, als ich zu lesen begann. Hellwach wurde ich, als ich las,

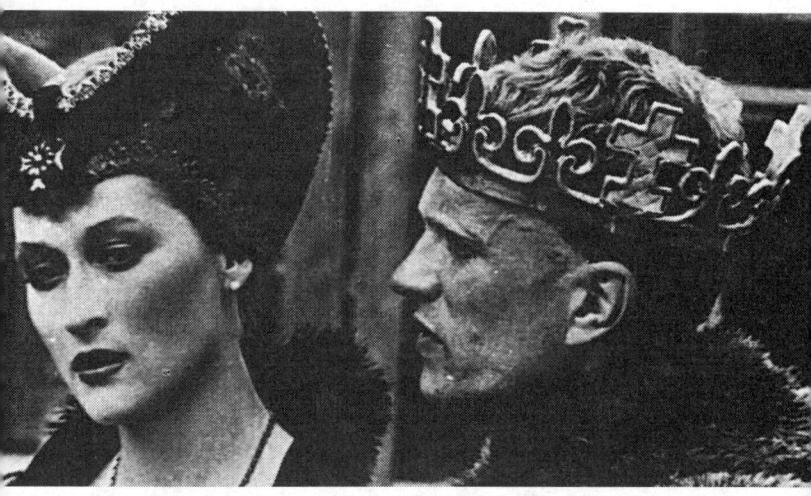

Meryl als Prinzessin Katharina in Shakespeares ›Heinrich V.‹, zusammen mit Paul Rudd.

Flora würde 180 Pfund wiegen. Ich rannte ins Bad und stopfte mich mit Handtüchern aus.«

In dem Miller-Stück hatte man ihr die Rolle der Sekretärin Patricia angeboten. Eine Rolle, die Meryl ebenfalls sehr gut gefiel.

Kaum war Meryl im Phoenix Theater zum Vorsprechen angekommen, rannte sie in die Damentoilette und stopfte sich erneut aus. »Ich tat es einfach, weil ich mich wie Flora fühlen wollte.«

Später erklärte sie, sie hätte Floras Akzent »unerhört übertrieben«. Die Anwesenden aber, unter ihnen der Direktor des Phoenix-Theaters, T. Edward Hambleton, waren von ihrer Verkörperung der ehemaligen Südstaatenschönheit begeistert. Als sie dann noch die Miller-Rolle vortrug, engagierte Regisseur Arvin Brown Meryl gleich für beide Stücke. Hambleton, der noch nie das Risiko mit einem jungen Schauspieler oder einem neuen Autor gescheut hatte, erinnert sich, daß »Meryl dem Pathos des Williams-Stückes lyrische Würde verlieh«.

»Die Rolle der Flora machte mir großen Spaß. Ich trug unter meinem Kostüm einen Badeanzug, in dem riesige Brüste, ein Bauch und ein dicker Hintern eingenäht worden waren.« Beide Stücke wurden kurz hintereinander aufgeführt. Der Zuschauer hatte so die Möglichkeit, eine der erstaunlichsten Wandlungen der Theatergeschichte Amerikas mitzuerleben. Während Meryl in dem Williams-Stück dick, behäbig, weise und mitleiderregend wirkte, war sie in dem Stück von Arthur Miller ein total anderer Charakter: Patricia, die schlanke, gutaussehende Sekretärin in einer Autofabrik, ist emanzipiert und selbstbewußt.

Das Publikum war über diese Wandlungsfähigkeit erstaunt und begeistert zugleich. »Die Reaktion der Leute paßte mir in meine Absicht, nie auf ein bestimmtes Rollenfach oder einen Typ festgelegt zu werden.

Einige Kritiker zeigten sich von meiner ›Wandlungsfähigkeit‹ überrascht, dabei hatte ich doch nur an einem Abend das getan, was jeder Schauspieler sonst an verschiedenen Abenden tut.«

Helen Pointer schrieb in ihrer Kritik: »Obwohl es unglaublich war, was Meryl Streep an diesem Abend leistete, schien alles so einfach und leicht zu sein.«

Für ihre Leistung wurde Meryl mit dem Theater World und dem Outer Critics Circle Award ausgezeichnet. Zusätzlich wurde sie für den Tony nominiert. »Es war wie in einem Märchen. Schließlich stand ich ja erst kurze Zeit auf einer Profibühne, und dann nach drei Stücken schon für den Tony nominiert? Ich konnte mein Glück nicht fassen.« Doch Meryl wollte sich auf ihren Lorbeeren nicht ausruhen.

Auf der Suche nach einer neuen Rolle schlugen ihr Mary Beth Hurt und Lithgow vor, die Hauptrolle in *Secret Service,* einer neuen Phoenix-Produktion, zu übernehmen. Meryl spielte in dem Südstaatendrama, das William Gillette Ende des 19. Jahrhunderts verfaßte, eine Südstaatenschönheit, die sich in einen Captain der Konföderierten verliebt, der sich später als Spion der Union entpuppt. Mary Beth Hurt spielte eine Nachbarin, John den Captain und Joe Grifasi einen sturen Korporal.

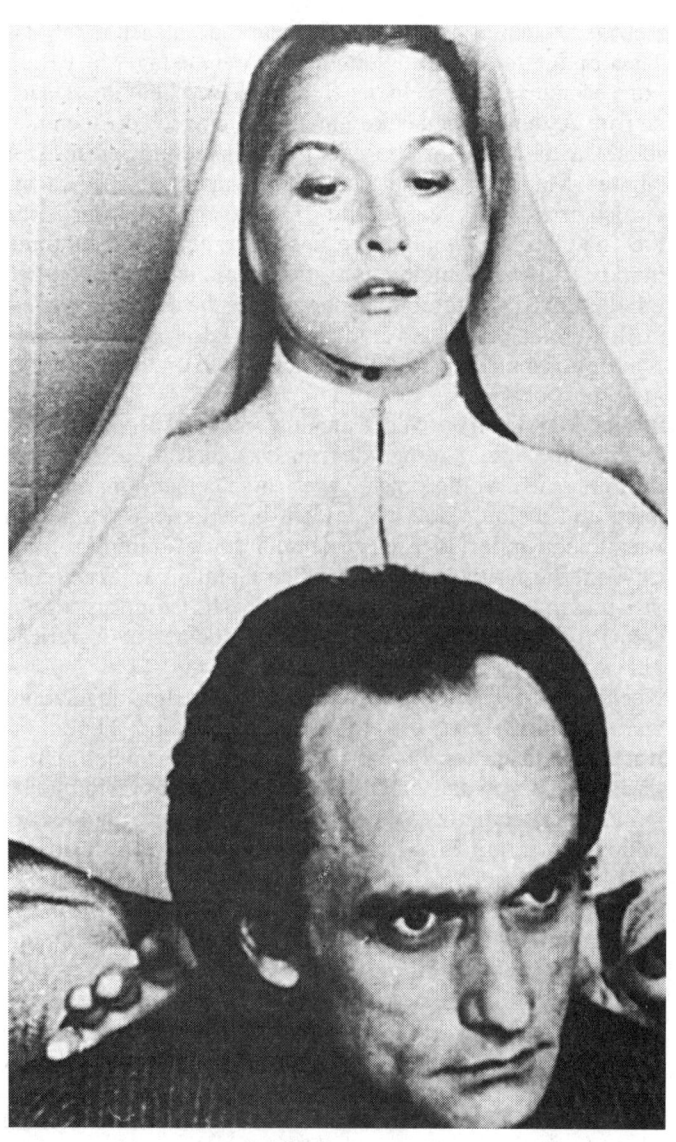

Zusammen mit John Cazale in ›Measure for Measure‹.

Einziger Nachteil der Produktion war die Tatsache, daß das Theater auf der falschen Seite der 8. Avenue lag. Mary Beth Hurt erinnerte sich an einen peinlichen Zwischenfall: »Da ich zu früh zu den Proben gekommen war, ging ich noch einmal schnell in das Café um die Ecke. Plötzlich meinte der Besitzer zu mir: ›Ma'am, Sie arbeiten doch hier in der Straße?‹, worauf ich erwiderte ›Yeah.‹ ›Gut‹, meinte er, ›dann werde ich Sie mal bei Gelegenheit besuchen kommen.‹ Erst dann merkte ich, was er meinte und stammelte, daß ich eigentlich um die Ecke arbeitete, doch das machte die ganze Sache nur noch komplizierter, weil er mich wieder falsch verstand. Also schüttete ich meinen Kaffee in mich hinein und verließ blitzartig das Lokal.

Als ich Meryl von der Sache erzählte, meinte sie nur: ›Ich habe dir schon immer gesagt, du trinkst zuviel Kaffee.‹ Sie sagte das mit einem völlig ernsten Gesicht. Danach umarmte sie mich und meinte: ›Ich werde dich beschützen.‹ Wir waren wie kleine Kinder, die sich zusammen stark fühlten.«

Obwohl die Kritiker keinen großen Gefallen an *Secret Service* finden konnten, zeichnete PBS (Public Broadcasting System) die Produktion für ihre Serie »Theater in America« auf.

Nachdem die eine Saison am Phoenix-Theater abgelaufen war, konnten Meryl, Joe, Mary Beth und John es kaum erwarten, im nächsten Jahr erneut zusammenzuspielen. Doch da erfuhren sie, daß das Phoenix-Theater aus Geldmangel keine Stücke mehr inszenieren würde. »In unserer Trauer beschlossen wir, mit 25 selbst ein Theater zu gründen«, erinnert sich Meryl.

Doch die vier blieben gute Freunde. Zusammen mit ihnen feierte Meryl ihren ersten Filmvertrag mit Fred Zinnemann, der sie für seinen Film *Julia* (Julia) verpflichtet hatte.

Zunächst hieß es, Meryl würde in der Verfilmung des autobiographischen Romanes *Pentimento* von Lillian Hellman die Rolle der Julia spielen, nachdem die Hellman-Rolle mit Jane Fonda besetzt worden war.

»Ich war ziemlich verwirrt«, gesteht Meryl, daß sie zu einem zwanzigminütigen Gespräch mit Fred Zinnemann eigens nach London geflogen wurde. Während dieses Interviews merkte Meryl, daß Zinnemann lieber Vanessa Redgrave in der Rolle der Julia sehen wollte. »Später sagte er, daß ich ihm gefiele, und er bot mir die Rolle der Anne-Marie Travers an. Allerdings meinte er, daß in seinem Film schon genug Blondinen vorkommen würden, und ob es mir etwas ausmachen würde, eine schwarze Perücke zu tragen. Ich erklärte ihm sofort, ich würde alles aufsetzen.«

Doch zunächst kehrte Meryl an die Bühne zurück. Weihnachten 1975 hatte sie Joseph Papp, der Direktor des Public Theater, angerufen. »Joe war am Telefon und fragte mich: ›Hätten Sie Lust, eine fanatische Nonne zu spielen?‹, und ich sagte: ›Moment, ich muß erst einmal in meinem Terminkalender nachsehen.‹ Nein, nein, ich sagte natürlich sofort zu«, berichtet Meryl.

Joe Papp ist dafür bekannt, daß er ein Auge für Talente hat. 1953 gründete er seinen Shakespeare Working Shop und rief drei Jahre später das Shakespeare-Sommerfestival im Central Park ins Leben. 1966 trieb er das Geld auf, um die Astor-Bibliothek zum Public Theater umzubauen. Das Theater wurde mit einer Sensation eröffnet: Das Musical *Hair* erwies sich als Dauerknüller und rettete Papp aus den roten Zahlen. Aber auch in den anderen Bereichen war Papp erfolgreich. Seine Shakespeare-Festival-Produktionen gewannen 22 Tonys, 72 Obies, drei Pulitzerpreise und 25 weitere Auszeichnungen.

Papp hatte sofort Meryls Talent erkannt. »Zum ersten Mal hörte ich von ihr, als sie noch in Yale war. Einige sagten, sie sei eine interessante Schauspielerin, während andere ihre Art des Spiels nicht ausstehen konnten. Dann kam sie zum Vorsprechen wegen der Rolle in *Trelawny of the Wells*. Ich war sofort von ihr begeistert. Sie ist künstlerisch hoch begabt, nimmt schreckliche Risiken auf sich, und, was sie vor allem kennzeichnet, sie scheut auch kein physisches Risiko. Sie gehört zu den wenigen Schauspielerinnen, denen es gelingt, sich in die Rollen einzuleben und sie wie reale Menschen erscheinen zu lassen. Ihre Rollen sind aus Fleisch und Blut und nicht bloß blasse Imitationen.«

Papp bot Meryl für das Shakespeare-Festival 1976 zwei Rollen an. In Shakespeares *Heinrich V.* sollte sie die Prinzessin Katharina spielen, und in *Maß für Maß* war sie dann Isabella. Während der Proben meinte Meryl:»Ich beneide die Briten um ihre Erfahrungen und den Mut zum Experiment, doch wir in Amerika haben eine andere Bühnentradition. Wir spielen mit dem Herzen und dem Bauch.«

Bereits im Frühjahr 1976 bereitete sich Meryl auf die Rolle der Katharina vor, die sie in der ersten Sommerhälfte spielen sollte. »Nachdem ich mich in die Rolle hineingelebt hatte, konnte ich mich völlig auf die Isabella konzentrieren. Das Herrliche an Shakespeare ist«, fährt Meryl fort, »daß seine Charaktere allein durch die Worte genau geschildert werden. Durch die Reime kann man sich selbst im Spiel wiederfinden. Es ist kein Mittelsmann nötig. Der Schauspieler ist allein dem Vers verpflichtet, denn dadurch gewinnt das Ganze an Bedeutung.«

Während Meryl am Abend als Katharina auf der Bühne stand, fanden tagsüber die Proben zu *Maß für Maß* statt. Während dieser Zeit plagte Meryl eine Sorge: Sie war fest davon überzeugt, daß das Stück das Publikum nicht fesseln würde. »Wen interessiert es schon, ob es Isabella wirklich nur auf die Reinheit der Seele ankommt?« fragte Meryl oft provozierend. »Ich meine, das ist wirklich schwer zu glauben.«

Dennoch fand sie auch Parallelen zwischen sich und ihrer Rolle. »Sie ist dogmatisch, sehr von sich überzeugt und sehr konsequent. Erst nach und nach erkennt sie, daß ihre Emotionen Forderungen an ihre Überzeugung stellen.«

Während der Proben zu *Maß für Maß* verliebte sich die »fanatische Nonne« in Shakespeares Angelo, alias John Cazale. John hatte sich durch die Verkörperung des Fredo, des schwachen Bruders von Al Pacino und James Caan in den *Godfather*-Filmen (Der Pate, Teil I; Der Pate, Teil II), als Filmschauspieler etabliert, nachdem auch er seine Karriere bei Joseph Papp begonnen hatte. Auch in *Dog Day Afternoon* war Cazale Al Pacinos Partner gewesen, mit dem ihn eine tiefe Freundschaft verband. Meryl bewunderte an ihm seine Fähigkeit, Wichtiges von Unwichtigem zu trennen. »Er

Aller Anfang ist schwer: Meryl zusammen mit Jane Fonda in ›Julia‹.

besaß ein so gutes Urteilsvermögen, so klare Gedanken. Zum Schluß blieb nur das wirklich Richtige, für das es sich zu arbeiten und zu kämpfen lohnt.«

Während Isabella sich zunächst gegen die Avancen Angelos zur Wehr setzt, gab Meryl ihre »Verteidigungsposition« bald auf. Als das Shakespeare-Festival vorüber war, zog sie in Cazales Apartment in der Upper West Side Manhattans.

Doch bald schon mußte Meryl ihren Romeo verlassen, da im Herbst 1976 die Dreharbeiten zu *Julia* (Julia) begannen. Nervös an ihren Fingernägeln kauend, flog sie erneut nach London.

Meryl spielte Anne-Marie Travers, ein Luxusweibchen, das zusammen mit Lillian (Jane Fonda) und Julia (Vanessa Redgrave) im Süden Amerikas aufgewachsen ist. Nach der High School verlieren sich die drei Frauen aus den Augen. Während Julia in den Untergrund geht, um als Widerstandskämpferin gegen Hitler und sein Regime zu kämpfen, wird Lillian eine erfolgreiche Schriftstellerin, die zusammen mit Dashiell Hammett lebt. Anne-Marie verwandelt sich zu einem Jet-

49

Set-Schmetterling, der von einem gesellschaftlichen Ereignis zum anderen flattert.

Am ersten Drehtag war Meryl durch die Anwesenheit von Jane Fonda, Jason Robards und Vanessa Redgrave so aufgeregt, daß sie Ausschlag bekam.

Das Team kümmerte sich rührend um »die kleine Debütantin«, am meisten allerdings nahm sich Jane Fonda Meryls an. »Sie erklärte mir die Fachbegriffe und wo ich zu stehen hatte. Bei der Szene in der Bar brach sie mitten im Spiel ab und rief den Beleuchtern zu: ›Meryl ist zu schlecht ausgeleuchtet. Gebt ihr ein bißchen mehr Licht aufs Gesicht.‹ Danach lehnte sie sich zu mir herüber und meinte: ›Hier machen sie noch die Filme auf die alte Art. Sie glauben, allein der Star sollte gut ausgeleuchtet sein.‹ Jane war einfach wunderbar. So herzlich und offen.« Da Zinnemann von Meryls Spiel begeistert war, plante er, sie über 20 Filmminuten hinweg in Szene zu setzen. Er war sicher, daß sie dafür eine Nominierung für den Oscar als beste Nebendarstellerin erhalten werde. Doch von den sechs Drehtagen blieben im Schneideraum nur noch 70 Sekunden übrig. In einem langen Brief entschuldigte sich Zinnemann bei Meryl dafür und dankte ihr für ihre Mitarbeit.

»Irgendwie sah ich in meinem roten Kleid und meiner schwarzen Perücke bizarr aus«, meint Meryl heute über ihren Auftritt in *Julia* (Julia). Nichtsdestotrotz war Meryl auf ihre kleine Rolle stolz, hatte sie doch zum ersten Mal vor einer Filmkamera agiert.

»Ich fand, daß die Arbeit für den Film sich nicht sehr viel von der ersten Woche unterscheidet, die man im Theater durchmacht. Die erste Auseinandersetzung mit dem Skript sieht überall gleich aus: Man sitzt um einen Tisch herum und sucht nach Verbindungen. Viele Schauspieler behaupten, dies sei die interessanteste Zeit, da in ihr viele spontane Entdeckungen gemacht werden. Und damit haben sie recht. Wenn man die einzelnen Einstellungen filmt, läuft man oft Gefahr, durch die Pausen gelangweilt zu werden.«

Viele Kritiker warfen Zinnemann nach der Premiere vor, er habe aus der politischen Geschichte einen nostalgischen

Rückblick gemacht. Allzu ästhetische Bilder und warme Farben hätten den zweifellos vorhandenen politischen Protest weggefiltert. Doch Zinnemann begegnete diesem Vorwurf mit der Erklärung, daß die schrecklichen Ereignisse der damaligen Zeit nur noch in der Form eines Traumes nachvollziehbar wären. Wie in der Realität sei die Vergangenheit zu einer sehr persönlichen Erinnerung Lillians geworden, die in den Rückblenden beinahe unwirklich erscheint.

Außerdem steht nach Ansicht Zinnemanns nicht der Protest gegen politische Greueltaten im Mittelpunkt von *Julia,* sondern die Beziehung der beiden Frauen zueinander.

»Julia und Lillian sind zwei außergewöhnliche Frauen«, berichtete Meryl nach Ende der Dreharbeiten. »Ich bin fest davon überzeugt, daß der Film ein sehr großer Erfolg sein wird, weil sich alle Frauen mit den Hauptdarstellerinnen identifi-

›Uncommon Women und Others.‹ Stehend (v. l. n. r.): Cynthia Herman, Meryl Streep, Anna Levine; sitzend (v. l. n. r.): Ellen Parker, Jill Eikenberry, Ann McDonough, Alma Cuervo, Swoosie Kurtz.

zieren können. Sie sind zwar außergewöhnlich, aber Jane und Vanessa zeigten auch ihre menschlichen Schwächen, ihre Verwundbarkeit, ihre Kompliziertheit, ihre Unsicherheit und ihre Gegensätze.«

Meryls Vorhersage sollte sich bestätigen: Besonders in Europa wurde *Julia* nicht nur ein künstlerischer, sondern auch ein kommerzieller Erfolg.

Insgesamt elfmal wurde der Film für den Oscar nominiert. Neben Jason Robards und Vanessa Redgrave zählte Drehbuchautor Alvin Sargent zu den glücklichen Gewinnern des Abends. Jane, die den Oscar an Diane Keaton verlor, wurde dafür in England zur besten Schauspielerin des Jahres gewählt.

Wieder in Amerika, erhielt Meryl das Angebot, in der TV-Fassung von Wendy Wassersteins Stück *Uncommon Women and Others* die Rolle zu spielen, die im Theater ursprünglich Glenn Close verkörpert hatte.

Das Stück handelt wie der Film von acht Freundinnen, die sich sieben Jahre nach ihrem College-Abschluß wiedersehen. Zusammen erinnern sie sich an ihre gemeinsame Zeit am Mount Holyokoe College. Doch schon bald vermischt sich die Realität mit ihren Wünschen.

Von ihren Freundinnen, dargestellt von Jill Eikenberry, Swoosie Kurtz, Cynthia Herman, Anna Levine, Ellen Parker, Ann McDonough und Alma Cuervo, ist Leilah (Meryl) die unglücklichste. In ihrer Not, um dem Schatten ihrer Zimmerkameradin (Eikenberry) und dem amerikanischen System zu entkommen, faßt sie den verzweifelten Entschluß, mit allem Schluß zu machen und in den Irak auszuwandern.

Um wieder zu sich selbst zu finden, nahm Meryl das Angebot an, in Tschechows *Kirschgarten* die unbeholfene, liebeskranke Dunjasha zu spielen.

Zu diesem Angebot war die Streep auf einem Umweg gekommen. Als sie im Frühjahr 1976 an der Tony-Verleihung teilnahm, war sie so nervös, daß sie zusammen mit Mary Beth Hurt auf die Damentoilette verschwand und eine Zigarette rauchte.

»Bereits vorher hatte ich zu Arvin Brown, dem Regisseur

John Cazale.

von *Süßer Vogel Jugend,* gesagt, daß er mich unbedingt mit seinem Star, Irene Worth, bekanntmachen müßte. Wenn Sie die Darstellung von ihr gesehen hätten, wüßten Sie, warum ich so von ihr begeistert war. Schließlich saßen Mary Beth und ich auf der Damentoilette und rauchten, als Arvin an die Tür klopfte und rief: ›Kommt heraus, ich habe Irene dabei.‹

Verlegen stammelte ich herum und gestand ihr, daß ihre Darstellung mir genug Inspiration für den Rest meines Lebens geschenkt hätte. ›Was haben Sie im Dezember vor?‹ fragte sie mich plötzlich. ›Nichts, wahrscheinlich bin ich arbeitslos‹, gab ich zur Antwort. ›Gut‹, sagte Mrs. Worth, ›dann lesen Sie doch einmal Tschechows *Kirschgarten*.‹ Was ich dann auch tat.«

Im Herbst meldete sich dann Andrei Serban bei Meryl und lud sie zum Vorsprechen ein. Serban, ein Regisseur, der für seine unorthodoxen Methoden bekannt ist, war durch Irene Worth, die die Madame Ranevsky spielte, auf Meryl aufmerksam gemacht worden. »Ich engagierte sie«, erinnert er sich, »wegen ihrer Gesichtsknochen. Und weil sie fähig ist, meinen Anweisungen zu folgen.«

Neben Mrs. Worth waren Mary Beth Hurt als Anja und Raul Julia als Lopakhin Meryls Partner.

Für ihre Darstellung der Dunjasha erntete Meryl exzellente Kritiken. Walter Kerr von der *New York Times* fand sie »brillant komisch«. Ansonsten war man der Ansicht, daß die Inszenierung zu verzerrt und die Symbolik zu übermächtig sei. Dennoch strömten die Zuschauer in Massen in das Vivan-Beaumont-Theater, um das Stück und die Besetzung zu feiern.

Kurz vor Weihnachten bot Michael Cimino John Cazale und Meryl eine Rolle in seinem neuesten Film über Vietnam an. Begeistert sagten die beiden zu. »Endlich einmal zusammen vor der Kamera arbeiten zu können, kam uns wie ein Geschenk des Himmels vor. Was wollten wir schon mehr.« Ich hatte eine Rolle in einem gutgehenden Stück, und im März sollten die Dreharbeiten zu Michaels Film beginnen.«

»Sie waren so glücklich miteinander, und es sah aus, als könnten sie die Welt aus den Angeln heben«, berichtete Al Pacino.

Doch das Glück sollte sich als trügerisch erweisen.

Die durch die Hölle gehen

»Man wurde in der Hölle abgesetzt und bekam
keinen Plan, wie man wieder herausfinden konnte.«

Go in Time über den Film *The Deer Hunter*

Als während der Produktion des TV-Films *The Deadliest
Season* Michael Moriartys Partnerin erkrankte und ausstieg,
erinnerte er sich an Meryl Streep, mit der er zusammen auf
der Bühne gestanden hatte. Moriarty rief nach Rücksprache
mit seinem Produzenten an und fragte Meryl, ob sie Lust hätte, seine Ehefrau zu spielen. »Ich nahm das Angebot an, weil
man es mir angeboten hatte«, meinte Meryl.

Meryl spielte Sharon, die ihren Mann, einen Eishockeyspie-
ler, abgöttisch liebt. Ständig versucht die in sich gekehrte
Frau, ihm ihre Liebe zu vermitteln. Erst als er durch seine
brutale Spielweise einen Mitspieler tötet, geht er auf die Gefühle seiner Frau ein.

»Oft hatte ich idiotische Sätze wie: ›Als ich dich in einem
Spiel sah, turnte mich das unheimlich an‹, zu sagen. Aber es
war eben schnelles und gutes Geld.«

Moriarty erinnert sich, daß Meryl »extrem nervös am Drehort« war. »Sie biß an ihren Fingern herum und spielte in
ihrem Haar. Ich mag sie sehr. Jeder, der sich schon wegen einer TV-Produktion so nervös macht, ist ein ernsthafter
Schauspieler.«

Produzent Herbert Brodkin war so von Meryl und Michael
beeindruckt, daß er beide sofort nach Drehschluß von *The
Deadliest Season* für eine weitere TV-Serie unter Vertrag
nahm. Titel: *Holocaust*.

Aber auch die Kritiker waren der Ansicht, daß *The Deadliest
Season* zu den sehenswerten Produktionen des Fernsehens
gehörte. »In einer Zeit, in der sich die Fernsehgesellschaften
oft fragen müssen, ob ihre Sendungen nicht zu gewalttätig
und gewaltverherrlichend sind, ist die Produktion des NBC
eine lobenswerte Ausnahmeerscheinung«, schrieb John J.

Meryl als Linda in ›The Deer Hunter‹

O'Connor. Aber auch andere fanden, daß der Film »außergewöhnlich beeindruckend« und die Schauspieler »von überraschender Qualität« waren.
Während der Dreharbeiten zu *The Deadliest Season* befiel John Cazale eine unerklärliche Lethargie. Nichts interessierte ihn mehr. Ständig war er müde.

Als Meryl, die durch seine Teilnahmslosigkeit erschreckt wurde, ihn drängte, einen Arzt aufzusuchen, weigerte sich Cazale zunächst. Erst nach ständigen Bitten und längeren Diskussionen ließ er sich untersuchen.

Die Diagnose des Arztes ließ für Meryl eine Welt zusammenbrechen: Cazale war unheilbar an Knochenkrebs erkrankt. Beiden wurde klargemacht, daß John sterben würde. Da er es mit seinem Gewissen nicht vereinbaren konnte, suchten er und Meryl Michael Cimino auf.

»John und Meryl saßen mir gegenüber, beide sahen verdammt schlecht aus. Nach dem üblichen Hin und Her sagte mir John, daß er Krebs habe. Ich war entsetzt. ›Ich verstehe es, wenn du jetzt dein Angebot rückgängig machst‹, fuhr er fort. Meryl begann zu heulen, und ich dachte mir: ›Mein Gott, da sitzt ein zum Tod Verurteilter und denkt an die eventuellen Probleme, die seinem Regisseur entstehen könnten.‹ Ich mußte nicht lange überlegen, bevor ich seinen Vorschlag ablehnte. Er war ein großer Künstler und ein großer Mensch.«

Um sich abzulenken, machte sich Meryl auf die Suche nach einem neuen Stück, da sie wußte, daß die Aufführungszeit von *Der Kirschgarten* seitens der Direktion des Vivan-Beaumont-Theaters begrenzt worden war.

Peter Turner, Regieassistent, im Beaumont erinnerte sich, daß er diese »gejagte Blondine von einem Vorsprechen zum anderen rennen« sah. »Als ich die Verantwortliche für die Besetzung fragte, wer das sei, meinte sie nur: ›Meryl Streep.‹«

Da die Streep kein geeignetes Stück fand, unterzeichnete sie einen Vertrag mit der Universal. Neben Alan Alda sollte sie in einem Film über Washington, D. C., die weibliche Hauptrolle spielen.

Da die Dreharbeiten aber auf das nächste Jahr festgesetzt wurden, tröstete sich Meryl mit dem Gedanken, daß im März die Dreharbeiten zu Ciminos Film beginnen sollten. Doch auch diese wurden auf Juni 1977 verschoben. Ein Umstand, der Meryl in Panik versetzte: Was wäre, wenn sich Johns Gesundheitszustand bis dahin weiter verschlechtern würde?

Völlig am Ende ihrer Kräfte, sprach sich Meryl mit ihrem alten Freund und Yale-Kameraden Joe Grifasi aus. »Es war wie ein Wunder. Sechs Tage, bevor das Tschechow-Stück zum letzten Mal aufgeführt werden sollte, bot mir Joe die Hauptrolle in dem Brecht-Weill-Stück *Happy End* an. Er war fest davon überzeugt, daß ich die Lil spielen sollte.« Ursprünglich hatte man Shirley Knight für diese Rolle unter Vertrag genommen, doch plötzlich hatte sie ihre Rolle niedergelegt. Regisseur Robert Kalfin war nun auf der verzweifelten Suche nach einem Ersatz. »Joe ging am nächsten Tag zu ihm hin und sagte: ›Meryl könnte doch die Lil spielen. Ihre Stimme ist o. k., also dürfte sie keine Schwierigkeiten mit den Liedern haben.‹ So bekam ich die Rolle.«

Sofort setzte sich Robert Kalfin mit Andrei Serban in Verbindung. Dieser willigte ein, daß Meryl drei Tage vor der letzten Aufführung des *Kirschgarten* das Team verließ und sich völlig auf die Rolle der Hallelujah Lil konzentrieren konnte. Meryl hatte bereits in Yale das Brecht-Stück einstudiert. Nun mußte sie sich nur noch mit dem modifizierten Libretto vertraut machen.

Doch die Produktion schien unter keinem günstigen Stern zu stehen: Am Tag vor der Premiere stürzte Christopher Lloyd, der den Säufer spielte, den Lil bekehrt, und zog sich einen doppelten Bänderriß zu. Schließlich übernahm seine Zweitbesetzung Bob Gunton die Rolle.

»Ich fühlte mich, als stände ich auf einem Sprungbrett auf dem World Trade Center«, erinnerte sich Meryl an ihre Gefühle bei der Premiere.

Einen Monat später, kurz bevor *Happy End* am Broadway gezeigt werden sollte, bekam Gunton Masern. Meryl geriet erneut in Panik, da sie befürchtete, sie würde Cazale anstecken. Auf ihr Betreiben hin wurden alle Mitglieder gegen Masern geimpft. Zwar verhinderte dieser Schritt nicht die Krankheit, förderte jedoch die Immunität.

»Es war wirklich wie verhext«, erinnerte sich Patricia Birch. »Alles, was schiefgehen konnte, ging schief. Zum Schluß lag die Angst, was als nächstes passieren könnte, wie ein Alpdruck über uns.«

Das Team von Ciminos Film (v. l. n. r.): John Cazale, Chuck Aspegren, Robert De Niro, John Savage, Rutanya Alda, Christopher Walken, Meryl, George Dzundza und Mady Kaplan.

Obwohl noch nicht gesund, übernahm Christopher Lloyd nach Guntons Ausfall wieder seine alte Rolle.

Bei den Kritikern wurde *Happy End* sehr unfreundlich aufgenommen. Auch Meryl warf man vor, für die Rolle ungeeignet zu sein bzw. sich nicht genügend mit der Figur der Hallelujah Lil auseinandergesetzt zu haben.

Enttäuscht verließ Meryl Ende Mai die Produktion. Ihre Hauptsorge galt nun Johns Gesundheit, da der Drehbeginn von *The Deer Hunter* (Die durch die Hölle gehen) näherrückte. Zusammen mit John verbrachte sie ruhige Abende, an denen sie zusammen lasen, sich an früher erinnerten oder im Central Park spazierengingen.

Wie Michael Cimino die Verantwortlichen von seinem Vietnamprojekt überzeugte, gehört heute schon zu den zahlreichen Hollywoodlegenden. Als Cimino in Amerika keine Produktionsfirma für seine Story gefunden hatte, reiste er nach England und traf sich dort mit einigen Herren der EMI.

»Nachdem sie meine Geschichte gehört hatten, sagten sie: ›Okay, machen Sie das so.‹ Ich fragte sie: ›Was meinen Sie mit machen Sie es?‹ Und sie: ›Ganz einfach. Machen Sie diesen Film, wie Sie es für richtig halten.‹ Ich war völlig geschockt. Schließlich hatte ich seit vier Jahren keinen Film mehr gemacht.«

Cimino befürchtete, daß man ihn und sein Werk schon abgeschrieben hatte. »Die Leute in der Branche vergessen einen wahnsinnig schnell.«

EMI stellte ihm 7,5 Millionen Dollar unter der Bedingung zur Verfügung, daß er sofort mit dem Film begann. »Als ich sie fragte, wann ich anfangen sollte, sagten sie: ›Am besten schon gestern.‹« Cimino begann an seinem Drehbuch zu arbeiten. Überall, wo er war, egal ob im Flugzeug, im Auto oder in der Eisenbahn, begleitete ihn das Skript, an dem er Tag und Nacht arbeitete. »Ich hatte erfahren, daß Francis Ford Coppola ebenfalls mit einem Film über Vietnam begonnen hatte, dessen Titel *Apocalypse Now* lautete. Vietnam-Filme wie *Coming Home* schienen wie Pilze aus dem Boden zu schießen. Entweder hatte man schon mit den Dreharbeiten begonnen oder sie waren schon fertig zum Verleih. Ich hatte ein ganz schreckliches Gefühl in mir und ließ alles andere an mir abgleiten. Für mich gab es nur noch diesen Film und den Kampf gegen die Zeit.«

Nachdem Cimino nach Thailand gereist war, wo die Vietnamszenen gedreht werden sollten, fand er in den Wäldern von Mount Baker den geeigneten Hintergrund für die Hirschjagdszene.

Der erste Schauspieler, den Cimino verpflichtete, war Robert De Niro. Zusammen mit Michael durchreiste De Niro Amerika, um die geeignetste Stahlarbeiterstadt zu finden. In Gary, Indiana, entdeckten sie Chuck Aspegren, der für U. S. Steel arbeitete. Cimino gab ihm die Rolle des Axel.

Um sich auf die Fertigstellung seines Drehbuchs konzentrieren zu können, beauftragte Cimino De Niro damit, sich seine Mitspieler auszusuchen. Robert dachte sofort an John Cazale, mit dem ihm seit den Dreharbeiten zu *The Godfather Part II* (Der Pate, Teil II) eine tiefe Freundschaft verband. Unabhängig von der Tatsache, daß John mit Meryl zusammenlebte, wollte De Niro sie für die Rolle der Linda, nachdem er eine Aufführung von Tschechows *Kirschgarten* besucht hatte. Den idealen Mann für die Rolle des Nick fand De

Linda (Meryl) und Nick (De Niro) versuchen einen Neubeginn.

Niro in einer Produktion von *Süßer Vogel Jugend*. Sein Name: Christopher Walken.

The Deer Hunter (Die durch die Hölle gehen) handelt von drei Freunden, die zusammen in einem Stahlwerk arbeiten. An den Wochenenden fahren sie manchmal in die Berge, um Hirsche und Wild zu jagen. 1968, wenige Tage bevor Michael (Robert De Niro), Nick (Christopher Walken) und Steven (John Savage) nach Vietnam gehen, heiraten Steven und seine schwangere Freundin Angela (Rutanya Alda) nach russisch-orthodoxer Zeremonie. Von wem das Kind stammt, weiß niemand. Linda (Meryl) verspricht Nick, ihn nach seiner Rückkehr zu heiraten, obwohl sie sich zu Michael hingezogen fühlt. Wenig später findet sich Steven in einem Erdloch wieder – einen Flammenwerfer in der Hand, mit dem er eine vietnamesische Familie ausgelöscht hat. Die Rache ist grausig. Nachdem die drei Freunde von den Vietkong gefangengenommen wurden, wird Steven in einem Käfig bis zum Hals in einem Sumpf versenkt. Nick und Michael müssen zur Gaudi der Vietnamesen russisches Roulette miteinander spielen. Es gelingt ihnen zu entkommen. Bei einem Versuch, mit einem Hubschrauber zu fliehen, stürzen Michael und Steven in einen Fluß. Schwerverletzt überlebt Steven diesen Fall. Schließlich findet Michael für ihn Platz in einem US-Panzer. Er selbst muß den Weg aus Nord-Vietnam heraus allein finden.

Nick, der in der Zwischenzeit in eine psychiatrische Klinik in Saigon eingeliefert wurde, trifft nach seiner Entlassung auf Julien (Pierre Segui), durch den er Zugang zum Heroin und zur Unterwelt findet.

Michael kehrt in dem Glauben nach Pennsylvania zurück, daß er als einziger überlebt hat. Er versucht verzweifelt, sein früheres Leben wiederaufzunehmen und nimmt Nicks Platz in Lindas Leben ein. Auch geht er wieder auf die Jagd, doch sein damaliges Vergnügen an diesem »Sport« wurde durch seine Vietnam-Erfahrungen ausgelöscht.

Obwohl er hochdekoriert ist und als Held gefeiert wird, ist Michael durch den Krieg gebrochen: Er hat den Glauben an sich und sein Vaterland restlos verloren.

»Warum passiert das alles gerade mir?«

Als er herausfindet, daß Steven in einem Veteranenkranken-
haus lebt, überredet er ihn, obwohl er ein beinloser Krüppel
ist, zu seiner Frau und ihrem Kind zurückzukehren. Dann erfährt Michael, daß auch Nick lebt. Er fährt nach Saigon, das
kurz vor dem Zusammenbruch steht, wo er feststellt, daß daß
Nick für Geld russisches Roulette spielt. Noch während Michael auf seinen Freund einredet, um ihn zur Heimkehr zu
bewegen, wagt dieser ein letztes Spiel und verliert.
Michael überführt den Leichnam in die Heimat und nimmt
sein Leben mit Linda und den Freunden wieder auf.
»Ich war von meiner Rolle begeistert, allein schon aus dem

Grund, weil ich zusammen mit John arbeiten durfte. Das ist das Schlimme bei zwei Schauspielern: meistens arbeitet man in verschiedenen Städten und sehnt sich nacheinander. Man hatte mich genommen, weil sie noch ein Mädchen brauchten, das zwischen zwei Männern stand.«

Die Rolle stellte für Meryl eine Herausforderung dar, da sie nach Ciminos Meinung nur »einer vagen Vorstellung« seinerseits entsprang, aber nicht ausgearbeitet worden war. »Er wußte wirklich nicht, was er mit ihr anfangen sollte. Dann kam er auf mich zu und sagte zu mir, ich solle das sagen, was ich glaubte, was ein solches Mädchen sagen würde. Im Skript war sie nur ein ungenauer Schatten. Cimino erlaubte mir, seine Grundidee auszubauen, sie auszugestalten und Linda zu einer Persönlichkeit mit einem eigenen Charakter werden zu lassen.«

Meryl orientierte sich vor allem an Frauen, die sie während ihrer Zeit als Bedienung in New Jersey kennengelernt hatte. »Ich kannte genügend Mädchen, die wie Linda waren. Sie verbrachten ihr Leben damit, auf etwas zu warten. Sie warteten auf eine Verabredung, warteten darauf, daß man sie heiratete und warteten auf ihren Liebhaber, der im Krieg war. Nie taten sie etwas aus eigenem Antrieb heraus. Sie konnten es einfach nicht.«

Das Talent, selbst ihre Rollen auszuarbeiten, wurde mittlerweile ein Markenzeichen für Meryl Streep. Besonders stolz war Meryl auf die Szene, als sie zu Michael sagt: »Michael, du bist so sonderbar geworden ... aber immer noch ein Gentleman.«

De Niro war von Meryls Arbeit beeindruckt. »Frauen, die sehr schön sind, werden oft durch ihre Schönheit gehemmt. Sie haben keinen Charakter mehr. Wenn allerdings eine Frau schön ist und dazu noch eine Persönlichkeit besitzt, so wie Meryl, ist das etwas Herrliches. Sie besitzt ein ausgezeichnetes Gespür fürs Timing und kann sehr, sehr witzig sein. Sie hat ein Gespür für sich selbst, wie sie lustig sein kann. Sie war ständig beschäftigt, die Leute zum Lachen zu bringen.«

Ende Juni traf sich die gesamte Mannschaft in Mingo Junction, Ohio, wo man während einer Hitzewelle die Winterszene drehte. Während die technische Mannschaft in Shorts herumstand, waren die Schauspieler in Winterparkas und dicke Hosen eingemummt. 24 Stunden lang hatten die Leute von der Dekoration gebraucht, um die Stadt in eine Winterlandschaft zu verwandeln. Zwischen den Einstellungen wechselten die Darsteller ihre Kostüme, da diese völlig durchschwitzt waren.

Während dieser Zeit meinte die Streep in einem Interview:

›Holocaust‹ – Inga Helms (Meryl) und Karl Weiss (James Woods) heiraten 1935 in Berlin. Begleitet wurden sie von Karls Eltern Josef (Fritz Weaver, l.) und seiner Mutter Berta (Rosemary Harris, r.).

»Die Filmarbeit ist sehr ökonomisch, sauber und sehr einge-
schränkt. Man kann es sich leisten, sehr wenig zu tun. Auch
muß man kein guter Schauspieler sein, ja, es reicht sogar aus,
wenn man gar kein Schauspieler ist. Doch wenn man ein großer Schauspieler ist, so wie Brando oder Olivier, dann merkt
man den Unterschied schon. Ich fürchte, wenn man sich immer nur so wenig anstrengen muß, nimmt man nie seinen
Mut zusammen, um zu etwas Größerem zu gelangen, etwas,
wozu ich beim Theater geradezu gezwungen werde.«

»Ich will zwar nicht behaupten, daß die Schauplätze wichtiger sind als das, was den Menschen widerfährt, aber dennoch
spielen die Orte eine große Rolle«, erklärte Michael Cimino
seinem Team. »Schließlich drehten wir in acht verschiedenen
Städten, die in vier Staaten Amerikas lagen, um das Bild einer Stadt zu erhalten. Wir hatten oft 16-Stunden-Tage, danach probten wir oft noch weitere vier Stunden. Irgendwie
wurden alle damit fertig. Wir waren eine Einheit, eine Ge-
fühlseinheit. Es wurde eine Art gemeinsame Besessenheit.«

Nachdem sich die U. S. Steel monatelang geweigert hatte,
Cimino und sein Team in ihrer Fabrik in Cleveland drehen zu
lassen, willigten sie schließlich ein, nachdem die EMI eine
Fünf-Millionen-Dollar-Versicherung abgeschlossen hatte.

Eine der spektakulärsten Szenen des Films zeigt De Niro,
Cazale, Chuck Aspegren, Christopher Walken und John Savage bei ihrer Arbeit. Vor ihnen ergießt sich ein Strom glü-
henden Metalls. »Die Flammen ließen uns durchsichtig erscheinen«, erinnerte sich Savage. »Wir sahen alle wie Geister
aus.« Viele Kritiker vertraten später die Ansicht, gerade diese Szene weise unterschwellig auf die Schrecken hin, die in
Vietnam auf die Freunde lauern.

Cimino meinte nach Abschluß der Dreharbeiten, daß der
»Film extrem schwierig« war, »sowohl physisch als auch emo-
tional«. Gerade als alles glattzugehen schien, rief ein Verant-
wortlicher der EMI bei Cimino an. Er teilte ihm mit, daß die
Routineuntersuchung, die bei jedem Schauspieler vor Drehbeginn durchgeführt wurde, ergeben habe, daß Cazale an
Krebs erkrankt sei. Aus diesem Grund wollte EMI Cazale
von der Besetzungsliste gestrichen sehen.

Meryl zusammen mit Blanche Baker in ›Holocaust‹.

»Ich erklärte ihn für verrückt. Schließlich würde so etwas die ganze Stimmung im Team töten. Doch dann sagte er mir, daß der Film gestoppt werden würde, bis ich mich von John getrennt hätte. Es war schrecklich. Ich verbrachte Stunden am Telefon, in denen ich schrie, weinte, bettelte und kämpfte. Schließlich sagte man mir, ich sollte für den Fall ein neues Drehbuch schreiben, daß John noch während der Dreharbeiten sterben sollte. Und er wollte schon im voraus wissen, wie ich John aus dem Film schreiben würde. Ich rief einen befreundeten Psychiater an und fragte ihn, was ich tun sollte. Danach rief man mich wieder an und erklärte mir, daß die EMI darauf bestand, daß ich John von all diesen Vorgängen in Kenntnis setzen sollte. Sie ahnten, daß er dann seine Rolle niederlegen würde. In meiner Wut schrie ich: ›Bevor das geschieht, schmeiße ich alles hin.‹ Danach legte ich auf und ging erst einmal spazieren. Am nächsten Tag rief ich den Kerl wieder an und sagte, daß ich John alles erzählen würde. ›Gut‹, sagte er, ›aber ich will bei diesem Gespräch mit Cazale teilnehmen.‹ Ich fragte ihn, warum. ›Wie kann ich sonst sicher sein, daß Sie wirklich mit ihm reden?‹ Danach drehte ich durch. Ich schrie: ›Nach all den Verhandlungen trauen Sie mir nicht?‹ Ich erklärte ihm, daß ich nicht nur kein zweites Drehbuch schreiben, sondern auch John nichts über die Schwierigkeiten mit EMI sagen würde. Außerdem, daß es mir völlig egal war, ob sie nun den Film machen wollten oder nicht. Danach legte ich auf und dachte: ›Jetzt ist alles vorbei.‹«

Meryl hatte trotz Ciminos Vorsicht mitbekommen, welches Drama sich hinter dem Rücken des Teams und Cazales abspielte. »Damals wünschte ich mir, daß ich schon ein so großer Star wäre, daß ein Film mit meinem Wunschpartner gedreht werden müßte. Da ich es aber nicht war, hoffte ich auf ein Wunder.«

Das Wunder geschah wirklich. Zwei Tage später erhielt Michael Cimino grünes Licht für die restlichen Dreharbeiten.

Chuck Aspegren berichtete über Meryl und John, »daß sie die meiste Zeit zusammen waren. Einige von uns dachten, sie wären miteinander verheiratet. Für mich waren sie keine großen Stars wie zum Beispiel De Niro. Die beiden waren sich selbst genug. John wirkte müde und abgespannt. Damals führte ich das noch auf die Hitze zurück.«

Die Wahrheit aber war, daß Cazale in der kleinen Stadt zu sterben begann. Nur Meryls Kraft und Energie hielten ihn während der Dreharbeiten am Leben. Er wurde immer schwächer und konnte kaum noch seinen Text sprechen. Doch er hielt durch.

Da Cimino erkannte, daß John unmöglich die Dreharbeiten in Thailand durchstehen konnte, schrieb er notgedrungen dessen Rolle um: Stans (Cazale) Fehlen in Vietnam wurde mit seiner Wehruntauglichkeit erklärt.

Während das Drehteam von *The Deer Hunter* nach Katchanaburi in Nordthailand reiste, kehrten Meryl und John nach New York zurück. Meryl hoffte, daß eine Besserung in Johns Zustand eintreten werde. Doch Cazale selbst erkannte, daß sich sein Leben dem Ende zuneigte. Aus diesem Grund, aber auch, um Meryl zu beruhigen, die wegen der Dreharbeiten zu einer Fernsehserie gezwungen war, nach Europa zu fliegen, ließ John sich von seinem Arzt in das Sloan-Kettering Memorial Hospital einweisen.

Noch bevor Meryl wußte, daß Cazale an Krebs sterben würde, hatte sie mit Herbert Brodkin einen Vertrag für die TV-Produktion *Holocaust* (Holocaust) abgeschlossen. Jetzt, wo Cazale von Tag zu Tag schwächer wurde, blieb ihr nichts anderes übrig, als ihn für zweieinhalb Monate zu verlassen und

Verzweifelt versucht Inga die Deportation ihres Mannes zu verhindern.

ihren Vertrag zu erfüllen, aus dem Brodkin sie nicht entlassen wollte.

»Es war die längste Zeit, die wir je voneinander getrennt worden waren. John war sehr, sehr krank, und ich wollte unbedingt bei ihm sein. Doch sie dehnten das verdammte Ding immer länger hinaus. Ich fühlte mich wie in einem Gefängnis.«

Viele ihrer Freunde sahen es als grausame Ironie an, daß Meryl in einem Werk mitspielte, das sich mit der geplanten Auslöschung einer ganzen Rasse beschäftigte, während ihr Geliebter selbst im Sterben lag.

Holocaust (Holocaust) erzählt die Geschichte zweier Familien in Deutschland zur Zeit des Nationalsozialismus. Erik Dorf (Michael Moriarty), ein junger arbeitsloser Rechtsanwalt, wird von seiner Frau Marta (Deborah Norton) zu einer Karriere bei den Nationalsozialisten getrieben. Schließlich wird er der Assistent der SS-Führer Heydrich und Kaltenbrunner. Nach dem Zusammenbruch des Dritten Reiches bringt er sich um, als er den Amerikanern in die Hände fällt.

Parallel dazu wird die Geschichte der jüdischen Familie Weiss erzählt. Inga Helms (Meryl) heiratet Karl Weiss (James Woods), den Sohn von Dr. Josef Weiss (Fritz Weaver) und seiner Frau Berta (Rosemary Harris), obwohl sie weiß, daß Karl Jude ist.

Nachdem ihr Mann inhaftiert wurde, versucht Inga, ihn aus dem Konzentrationslager zu befreien, indem sie sich einem SS-Offizier (Tony Haygarth) hingibt. Zu spät erkennt sie, daß dieser Mann ihr keineswegs helfen kann und will. Die Angehörigen der Familie erleben mit Ausnahme von Inga und Rudi (Joseph Bottoms), der sich der Widerstandsbewegung anschloß, das Kriegsende nicht.

Fritz Weaver erinnert sich an die Dreharbeiten mit großem Respekt für Meryl. »Obwohl Meryl nicht nur im Film um das Leben ihres Mannes kämpfte, sondern auch in der Realität, hatte sie nie Mitleid mit sich selbst. Sie besitzt ein ungeheures professionelles Pflichtbewußtsein.«

»Während wir die Szenen in dem österreichischen Konzentrationslager drehten, fühlten wir uns alle nicht besonders wohl. Uns alle erfüllte Wut und Verzweiflung, wenn wir an die hier begangenen Verbrechen dachten. In einer solchen Situation gehörte Meryl zu den wenigen, die das Richtige sagen konnten, um die Spannung zu mildern«, berichtete James Wood. Auch Michael Moriarty meinte, daß »die Schatten und Geister der Vergangenheit einem überall in Österreich begegneten«.

Als *Holocaust* (Holocaust) 1978 in Amerika ausgestrahlt wurde, verfolgten 120 Millionen Zuschauer die Geschichte der beiden deutschen Familien. Die meisten Kritiker allerdings beklagten, daß die größte Tragödie der jüngeren Geschichte zur Seifenoper trivialisiert worden sei.

Sie argumentierten, daß es moralisch verwerflich sei, aus der geplanten Auslöschung eines Volkes eine Unterhaltungsserie zu machen. Pauline Kael meinte: »Jede Glaubwürdigkeit wurde durch die gutgenährten Opfer der Gaskammer zerstört.« Amerika spaltete sich bald in zwei Lager. Die einen meinten, durch die Serie sei endlich die nackte Statistik verdeutlicht worden, die anderen warfen *Holocaust* vor, die Serie würde die Geschichte verniedlichen.

Nach längerem Hin und Her wurde *Holocaust* schließlich auch in Deutschland ausgestrahlt. Noch bevor die Sendung in den dritten Programmen der ARD-Anstalten im Januar 1979 erfolgte, wurden von der epd-Dokumentation, der Landeszentrale für politische Bildung in Nordrhein-Westfalen und der Bundeszentrale für politische Bildung in Bonn, vom Adolf-Grimme-Institut, vom Koordinierungsrat christlich-jüdische Zusammenarbeit und vom Deutschen Volkshochschulverband Materialien über den Nationalsozialismus und die Judenvernichtung zusammengestellt. Weiterhin fanden Begleituntersuchungen zur Rezeption der Serie sowie Presseseminare statt. Bei der Erstsendung stiegen die Einschaltquoten von 31 % auf 40 %, d. h., jeder zweite Erwachsene in der Bundesrepublik hatte mindestens einen Teil der Serie gesehen, und ein Drittel der Bevölkerung sah die komplette Serie, die auf sieben Stunden gekürzt worden war.

Natürlich war auch Deutschland in zwei Lager gespalten. Heinrich Böll forderte, die Betroffenheit und Bewegtheit, die *Holocaust* ausgelöst hatte, müßte mit Dokumenten, Publikationen und Analysen versehen werden. Böll fuhr fort, daß der Film aber auch die Gefahr in sich barg, rechtsradikalen Gruppen neue ideologische Nahrung zu geben, da dessen Struktur den auf Trivialität und Emotionalität aufbauenden Propagandafilmen des Dritten Reiches sehr ähnlich sei.

Andere aber meinten, daß sie es nun endgültig leid seien, auch noch im Fernsehen mit der deutschen Vergangenheit konfrontiert und so zur Aufarbeitung gezwungen zu werden. Als das Fernsehen die Serie 1982 wiederholte, floppte der Film. Nun erreichte *Holocaust* nur noch eine Einschaltquote von 17%.

Auch in Amerika scheiterte die Wiederholung von *Holocaust* am veränderten Problembewußtsein der Zuschauer. Ein Umstand, über den Meryl erleichtert war. Sie verband *Holocaust* nur mit negativen Erinnerungen. »Ich machte den Film, weil ich das Geld brauchte. Aber es war eine schreckliche Zeit. Österreich hatte sich meiner Meinung nach nicht ein bißchen geändert. Die Materie war unbeschreiblich brutal und grausam. Und meine Rolle war unerträglich nobel. Am schlimmsten aber war das Konzentrationslager, in dem wir drehten. Langsam wurde ich verrückt. Ich fragte mich oft: ›Was machst du eigentlich hier? Das ist doch der reine Wahnsinn.‹ John war krank, und ich wollte nur noch bei ihm sein. Jeder Tag, den ich in Österreich verbrachte, war für uns verloren. Doch die Dreharbeiten zogen sich in die Länge, während ich nichts sehnlicher wünschte, als nach Hause zu fahren.«

Nach der Ausstrahlung im April 1978 in den USA berichtete Meryl von einem »surrealen Ereignis«. »Ich fuhr mit meinem Rad durch Chelsea, als ein Volkswagen mit vier jungen Männern vorbeifuhr. Sie beugten sich aus den Fenstern und schrien: ›Hey, Holocaust, hey, Holocaust!‹ Können Sie sich das vorstellen? Es ist einfach absurd, daß sich ein schreckliches Kapitel in der Geschichte der Menschheit darauf reduzierte, daß Leute aus einem Auto nach einer Schauspielerin schreien.«

Nachdem bekannt geworden war, daß *Holocaust* insgesamt

Inga auf der Suche nach ihrer Familie.

acht Emmys (= der amerikanische Fernsehoscar), gewonnen hatte, waren alle erstaunt, daß Meryl den Emmy, der sie als beste Darstellerin eines Fernsehdramas ehrte, nicht persönlich entgegengenommen hatte.

Später erklärte sie einer Reporterin: »Ich finde es einfach ekelhaft, daß einem ein Stück Mist wie *Holocaust* mehr Popularität verschafft als all die Jahre ernsthafter Theaterarbeit. Ich haßte das Drehbuch, und ich haßte es, daß man Inga Weiss so nobel darstellte. Das machte mich wirklich krank.«

Als Meryl nach Amerika zurückkehrte, hatte sich Cazales Zustand weiter verschlechtert. In den zweieinhalb Monaten hatte er über 30 Pfund abgenommen. Durch die starken Schmerzmittel befand er sich ständig in einer Art Dämmerzustand. Doch Meryl gab die Hoffnung nicht auf. Sie wollte, daß er die Krankheit besiegte. Aus diesem Grund lehnte sie alle Angebote ab und lebte nur noch für John.

Joe Papp: »Sie kümmerte sich um ihn, als gäbe es sonst niemanden auf der Welt. Sie war ständig an seiner Seite. Es war eine unbeschreibliche Liebeserklärung und ein Loyalitätsbeweis. Sie gab nie die Hoffnung auf, daß er überleben würde. Sie machte ihm ungeheure Hoffnung. Während John dahinsiechte, verbrachte sie die ganze Zeit an seinem Bett im Krankenhaus. Ich glaube nicht, daß es einen Weg gibt, diese Zeit je zu vergessen. Es ist ein Teil ihres Lebens, ein Teil ihrer Kunst.«

Zwei Wochen bevor Cazale starb, siedelte Meryl ins Krankenhaus über. »Ich glaubte mich meinem Ziel so nahe, daß ich die Verschlechterung seines Gesundheitszustandes überhaupt nicht bemerkte.«

John Cazale starb am Sonntag, dem 12. März 1978, im Alter von 42 Jahren.

Die Verführung des Joe Tynan

»Wenn ich etwas will, dann gehe ich und
hole es mir.«

Karen Traynor in *The Seduction of Joe Tynan*

Al Pacino meinte, daß sein Freund John Cazale zu einem
Zeitpunkt starb, als sein Stern am Himmel Hollywoods im
Aufsteigen begriffen war.

Meryl fühlte sich durch Johns Tod »leer und ausgelöscht«. In
einem Interview mit dem *Ladies' Home Journal* im März
1980 gestand sie: »Johns Tod beschäftigt mich auch heute
noch sehr. Ich kann und will nicht über ihn hinwegkommen.
Egal, was man tut, in irgendeinem Gedankenwinkel ist immer noch dieser Schmerz, der alles beeinflußt, was sich später ereignet.«

Da Meryl zu keinem vernünftigen Gedanken mehr fähig war,
wurde Johns Begräbnis von seiner Mutter Cecilia und seinen
Geschwistern Stephen und Catherine arrangiert. Man entschied sich für eine Trauerfeier im engsten Kreis. Ein Ge-
dächtnisgottesdienst wurde in Winchester, Massachusetts,
abgehalten.

Da sich Harry und Mary Louise Streep um ihre Tochter große Sorgen machten, baten sie Third, sich um seine Schwester
zu kümmern und Meryl ein bißchen unter seine Fittiche zu
nehmen. Weil Meryl während Cazales Krankheit nicht das
gemeinsame Apartment verlassen hatte, nahm Third sie zu
jeder erdenklichen Party mit. Seine Freunde, Tänzer,
Schriftsteller, Schauspieler, Maler und Bildhauer (unter ihnen ein »dunkler Lockenkopf, der einen an einen zu dünn ge-
ratenen Teddybären erinnerte« namens Don Gummer), be-
mühten sich, Meryl aufzuheitern.

Zu dieser Zeit beging Meryl nach ihren eigenen Worten, den
»größten Fehler« in ihrem Leben. Das *New York Times Magazine* hatte beschlossen, aufgrund von Meryls neugewonne-
ner Holocaust-Popularität den ersten längeren biographi-

Meryl als Karen Traynor in ›The Seduction of Joe Tynan‹.

schen Artikel über Meryl zu veröffentlichen. Bei dem Interview berichtete Meryl unter anderem von ihrer Liebe zu Cazale und seinem tragischen Ende.

»Seither lassen mich die Reporter nicht mehr in Ruhe. Es ist so entwürdigend, darüber zu reden. Deswegen sag' ich jetzt immer gleich, daß ich nicht darüber sprechen möchte, oder ich sag' nur etwas ganz Allgemeines dazu; aber gerade dann, wenn man es nur so kurz abtut, ist es besonders schmerzlich.« Erst für eine Serie über Todkranke machte Meryl eine Ausnahme. Für diese Reihe besprach sie einige Videokassetten. »Ich empfand das als meine Pflicht gegenüber den Menschen, die wirklich betroffen sind. Alles andere ist doch nur Sensationsgier, obwohl ich sagen muß, daß ich manchmal auch von den kitschig aufgemachten ›wahren Begebenheiten‹, selbst wenn sie in einem Magazin wie *People* stehen, beeindruckt bin. Ich bin jedenfalls froh, daß sie meine Erfahrungen damals veröffentlicht haben. Es war eine gewisse Befreiung für mich, es mir einmal von der Seele zu reden.«

Zum Entsetzen aller sagte Meryl ein Filmprojekt nicht ab, dessen erster Drehtag schon einen Monat nach Cazales Tod

Karen Traynor (Meryl) zusammen mit Joe Tynan (Alan Alda) und dem schwarzen Bürgerrechtler Arthur Briggs (Robert Christian).

stattfinden sollte. Meryl hatte sich entschieden, daß Arbeit für sie die beste Ablenkung bedeutete. Eine Woche bevor sie nach Washington fliegen sollte, traf Meryl ein zweiter Schicksalsschlag: Eine ehemalige Geliebte von John tauchte plötzlich aus »Kalifornien auf und forderte mich auf, daß ich ihr Apartment verlassen sollte. So verlor ich innerhalb von drei Wochen nicht nur John, sondern auch unser gemeinsames Heim.«

Da es Meryl unmöglich war, innerhalb von einer Woche eine neue Wohnung zu finden, bot Thirds Freund Don Gummer an, daß Meryl ihre Habseligkeiten in seinem Atelier in SoHo unterstellen konnte. Nach einem »Nacht-und-Nebel-Umzug« flog Meryl nach Washington, D. C., zu den Dreharbeiten von *The Seduction of Joe Tynan* (Die Verführung des Joe Tynan). Die Zeit nach Cazales Tod war für Meryl schreck-

Der Beginn einer Affäre.

Meryl während der Dreharbeiten.

lich. Über die Dreharbeiten zu dem Alan-Alda-Film meinte sie: »Es war eine sehr egoistische Zeit, eine Zeit der Heilung.« Von großer Hilfe waren für sie Alan Alda, aber auch die restliche Crew von *The Seduction of Joe Tynan*. Regisseur Jerry Schatzberg befürchtete, »daß der Film für sie zuviel werden würde, nach all dem, was sie durchgemacht hatte. Doch ich irrte mich gewaltig.« Joe Tynan (Alan Alda) ist amerikanischer Senator. Er gehört zu der jungen, liberal eingestellten Generation und verfügt über die Aura des Erfolges, die er sich clever und ehrgeizig erkämpft hat. Er weiß, daß seine politische Karriere unter einem günstigen Stern steht, und er weiß auch, daß ein erfolgreich durchgepeitschter Antrag in einem Senatsausschuß seine Chancen verbessern würde.

Tynan ist aber auch Familienvater. Seine Frau Ellie (Barbara Harris), eine Psychologin, hat die Familienarbeit allein übernommen, da Joe keine Zeit hat. Frau und Kinder leiden unter der Abwesenheit des Vaters; vor allem seine 16jährige Tochter Janet (Blanche Baker) hat große Probleme mit dem Vater, der ihr mehr durch die Mattscheibe als leibhaftig präsentiert wird.

Die Demokratische Partei will ihren Sunnyboy zum Präsidentschaftskandidaten aufbauen. Der Weg ins Weiße Haus erweist sich aber für Joe beileibe nicht als so einfach, wie er sich das vorgestellt hat. Politische Interessen zwingen ihm bald Entscheidungen auf, die er ohne den Druck seiner Partei nicht gefällt hätte. Auch ist er gegen Intrigen ziemlich hilflos. Zug um Zug opfert er seine Prinzipien und seine weltverbessernden Illusionen. Zudem weigert sich auch noch Ellie, den idyllischen Familiensitz gegen das »Tollhaus Washington« einzutauschen. Sie beginnt, das Leben an der Seite ihres Mannes, das einer »Existenz in einem Aquarium« gleichkommt, zu hassen.

Zu dieser familiären Krise gesellt sich eine berufliche. Edward Anderson (Maurice Copeland), ein reaktionärer und rassistischer Politiker, ist für das Amt eines Richters am Bundesgerichtshof vorgeschlagen worden. Tynan kann eigentlich einer solchen Wahl nicht zustimmen, doch da bittet ihn sein alter Freund Senator Birney (Melvyn Douglas, bestens bekannt aus *Ninotschka*), sich nicht an die Spitze der Opposition zu stellen. Birney nämlich ist für die Ernennung Andersons, da er sich so bei den nächsten Senatswahlen eines gefährlichen Konkurrenten entledigen kann. Die Arbeit an dem Anderson-Dossier bringt Tynan mit der jungen Rechtsanwältin Karen Traynor (Streep) aus Louisiana zusammen – und bald beschränkt sich das Interesse nicht mehr ausschließlich auf berufliche Angelegenheiten. Bei ihrem zweiten Treffen erweist sie sich als seine glühende Bewunderin. »Senator, ich glaube, Sie sind die außerordentlichste politische Figur, die Amerika zur Zeit besitzt«, gurrt sie. »Wenn ich an Ihre Karriere denke, werden meine Knie weich.«

Doch beide sind verheiratet, beide lieben ihre Karriere. Als

Joe bei ihrem nächsten Treffen meint: »Sie lieben es zu gewinnen, nicht wahr«, antwortet Karen ehrlich: »Wenn ich etwas will, dann gehe ich und hole es mir.« Joe gesteht ihr, daß er sich in sie verliebt hat, wird aber von weiteren Geständnissen durch einen Anruf seines Sohnes und seiner Frau abgehalten. Karen, die den Anruf mithört, warnt ihn: »Du belügst sie. Versuche nie, mich zu täuschen!«

Doch beide setzen ihre Affäre fort, nicht ohne tragikomische Zwischenspiele: Als Joe mit Karen ein Schäferstündchen in einem Hotel verbringen will, erkennt er, daß er keinerlei Privatleben mehr besitzt. Am Hoteleingang wird er von einer fremden Frau angesprochen: »Sie sind mein Lieblingssenator«, und zu Karen: »Auch Ihnen, gnädige Frau, meine Hochachtung.« Beide entkommen ohne Skandal. Aber Joe

Die Verführung des Joe Tynan (Alan Alda).

überlegt: Da er die Karriere mehr liebt als Karen, kehrt er zu seiner Frau zurück.

Der Film endet mit einem Happy-End für Tynans Frau: Ellie blickt seelenvoll ihren Mann an, der seine Präsidentschaftskandidatenrede hält.

Alan Alda, der nicht nur den Joe Tynan spielte, sondern auch das Drehbuch zu *The Seduction of Joe Tynan* geschrieben hatte, meinte: »Trotz seiner Fehler versuchte ich Tynan so sympathisch wie möglich erscheinen zu lassen. Ich wählte einen Politiker, weil man in diesem Geschäft mehr als in jedem anderen gezwungen ist, die Familie hinter die beruflichen Interessen zu stellen. Männer wie Tynan wachsen mit zwei Werten auf – Familienleben und Karriere. Kollidieren nun beide, wird der Mann auf irgendeine Weise zerstört. Meistens wird die Kollision durch die Ansicht mancher Männer verursacht, man könne die Familie in einer Art Abstellkammer aufbewahren, bis man die oberste Sprosse der beruflichen Erfolgsleiter erklommen hat.«

Meryl allerdings drückte Zweifel über das Ende aus: »Ich verstehe wirklich nicht, wieso Tynan Karen verläßt und zu seiner Frau zurückkehrt. Sie hatte doch Geist, ihre eigene Ethik und die Kraft, ihren Ambitionen treu zu bleiben. Sie war einfach überwältigend.«

Die wunderschöne Abschiedsszene zwischen Karen und Joe endete mit einer Kußhand Karens. »Die Idee stammte von Meryl«, erinnerte sich Alda. »Es war ihre Art zu zeigen, daß sie diesmal nicht das bekommen hatte, was sie gewollt hatte, aber auch, daß sie dennoch mit ihrem Leben zurechtkommen wird.«

Alda, der den Kontakt mit intelligenten Frauen liebt, verstand sich nicht nur vor der Kamera glänzend mit Meryl. Während der Dreharbeiten diskutierten sie die Möglichkeit, daß Meryl in der erfolgreichen Fernsehserie *M.A.S.H.,* für die Alda ebenfalls die Drehbücher schrieb, eine Rolle übernehmen könnte. Doch Meryl lehnte ab, weil sie befürchtete, ihre Theaterkarriere würde darunter zu leiden haben. Sehr gut verstand sie sich auch mit Melvyn Douglas. Douglas erinnerte sich, daß sie heftig über die Ähnlichkeit von Politikern

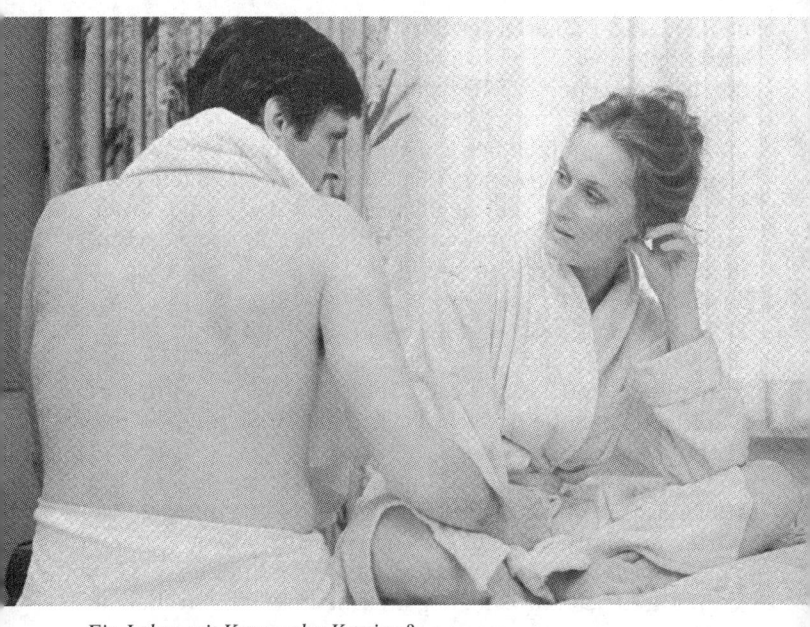

Ein Leben mit Karen oder Karriere?

und Schauspielern diskutierten. »Da sie wußte, daß meine Frau Helen vor ihrer politischen Karriere Schauspielerin war, fragte sie mich, ob es große Parallelen zwischen beiden Berufen gebe. Was ich ihr nur bestätigen konnte.«

»Ich stand den Film durch, als ob mein Flugzeug auf den automatischen Piloten geschaltet worden wäre«, meint Meryl. »Ich arbeitete so hart, daß ich nicht zum Nachdenken kam. Wenn wir die Dreharbeiten beendeten, fiel ich ins Bett und schlief sofort ein.«

Eine der beeindruckendsten Szenen des Films ist die wirkliche Verführung von Joe Tynan. Da weder Alda noch Meryl je zuvor eine leidenschaftliche Liebesszene gedreht hatten, war es für sie beide eine Herausforderung. Doch Alda unterstrich die Leidenschaft mit Humor. Das Skript verlangte, daß sie sich während der Liebesszene kitzelten und neckten. Jerry Schatzberg befürchtete, das Gelächter des Publikums würde die Szene ruinieren, doch Alda bestand auf seinem Entwurf. Später erklärte Arlene, Alans Frau, daß die Szene durch ihre eigenen Erfahrungen inspiriert worden sei.

Sobald das Team nach Washington, D.C., gekommen war, um die Außenaufnahmen vor dem Senat und dem Weißen Haus zu filmen, begann man sich in der Hauptstadt den Kopf zu zerbrechen, für welchen Präsidenten der Name Tynan stand. Viele tippten auf Jimmy Carter, da ihnen sein berüchtigtes *Playboy*-Interview aus dem Jahre 1976 noch gut in Erinnerung war.

Doch Carter, der sich mit als erster den Film ansah, lenkte die Neugierigen auf einen anderen Politiker. Hatte Karen nicht gesagt, daß Tynan sie an »John F. Kennedy« erinnere? Natürlich! Aber die Art, wie Tynan seine Brille trug, deutete eher auf Ted Kennedy hin.

Alan Alda, dem das Rätselraten zu bunt wurde, erklärte schließlich, daß keiner der bisherigen Präsidenten oder Anwärter auf diesen Job ihm als Vorlage gedient hätte.

The Seduction of Joe Tynan, der erst 1979 in den Verleih kam, wäre nach Ansicht einiger Kritiker 30 Jahre früher ein idealer Stoff für einen Spencer Tracy-Katharine Hepburn-Film gewesen. Frank Rich, der Kritiker von *Time,* fühlte sich durch Meryl an die junge Katharine Hepburn erinnert; Alexander Walker vom Londoner *Standard* dagegen sah eher Ähnlichkeiten mit Bette Davis. Kathleen Caroll von *Daily News* wagte die Vorhersage, daß Meryl über das gewisse Etwas verfüge, das sie einmal zum Star machen werde.

Wieder in New York, erreichte Meryl ein Angebot, das das Herz jedes Anfängers höher schlagen ließe. Woody Allen wollte eine kleine Rolle seines neuesten Filmes mit ihr besetzen. Titel des Films: *Manhattan.*

Obwohl es sich nur um einen »Drei-Tages-Job« handelte, sagte Meryl ohne lange zu zögern zu.

Der Film beginnt zunächst mit einer der schönsten Montagen von Szenen aus New York – Skyline, Straßen, Menschen, Häuser, Brücken, Plätze untermalt von George Gershwins wunderbarer Musik. Er zeigt eine Stadt, die ebenso schwer zu fassen ist wie ihre Bewohner.

Isaac Davies (Allen) ist einer von ihnen. Er gehört zu den Machern. Als Fernsehautor fühlt er sich unausgelastet und träumt davon, ein Buch zu schreiben. Seine Liebe gilt Manhattan, Mozart, Ingmar Bergman sowie der 17jährigen Studentin Tracy (Mariel Hemingway). Jedoch ist sie kein Ersatz für Isaacs verflossene Ehefrauen, weil er ja »älter als ihr Vater ist«. So jedenfalls rechtfertigt er sich gegenüber Yale (Michael Murphy) und Emily (Anne Byrne). Yale ist nebenbei mit der geschwätzigen Mary (Diane Keaton) liiert. Um seine Ehe zu retten, gibt er sie an Davies weiter. Obwohl sich Isaac und Mary gut miteinander verstehen, kehrt sie nach einiger Zeit zu Yale zurück. Isaac dagegen fährt zu seiner Tracy und hält sie von ihrem geplanten Englandtrip zurück.

Parallel dazu verlaufen drei Szenen, die Isaacs Beziehung zu seiner geschiedenen, zweiten Frau Jill (Streep) zeigen. Nachdem er erfahren hat, daß Jill ein Buch schreibt, in dem sie alle seine kleinen Schwächen, Eigenheiten und Angewohnheiten

Die letzte Lagebesprechung.

enthüllen will, lauert er ihr auf der Straße auf. Während er das Buch als »demütigende Angelegenheit« betrachtet, meint Jill nur: »Es ist eine aufrichtige Darstellung unseres Auseinanderlebens ... Mein lieber Mann, du siehst ja aus wie die Bedrohtheit persönlich.«

Als Isaac ihr gemeinsames Kind abholt, fängt er wieder von Jills Buch an. Schließlich verspricht sie ihm, nicht zu beschreiben, wie er versuchte, die Frau, in die sich Jill verliebte und wegen der sie Isaac verließ, mit dem Auto zu überfahren. Verzweifelt stürmt Isaac aus der Wohnung. Isaac kehrt erst zu Jill zurück, nachdem ihr Werk unter dem Titel *Divorce, Marriage and Selfhood* erschienen ist. Er beschließt, sie einfach zu erwürgen, nachdem sie ihn als »zweiten Lee Harvey Oswald« geschildert hat, der außerdem narzißtisch, selbstgerecht und menschenfeindlich veranlagt sei. »Also ich habe auch ein paar freundliche Sachen über dich geschrieben«, meint Jill, »zum Beispiel, daß du weinst, wenn du *Vom Winde verweht* siehst.« Im gleichen Atemzug warnt sie ihn, daß sie »schon ein paar Angebote für eine Verfilmung« habe. Am Boden zerstört, muß Isaac einsehen, daß er gegen seine Ex-Frau nicht ankommt.

Die dreitägigen Dreharbeiten entwickelten sich für Meryl zu einem Alptraum. Allen, den sie selbst für »äußerst introvertiert« hält, ging auf keinen ihrer Vorschläge ein. Doch ihrem Unmut machte sie erst ein Jahr später, nach der Premiere von *Manhattan* (Manhattan), Luft.

Parallel zu der Arbeit mit Allen bemühte sich Meryl, eine neue Wohnung zu finden. Da ihre Suche vergebens war, bot Don Gummer ihr an, auch noch während seines Europatrips in seinem Atelier wohnen zu bleiben.

Schon bald stellte sich heraus, daß sie »vom selben Schlag« waren. Beide liebten ihre Unabhängigkeit und Selbständigkeit, beide Familien unterstützten ihre künstlerischen Ambitionen, und beide wollten von zu Hause keine finanzielle Hilfe.

Nachdem Meryl ein Jahr mit Arbeiten für Film und Fernsehen verbracht hatte, sehnte sie sich danach, wieder Theater zu spielen. Da bot ihr Joseph Papp im Frühjahr 1978 an, das

Zusammen mit Woody Allen in ›Manhattan‹.

Kätchen in Shakespeares *Der Widerspenstigen Zähmung* zu spielen. Aus diesem Grund lehnte sie auch die Rolle der Elizabeth Roffe in der Verfilmung von Sheldons *Bloodline* dankend ab. Auch die Filmadaptation des Judith-Krantz-Romans *Scruples* reizte sie nicht. »Ich hatte seit über einem Jahr nicht mehr Theater gespielt. Natürlich fesselte mich die Arbeit beim Film, aber jetzt sehnte ich mich danach, Theaterluft zu atmen und wieder auf einer Bühne zu stehen. Beim Theater ist das ganz anders. Es gibt nichts Schöneres, als wenn der Vorhang um acht Uhr aufgeht und um elf Uhr fällt.« Sie entschied sich also für Papp.

Der Widerspenstigen Zähmung sollte mit Raul Julia als Petruchio im Sommer 1978 bei dem New York-Shakespeare-Festival aufgeführt werden. Regisseur Wilfried Leach plante, dem Publikum eine revolutionäre Interpretation von Shake-

Meryl während der Proben zu ›The Taming of the Shrew‹.

speares Stück vorzustellen: Seiner Ansicht nach wurden Kätchens und Petruchios häusliche Schwierigkeiten nicht durch
den Kampf um die Vormacht, sondern durch ihre Liebe verursacht. Die Marathon-Proben erinnerten Meryl oft an einen
Zirkus, »in dem jeder den Clown spielen konnte«. Oft war es
die Streep, die mit ihren Einfällen das Team zum Lachen
brachte. Verlangte Julia nach ihrer Hand, streckte sie ihm

Meryl mit ihrem Partner Raul Julia.

ihren Fuß entgegen. Ein anderes Mal enthüllte sie, bis dahin gut unter ihrem Kostüm verborgen, ein paar rote Knieschoner.

»Da ich mich ständig fallen lassen mußte, wollte ich nur meine Knie schützen«, behauptete die Streep mit einem verschmitzten Lächeln im Gesicht. Leach hatte aber auch noch andere Sorgen. Er befürchtete, daß einige Feministinnen die

Aufführung durch Pfiffe und Krawalle ruinieren könnten. Aus diesem Grund bat er Raul Julia, daß Petruchio anstelle von Kätchen die Ansprache an die Frauen halten sollte. Julia verfolgte den Gedanken weiter und schlug vor, »daß Kätchen aufsteht und zu mir sagt: ›Petruchio, erzähl' den Männern, was für Pflichten sie ihren Frauen schulden.‹« Meryl konnte sich mit diesem Regieeinfall nicht anfreunden. »Ich sah keine Probleme mit Kätchens Abschlußrede. Alles, was ich sage, ist, daß ich alles für diesen Mann tun würde. Was soll daran falsch sein?«

Obwohl sich Leach und Julia ihrer Meinung widersetzten, entschied sich Papp für Meryls Vorschlag. Bei ihrer Abschlußrede gelingt es ihr auf unvergleichliche Weise, Kätchen als liebende Frau darzustellen, die dennoch ihre gewonnene Freiheit und Emanzipation nicht aufgibt.

Alle Befürchtungen erwiesen sich als unbegründet. Sowohl die Kritiker als auch das Publikum waren von der Shakespeare-Inszenierung begeistert. Thomas Wise meinte, daß er selten eine Aufführung von *Der Widerspenstigen Zähmung* gesehen hätte, die »so von sexueller Spannung kochte. Raul Julia war ein herrlicher, starker und stolzer Zuchthengst, dem die Streep mit ihrer Darstellung des Kätchens, einem eitlen, ochsengleichen Aas, in nichts nachstand.«

Während Dons Abwesenheit begann Meryl, sich genauer über den Freund ihres Bruders zu informieren. Von ehemaligen Klassenkameraden aus Yale wurde er ihr als intelligent und selbstbewußt geschildert, mit dem einzigen Nachteil, daß er egoistisch sein konnte. Gummer hatte früh mit seinen Holz- und Metallskulpturen angefangen. Durch die Vermittlung seines Lehrers Richard Serra machte sich die Galerie in der Greene Street noch während seiner Zeit in Yale erbötig, seine Werke auszustellen. Da er bis zu diesem Zeitpunkt noch ein unbekannter Student war, überraschte ihn dieses Angebot, da die Galerie doch zu den exklusivsten und bekanntesten SoHos zählte. Dank dieser Vernissage wurde Gummer über Nacht berühmt. Auf dem Höhepunkt seiner Karriere heiratete er seine Schulfreundin.

Der Zeit des Triumphes folgte ein Abschnitt, in dem Don un-

Don Gummer.

fähig war zu arbeiten. Dazu kamen große Schwierigkeiten mit seiner jungen Frau, die sich bald darauf wieder von ihm scheiden ließ. Als er Meryl kennenlernte, war er mit einer Tänzerin liiert, mit der er auch seine Europareise unternehmen wollte. Während der Reise erkannte er, daß er es auch mit seiner damaligen Lebensgefährtin »nicht lange aushalten« würde und kehrte vorzeitig ohne Begleitung zurück.

Wieder zu Hause, bot er Meryl an, ihr ein kleines Zimmer einzurichten, so daß sie bei ihm wohnen bleiben könnte. »20 Minuten später waren wir verheiratet«, erinnerte sich die Streep. In Wahrheit wohnten sie zunächst zwei Monate zusammen.

Die Heirat, die die meisten ihrer Freunde und Bekannten überraschte, fand im September 1978 im Garten der Streeps in Mystic, Connecticut statt. Außer den Familien von Don und Meryl waren nur einige der engsten Freunde eingeladen worden.

Im Anschluß an die Trauung flogen die Gummers nach Maine, wo sie ihre viertägigen Flitterwochen verbrachten.

Kramer gegen Kramer

»*Kramer gegen Kramer* ist einer der wenigen Filme,
die schon gleich zu Beginn ihre eigene Sprache, ihr
Thema und ihre Poesie finden.
Die erste Szene: die Nahaufnahme einer von
Schmerz gezeichneten Frau, deren Gesicht von
Dunkelheit umgeben ist. Die Aufnahme ist so
ergreifend, daß sich der Zuschauer anfangs nach
Erleichterung sehnt. Aber die Erleichterung kommt
eigentlich nie.«

Frank Rich, Time, 3. Dezember 1979

Während Meryl für den Jane-Fonda-Film *Julia* vor der Kamera stand, gab Stanley R. Jaffe Avery Cormans Roman
Kramer vs. Kramer Robert Benton zum lesen. Damit ver-
knüpft war die Frage, ob der Stoff sich für einen Film eignen
würde. Benton ging sofort ans Werk und legte Jaffe wenige
Wochen später ein Drehbuch zu diesem Roman vor. Nachdem Jaffes letzte Zweifel beseitigt waren, fragte man bei
François Truffaut an, ob er nicht die Regie übernehmen
wolle.
Robert hatte im geheimen befürchtet, daß Jaffe ihm und
nicht seinem Freund Truffaut die Regie anbieten würde.
Schließlich hatte er erst vor kurzem mit *The Late Show* (Die
Katze kennt den Mörder) bewiesen, daß er nicht nur Drehbücher schreiben, sondern sich auch als Regisseur behaupten
konnte.
Nachdem alles in die Wege geleitet worden war, sagte Truffaut überraschend ab. Offiziell, weil die Fertigstellung von
La chambre verte (Das grüne Zimmer) und auch sein nächstes Projekt, *L'amour en fuite* (Liebe auf der Flucht) ihm
nicht erlaubten, Frankreich zu verlassen.
Gleichzeitig schlug Truffaut aber dem Produzenten vor, Robert Benton mit der Regie zu beauftragen, wie es dann auch
geschah. Als Gegenleistung dankte Benton seinem Freund,
indem er Vivaldis Mandolinenkonzert verwendete, das Truf-

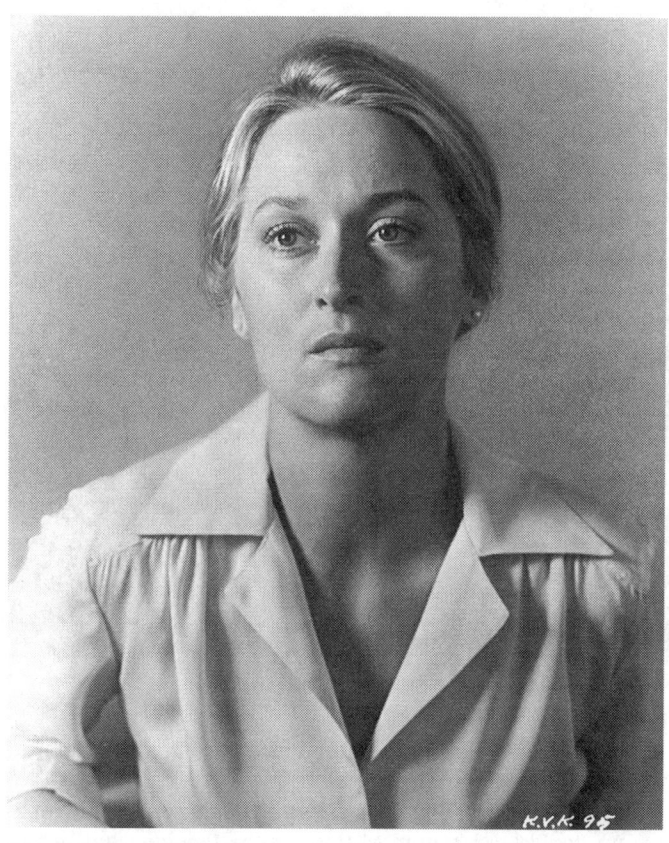

Meryl als Joanna Kramer.

faut in seinem Klassiker *L'enfant sauvage* (Der Wolfsjunge) eingesetzt hatte und das zu den Lieblingsstücken des französischen Regisseurs zählte.

Zusammen mit Benton überlegte Stanley R. Jaffe, wen man für die männliche Hauptrolle verpflichten könnte. Ohne lange zu zögern, entschied man sich für Dustin Hoffman. Noch 1977 schickte man ihm eine Kopie des Drehbuchs zu. Zwar erkannte Dustin die Potenz des Skriptes, lehnte aber ab, da die Rolle des Ted Kramer dem Menschen Hoffman gefähr-

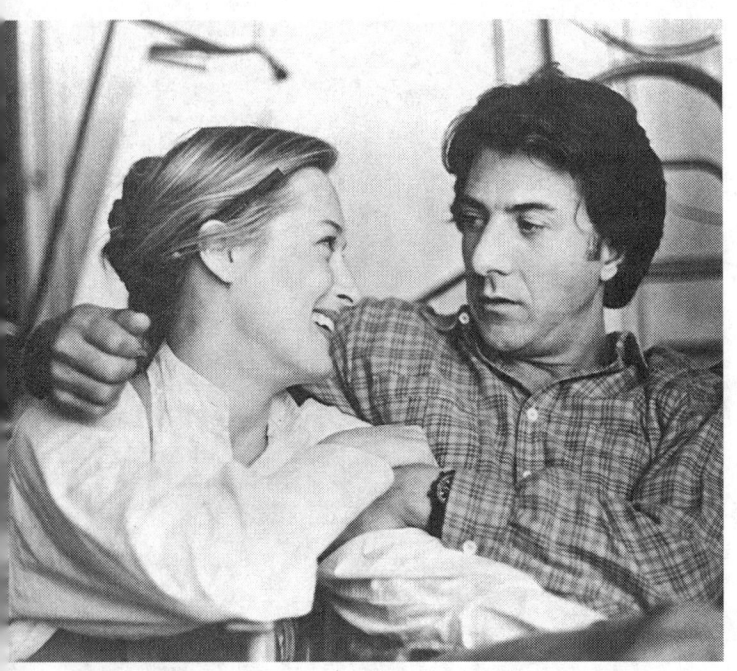

Dustin Hoffman und Meryl während einer Drehpause.

lich nahe war. Seine Frau Anne hatte nach zehn Ehejahren die Scheidung eingereicht.

»Daß die Arbeit im Showbusiness und der harte Konkurrenzkampf das Privatleben in Mitleidenschaft ziehen, hat sich in meinem Fall sehr deutlich gezeigt«, gestand Hoffman nach seiner Scheidung. »Andererseits ist die Arbeit ein wichtiger Teil meines Lebens. Ein Teil, der Prioritäten genießt.«

»Auf Partys«, schrieb die amerikanische Journalistin Muriel Davidson, »wirkt Dustin wie ein Volkswagen in dem Ausstellungsraum eines Cadillac-Händlers.« Doch derartig bissige Bemerkungen hinderten den kleinen Mann nicht daran, die Filmmetropole im Sturm zu erobern.

Natürlich reizte ihn die Rolle Ted Kramers, doch eingedenk der jüngsten »traumatischen« Ereignisse mit Anne lehnte

Dustin erneut ab, als er zum zweiten Mal die Rolle angeboten bekam. Doch Stanley R. Jaffe und Robert Benton ließen nicht locker. Sie arbeiteten nach jeder Absage das Skript noch einmal um und schickten die überarbeitete Fassung an Dustin.

»Ich wurde regelmäßig mit der jeweils neuesten Fassung versorgt. Nach dem vierten oder fünften Mal war es dann so gut, daß ich beim Lesen eine Gänsehaut bekam. Schließlich stimmte ich zu.« Bevor Hoffman den Vertrag unterzeichnete, stellte er die Bedingung, als »vollwertiger Mitarbeiter« zu gelten, d. h., Benton und Jaffe räumten ihm ein Mitspracherecht bei Skript, Darstellern und Schnitt ein. Die Gage für Hoffman betrug eine Million Dollar sowie eine Beteiligung am Gewinn des Filmes. Nachdem Jaffe, Hoffman und Ben-

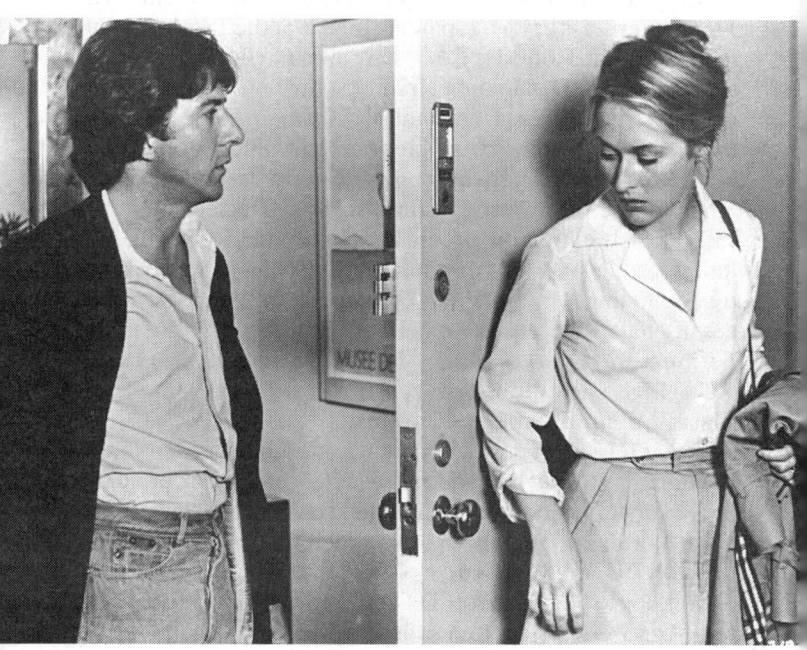

Der Anfang vom Ende: Joanna (Meryl) verläßt ihren Sohn und ihren Mann Ted (Dustin Hoffman).

ton erneut Zeile für Zeile überarbeitet hatten, machten sie sich auf die Suche nach einer Schauspielerin, die der Rolle von Teds Frau gewachsen war.

Wenige Wochen vor ihrer Heirat mit Don Gummer erreichte Meryl ein Anruf von Robert Benton, der ihr eine kleine Rolle bei dem Projekt anbot. Meryl, die den Roman kannte, zögerte, als sie erfuhr, daß Dustin Hoffman ihr Partner sein sollte. »Ich dachte an unsere erste Begegnung. Das war 1975, als wir zusammen in dem Stück *All over Town* von Murray Schisgal spielten. Damals kam er betrunken auf die Bühne und sagte: ›Ich bin Dustin – Rülpser – Hoffman‹, und legte eine seiner Hände auf meinen Busen. Was für ein widerliches Schwein, dachte ich damals.«

Da sie Bentons Angebot auf die Rolle der Frau bezog, willigte Meryl schließlich in ein unverbindliches Treffen ein. Was Meryl allerdings erst viel später erfuhr, war die Tatsache, daß man sie für die Rolle der Rechtsanwältin Phyllis Bernard vorgesehen hatte. Die Joanna Kramer sollte von Kate Jackson, in Deutschland besser bekannt als *Amanda King – Agentin mit Herz,* gespielt werden. Kate war, so wußten Hollywoodklatschreporter zu berichten, geradezu prädestiniert für die Rolle, da sie ja sowieso Dustins »ständige Begleiterin« war. In Wahrheit hatten die drei Kate wirklich die Rolle angeboten, doch die ABC-TV machte den dreien einen Strich durch die Rechnung. Unter keinen Umständen wollte die Fernsehgesellschaft Kate aus dem Vertrag entlassen, der sie an die Fernsehserie *Charlie's Angel* (Drei Engel für Charlie) band. Acht Tage nach ihrer Hochzeit traf sich Meryl zum ersten Mal mit Benton, Jaffe und Hoffman.

»Ich war felsenfest davon überzeugt, die Rolle der Joanna zu bekommen. Sofort begann ich zu erklären, wie ich mir die Rolle vorstellte und was mir alles am Drehbuch nicht gefallen hatte«, erinnert sich Meryl. »Die anderen sahen nur verlegen drein. Niemand wagte mir zu sagen, daß ich nur den kleinen Phyllis-Part spielen sollte. Das erfuhr ich erst viel, viel später.« Ein weiteres Treffen sollte für Klarheit sorgen. »Doch es war wie verhext. Alles, was schieflaufen konnte, lief schief. Dustin hatte kurze Zeit vorher erfahren, daß Kate

Während der Dreharbeiten zu ›Kramer vs. Kramer‹ (v. l.): Robert Benton, Meryl, Dustin, Stanley Jaffe.

endgültig für die Rolle ausschied«, berichtete Robert Benton. »Als wir dann endlich wieder vor dem Lokal standen und das ganze Fiasko hinter uns gelassen hatten, war uns klar, daß niemand anderes als Meryl die Rolle bekommen sollte.« Doch da meldeten Columbia Pictures starke Bedenken an. Unter anderem wollte das Studio nicht das Risiko eingehen, Meryl für diese entscheidende Rolle zu verpflichten.

Sie hatte zwar von den New Yorker Kritikern viel Lob für ihre Bühnenauftritte geerntet, aber in puncto Film war sie noch ein unbeschriebenes Blatt. Ihr Auftritt in *Julia* hatte nur wenige Minuten gedauert. Gewiß, die Rolle in der TV-Serie *Holocaust* war vielversprechend und würde ihr eventuell einen Erfolg bescheren, aber auch nur eventuell. Außerdem wollte man sich auf einen eventuellen TV-Star nicht verlassen, denn die waren ebenso schnell wieder vergessen.

Schließlich beugte sich die Columbia Pictures dann doch der Entscheidung von Jaffe, Benton und Hoffman.

97

Joanna Kramer kehrt zurück.

Die Überraschungsnachricht, daß Meryl die Rolle der Joanna Kramer erhalten hatte, verbreitete sich in Windeseile. Da man allerdings nichts über den »neuen Star« wußte, nannten die meisten sie Merryll Strep oder Miryle Streip. »Was ich da alles zu lesen bekam, erschreckte mich wahnsinnig, denn alle Namen klangen noch lausiger als Streep.«

Doch Don setzte alles daran, daß sich seine Frau ihren Triumph nicht durch solche Banalitäten verderben ließ.

Was für sie größere Wichtigkeit besaß, war die Tatsache, daß man ihr das gleiche Mitspracherecht wie Dustin Hoffman eingeräumt hatte.

Nachdem die Besetzung der Kramer-Familie feststand, begannen die Dreharbeiten zu *Kramer vs. Kramer* (Kramer gegen Kramer) am 12. Juni 1978.

Von Anfang an machte Meryl der Crew klar, daß sie die Rolle der Joanna nie so spielen könnte, wie es der Roman eigentlich von ihr verlangte. »Wild entschlossen versuchte sie uns davon zu überzeugen, daß etwas mit der Story nicht stimmte«, erinnert sich Benton. »Für sie war die Ehefrau zu böse, zu oberflächlich geschildert. ›Als ich den Roman las, habe ich nie verstanden, warum sie eigentlich wegging‹, war ihr Hauptargument, und mit diesem Satz hatte Meryl verdammt recht. Sie wollte, daß Joanna sympathischer wurde, daß ihr Identitätsproblem genau herausgestellt wurde. So entstand die einzige, die wirkliche Joanna Kramer, aber es war eine sehr schwierige Geburt.«

Wiedersehen nach der Trennung: Joanna (Meryl) und Billy (Justin Henry).

Eine Ansicht, die man bei Columbia Pictures nicht teilte. Während der Dreharbeiten beobachtete man die ständigen Skriptänderungen der »vier Wahnsinnigen« mit äußerster Skepsis. Schließlich hatte man für die Filmrechte an Corman 200000 Dollar gezahlt und befürchtete nun, daß das Endprodukt mit der literarischen Vorlage nur noch den Titel gemein haben würde.

Meryls Rolle stellte sich als sehr problematisch dar. Wie sollte man dem Publikum klarmachen, daß eine Mutter ihr Kind verläßt, ohne daß diese Frau die Sympathie des Zuschauers verliert? »Dazu mußte der Zuschauer die wahren Hintergründe kennenlernen. Wie sollte das aber geschehen, wo ich doch nur kurze Zeit auf der Leinwand zu sehen bin? Dieses Problem lösten wir mit einem Trick«, erinnert sich die Streep. »Alles über mich, meine Probleme und Sorgen erfährt das Publikum durch die Aussagen anderer. Es war, als hätte ich den Raum verlassen und man würde sich über mich unterhalten. Danach komme ich zurück und stelle alles aus meiner Sicht dar.

Ich träumte von dem Gedanken, am Ende des Films den Spieß umzudrehen und aus der Schurkin der ersten zehn Filmminuten eine tragische Heldin zu machen.«

Meryl verbiß sich förmlich in die Rolle. Als erstes unterhielt sie sich mit ihrer Mutter über die Problematik in *Kramer vs. Kramer*.

Mary Louise Streep, die es geschickt versteht, ihrem Mann eine gute Gattin und eine treusorgende Hausfrau zu sein und gleichzeitig ihre künstlerischen Ambitionen nicht schleifenzulassen, sah sich gezwungen, einige »Illusionen Meryls« zu zerstören. »Meryl wuchs in einer behüteten Welt auf. Wir versuchten so gut wie möglich Sorgen und Probleme, die uns Erwachsene betrafen, von ihr fernzuhalten. So bekam sie nie mit, daß es Situationen in meinem und dem Leben meiner Freundinnen gab, in denen wir am liebsten alles hingeschmissen hätten und davongelaufen wären.« »Ich konnte mir einfach nicht vorstellen«, gestand Meryl, »daß jemand von den netten Ladies die Probleme Joannas kennen konnte. Ich war wirklich überrascht.«

Ted Kramer (Dustin) macht seiner Frau (Meryl) klar, daß er ihr Billy nicht kampflos überlassen wird.

Mit der Zeit wurde die Streep zu einer »Soziologin der *upper east side* von Manhattan«. Sie besuchte Schönheitssalons, ging wie jedermann einkaufen zu Bloomingdales und schlenderte in der Madison Avenue an den Schaufenstern vorbei. Im Central Park unterhielt sie sich mit jungen Ehefrauen oder belauschte ihre Unterhaltungen.

Weiterhin kaufte Meryl die gleichen Zeitschriften wie »ihre Opfer«. »Überall konnte man die gleichen Geschichten lesen: Richterin Soundso, Mutter von fünf Kindern, ist nicht nur eine tolle Geschäftsfrau, sondern auch noch eine perfekte Hausfrau, Gattin und Mutter. Fast alles, was eine Frau wie Joanna zu sehen, zu lesen und zu hören bekommt, suggeriert ihr, daß man Haushalt und Beruf leicht unter einen Hut bringen kann, ja, sogar bringen muß.

Was aber, wenn eine junge Frau kaum ihren Haushalt bewältigen kann? Wenn sie die an sie gestellten Anforderungen einfach nicht versteht und erfüllen kann? Dann steht sie alleine da, denn für solche ›Versager‹ findet sich wenig Verständnis. Joanna war zum Schluß unfähig, irgend etwas zu tun. Sie war von Zweifeln gelähmt. Auch ich bin unsicher, aber ich habe gelernt, wie ich mich wehren kann. Ich weigere mich einfach. Joanna dagegen war zu überhaupt nichts mehr imstande.«

Meryl fährt fort, daß die meisten Gefangene in ihren Penthouse-Wohnungen geworden waren. Alles verlief im gleichen Rhythmus: putzen, kochen, die Kinder anziehen oder zu Bett bringen, Dinner mit dem Göttergatten um acht Uhr abends.

Die meisten Ehemänner waren so sehr mit sich selbst beschäftigt, daß sie für die Probleme ihrer Frauen überhaupt keine Zeit mehr hatten. Einen weiteren, überbewerteten Stellenwert nahm bei den meisten der Sex ein. Ständig das Problem, daß sie nicht wollten, wenn er wollte, und dann schliefen sie doch mit ihren Männern, um diese nicht zu enttäuschen. Hinterher fühlten sich die meisten Frauen mies und mißbraucht.

»Je mehr ich mich mit Joanna auseinandersetzte, desto deutlicher wurde mir, daß ihre emotionalen Schwierigkeiten ein nationales Problem darstellten. Immer war für diese Frauen jemand da gewesen, der ihnen die Entscheidungen abgenommen hatte. Kam der Augenblick, wo sie auf sich selbst gestellt waren, mußten sie erkennen, daß sie unfähig geworden waren, selbst zu entscheiden oder etwas in die Hand zu nehmen.

Als Joanna merkte, daß sie ihrem Kind nichts mitgeben konnte, beschloß sie, wegzugehen, um ihm dadurch zu helfen, selbständig zu werden.«

Don berichtete, daß es Meryl in der Anfangszeit ihrer Ehe ähnlich erging. Obwohl sie immer in der Öffentlichkeit behauptete, sie könne tun, wozu sie Lust hatte, plagten sie oft Zweifel an sich selbst. »Meryl wurde von der ständigen Angst verfolgt, so wie Joanna zu werden«, erinnert sich Gummer.

»Doch schließlich bekam sie so viel Selbstsicherheit, daß sie, ohne jegliche Gefahr die innere Zerrissenheit von Kramers Frau spielen konnte.«

Dank Dons Zuwendung gelang es Meryl, die anfangs unsympathische Frau sympathischer werden zu lassen.

Sally Benton, Roberts Frau, war schließlich so beeindruckt, daß sie ihren Mann bat, das Ende umzuschreiben. Obwohl es ihm sehr schwer fiel, widersetzte er sich den Bitten seiner Frau.

Kurz vor Weihnachten 1978 wurden die Dreharbeiten, die ausschließlich in New York stattgefunden hatten, beendet. Dustin Hoffman erinnert sich, daß es einige »böse Auseinandersetzungen« mit Meryl gegeben hatte. So zum Beispiel, als man die Szene im Restaurant drehte. Meryl hatte erneut darauf bestanden, daß ihr Text geändert werde. Hoffman betrachtete dies als einen Affront gegen ihn.

Meryl, Dustin und Robert Benton diskutieren die Gerichtsszene.

»Ich war furchtbar wütend, daß Meryl schon wieder die Szene umschreiben wollte. Schließlich ließ ich ihr ihren Willen. Als wir die Szene endlich drehen konnten, hatte sich in mir eine solche Wut angestaut, daß ich am Ende der Szene mein Weinglas nahm und es an die Wand warf. Meryl war schrecklich sauer. Während sie die Glasscherben aus den Haaren fingerte, meinte sie leise und gefährlich: ›Wenn du wieder so etwas vorhast, möchte ich dich bitten, mir vorher Bescheid zu sagen.‹ Benton aber gefiel die Szene, und so kam sie in den Film.« Bei ihrer Rede im März 1983 im National Film Theatre in London gestand Meryl, daß Dustin sie »an den Rand des Wahnsinns« getrieben hatte. »Dustin will der größte Schauspieler unserer Zeit sein. Aus diesem Grund verlangt er auch von seinen Mitspielern die beste Leistung, doch im gleichen Augenblick bereut er diesen Entschluß, da eventuell jemand besser als er sein könnte. Ich verstehe ihn, denn wir sind uns in dieser Beziehung sehr ähnlich.«

Und über die Darstellung des Ted Kramer meinte sie: »Ted ist der typische Erfolgsmensch der siebziger Jahre, Dustin spielte ihn als sympathischen und liebenswürdigen Kerl, so daß es einen oft erschreckte, wenn man erkannte, wie neurotisch er teilweise ist und reagiert.«

War die Stimmung und ihr Verhältnis zueinander während den Dreharbeiten auch bis zum Zerreißen gespannt, eine Spannung, die dem Film nur zugute kam, so meint Dustin heute: »Meryl ist ein wunderbarer Partner. Sie verspeist schon zum Frühstück die größten Brocken Arbeit. Während der Dreharbeiten zu *Kramer vs. Kramer* haßte ich sie und ihre Einfälle, doch heute ist das ganz anders. Ich respektiere sie. Wenn es um eine Einstellung ging, die ihr nicht gefiel, konnte sie stur wie ein Ochse sein, aber auch wie ein Ochse arbeiten. Obwohl sie immer versuchte, perfekt zu sein, liebten wir sie alle.«

Allen persönlichen Differenzen zwischen Dustin und Meryl zum Trotz war die Stimmung sehr gut und die Kameradschaft in der Crew ausgezeichnet. Für die letzte Szene des Films mußten einige Großaufnahmen nachgedreht werden. Obwohl ein Skriptgirl ebenso ihren Text hätte lesen können, erschien Meryl. »Die gesamte Crew stand mit dem Rücken zu ihr«, erinnert sich der Kameramann Nestor Almendros. »Erst als Dustin mit seiner Szene fertig war, merkten wir, daß Meryl in Tränen aufgelöst war. Sie hatte ihr Letztes gegeben, obwohl sie überhaupt nicht auf der Leinwand zu sehen war.« Nachdem der Film am Thanksgiving Day Premiere gehabt hatte, erwies sich die Angst, er würde wegen seiner Scheidungsproblematik auf Ablehnung stoßen als unbegründet. Kritiker und Zuschauer bestätigten, daß der Film unterhalte, zum Nachdenken, aber auch zum Weinen anrege.

Vor allem geschiedene Paare meinten, daß sowohl ihre als auch die Schwierigkeiten des Kindes treffend und realistisch dargestellt würden.

Kramer vs. Kramer ist wahrscheinlich der glaubhafteste Film, der sich bis zu diesem Zeitpunkt mit diesem Problem befaßte.

Kramer vs. Kramer durchbricht die Klischees aller Ehetragödien und -komödien, indem er auf die Untreue als Stein des Anstoßes verzichtet. Ted und Joannas Probleme sind so tiefgreifend, daß sie weder im Bett anfangen noch dort zu beseitigen sind.

Auch verzichtet Benton auf das konventionelle Happy-End und adressiert das Ende an den Zuschauer zurück. Damit wahrt er auch den überzeugenden Realismus seines Films.

Kramer vs. Kramer beginnt mit Meryls Abschied. Sie sitzt am Bett ihres Sohnes, den sie verlassen will, damit sie wieder zu sich selbst finden kann. Joanna ist eine sehr gefühlsbetonte, sensible Frau, die den Zustand fortwährenden Identitätsverlustes nicht länger erträgt. Sie hat ihre Persönlichkeit in der Ehe eingebüßt, anstatt sie zu entwickeln. Angekommen an der Grenze des Erträglichen, beschließt sie, ihren Sohn und ihren Mann zu verlassen.

Ted dagegen ist völlig auf seine Karriere und seinen Beruf konzentriert. Seine Frau und seinen Sohn überläßt er sich selbst. Seine Karrierebesessenheit gibt ihm nicht die Zeit, sich um die Probleme Joannas zu kümmern. Kommt es zwischen den beiden zum Gespräch, so dreht sich alles um Teds Erfolgsmeldungen aus seinem Büro.

So auch an dem Abend, als Joanna ihn verlassen will. Sichtlich verschreckt beobachtet sie Teds Auftritt. Während er von seinem jüngsten Erfolg berichtet, teilt sie ihm mit, daß sie ihn verläßt. Ted ist so selbsteingenommen, daß er einfach nicht begreift, was vorgeht, als Joanna erklärt, sie habe 2000 Dollar von der Bank abgehoben und ihm dabei ihre Kreditkarten auf den Tisch legt. Mit Gewalt versucht er seine Frau in die Wohnung zurückzuholen, so als könnte diese Gefühlsäußerung den jahrelang versäumten Dialog ersetzen.

»Zwing mich nicht, in diese Wohnung zurückzugehen«, fleht Joanna mit tränenerstickter Stimme. Ted, der während der Auseinandersetzung nur von sich sprach, hofft seine Frau zur Vernunft zu bringen, indem er an ihren Mutterinstinkt appelliert. Doch sie vertritt die Ansicht, daß ihr Sohn ohne sie besser leben kann. Sie liebt Ted einfach nicht mehr, und nachdem sie es ihm gesagt hat, werden die beiden durch die Aufzugstür getrennt.

Vorerst ist Ted nur wütend, daß Joanna ihm einen seiner fünf besten Tage im Leben verdorben hat. Danach sucht er einen Schuldigen für den Sinneswandel seiner Frau. So gibt er seiner Nachbarin Margaret (Jane Alexander) die Schuld an Joannas Weggang. Später entschuldigt sich Ted bei der ebenfalls geschiedenen Frau, und die beiden werden schließlich Freunde.

In der weiteren Handlung erlebt der Zuschauer den »Kampf« eines alleinstehenden Elternteils, der nicht ohne amüsante Zwischenfälle abläuft: So wenn Ted beim ersten gemeinsamen Frühstück seinem Sohn erklärt, jetzt brechen goldene Zeiten an. Als jedoch die »armen Ritter« völlig verbrannt sind, schiebt er Joanna die Schuld für seine miese Situation in die Schuhe.

In einer anderen Szene sieht man Billy und seinen Vater einkaufen. Während Ted in seinem Wagen alles Erdenkliche anhäuft, stellt Billy die Dinge zurück und meint: »Mummy kauft immer ganz andere Dinge ein.«

Aber auch die traumatischen Folgen einer Trennung werden aufgezeigt: wenn Ted sämtliche Erinnerungsstücke an Joanna wegräumt, oder wenn Billy weinend in die Arme seines

Voll Stolz präsentieren sich Dustin Hoffman, Meryl, Robert Benton und Stanley Jaffe mit ihren Oscars den Reportern.

Vaters flieht, weil er nicht versteht, daß seine Mutter ihn im Stich ließ.

Ted, vor die Entscheidung zwischen beruflicher Karriere und väterlicher Sorgepflicht gestellt, unterzieht seine Wertmaßstäbe einer kritischen Reflexion. Anfangs zaghaft, später mit bewundernswertem Engagement beginnt er, eine Beziehung zu Billy aufzubauen, dem Sohn Vater und Mutter in einer Personalunion zu sein. Beruflich stößt Ted auf wachsende Schwierigkeiten. Schließlich wird er gekündigt und findet nur unter Schwierigkeiten einen schlechter bezahlten Job.

Monate später kehrt Joanna zurück. Sie, die durch die heilsame Trennung ihre Selbstachtung zurückgewonnen hat, will nach der Scheidung nicht auf Billy verzichten.

107

Nun erscheint Joanna als der Störenfried.

Bei der Gerichtsverhandlung werden die spezifischen Probleme von Ted und Joanna dargestellt. Indem sie die Geschichte ihrer Ehe erzählt, löst sich Joanna Stück für Stück von ihrer Ehe. Ted ist überrascht und betroffen, als er erfährt, daß Joanna als Designerin für Sportkleidung arbeitet und noch dazu 3000 Dollar im Jahr mehr verdient als er.

Er dagegen schildert den schwierigen Prozeß, den er durchlaufen mußte. Angesichts der beiden Aussagen kann man sich nur schwer für oder gegen einen der beiden entscheiden. Deutlich wird dies auch durch Margarets Aussage vor Gericht: Sie, die Joannas Entscheidung befürwortete und akzeptierte, später zu Teds einziger Bezugsperson wurde, kann sich in ihrer Aussage für keinen der beiden Kontrahenten entscheiden. Hilflos plädiert sie immer wieder für das Recht des Kindes. Die Justiz allerdings scheint keine Zweifel zu kennen. Sie entzieht Ted das Sorgerecht und spricht es Joanna zu.

Doch es kommt nicht zur Trennung zwischen Ted und Billy. Angesichts der neuen Beziehung zwischen ihrem Sohn und seinem Vater bittet Joanna Ted zu einem Gespräch unter vier Augen. »Als ich heute morgen aufwachte, habe ich immerzu an Billy denken müssen und habe mir vorgestellt, wie er zwischen seinen kleinen Wolken aufwacht, die ich ihm gemalt habe. Und ich dachte, daß ich neue malen müßte, damit er sich zu Hause fühlte. Ich dachte wirklich, ich würde meinen Sohn nach Hause bringen. Aber jetzt ist mir bewußt geworden, daß er schon ein Zuhause hat.«

Schließlich verzichtet sie auf ihr Recht und läßt Billy bei seinem Vater.

Über Monate hinweg beschäftigte *Kramer vs. Kramer* das Publikum. Jeden Abend, sogar beim Weihnachtsfest, waren die Kinos bis auf den letzten Platz ausverkauft. In den ersten sechs Monaten spielte der Film allein in Amerika 75 Millionen Dollar ein. Nachdem er in Europa angelaufen war, überschritt *Kramer vs. Kramer* schon bald die Einspielgrenze von 100 Millionen Dollar.

So war niemand erstaunt, als bekannt wurde, daß *Kramer vs.*

Kramer in neun Sparten (bester Film, bester Hauptdarsteller, beste Nebendarstellerin, beste Regie, bester Nebendarsteller, beste Kamera, bester Schnitt und noch einmal im Bereich beste Nebendarstellerin) für den Academy Award nominiert war.

Meryl, die sich an den »Zwischenfall« bei der Oscarverleihung im vergangenen Jahr erinnerte, wollte zunächst überhaupt nicht an dem »Festival der Eitelkeit« teilnehmen. Schließlich überredete sie Don dann doch, mitzumachen. Am 14. April 1980 ging für die Streep ein Traum in Erfüllung: Im Rennen um die begehrte Statue schlug sie Kolleginnen

Queen Elizabeth mit Meryl Streep, Justin Henry und Dustin Hoffman nach der Premiere von ›Kramer vs. Kramer‹ in England. Im Hintergrund Liv Ullman und Peter Sellers.

Don und Meryl nach der Oscarverleihung.

wie Candice Bergen, Jane Alexander, Mariel Hemingway und Barbara Barrie.

Kenner der Branche sind sich darüber einig, daß die Streep ihren Oscar von dem 22köpfigen Komitee für ihre Gerichtsszene erhalten hatte.

Bemerkenswert an dieser Szene ist aber nicht nur ihre schauspielerische Ausdruckskraft, sondern auch die Tatsache, daß Meryl den Dialog selbst schrieb. Nachdem ihr die Stelle als zu banal erschienen war, »unterrichtete« sie Robert Benton von ihrer Absicht, die Szene neu zu schreiben.

»Ich dachte: Mein Gott, so verlieren wir unnötig zwei Tage. Schließlich rechnete ich damit, daß wir einen Tag dazu benötigen würden, Meryl zu erklären, daß ihr Geschreibsel nicht umsetzbar ist und schließlich weitere 24 Stunden, um ihre Tränen zu trocknen und ihre Wunden zu verarzten«, berichtet Benton.

Doch es sollte anders kommen.

Nach einem Kurzurlaub bei Dons Eltern in Indiana machte Meryl den Vorschlag, daß nicht nur allein sie, sondern auch Jaffe, Hoffman und Benton eine neue Gerichtsszene schreiben sollten. Die überzeugendste sollte dann verfilmt werden.

»Also machten wir uns an die Arbeit. Am Ende aber nahmen sie dann doch meine Fassung. Ich war wahnsinnig stolz. Als ich wieder zu Hause war, setzte ich mich sofort an den Schreibtisch und begann ein Drehbuch zu schreiben. Doch nach einigen mißlungenen Versuchen ließ ich die Sache dann doch lieber sein.«

»Meryls Dialoge waren einfach brillant«, gestand Stanley R. Jaffe. »In Avery Cormans Roman gehörte in der Szene vor Gericht alle Sympathie dem Vater, Meryl dagegen gelang es mit wenigen Worten, die Sympathie auszugleichen.«

Alles wurde so gefilmt, wie Meryl es geschrieben hatte. Nicht ein einziges Wort mußte geändert werden. Doch zurück zur Oscar-Nacht.

Meryl konnte ihren Triumph im ersten Augenblick gar nicht fassen. »Holy mackerel!« rief sie aus, als sie endlich das Podium bestiegen hatte. »Ich kann überhaupt nicht hören, was ich sage. Mein Herz schlägt einfach zu laut.«

Nachdem ihr die Statue überreicht und die offiziellen Photos gemacht worden waren, packte die Streep eine derartige Panik, daß sie sich auf die Damentoilette flüchtete.

»Erst als ich wieder am Tisch saß, bemerkte Don, daß der Oscar fehlte. In meiner Nervosität hatte ich ihn auf der Toilette stehen lassen. Doch Gott sei Dank bekam ich ihn wieder.«

Das nächste Problem folgte auf dem Fuß. Als die Gummers den Dorothy Chandler Pavillon verlassen wollten, lauerte schon eine große Menge von Reportern auf Meryl. Schließlich wagten die Gummers den Kampf durch die Menge. Stolz hielt Meryl ihren Oscar »wie einen Teddybären« in ihrem Arm und klammerte sich nicht, wie bei der Verleihung vor einem Jahr, unsicher an ihren Mann.

Alice im Wunderland

»Alice! Ein kindlich Märchen nimm
Und legs mit sanfter Hand
Dorthin, wo sich um Kinderträum'
Geheim' Erinnerung wand,
Wie um den welken Pilgerstrauß
Gepflückt im fernen Land.«

Lewis Carroll in *Alice im Wunderland*

»Ich hatte drei Filme gemacht, und jetzt wollte ich einfach herumspringen und mich austollen. Ich wollte vergessen, wie ich aussah, wollte ungehemmt sein, wollte die Freiheit, die Kinder haben, die, wenn sie in einem Kreis von Erwachsenen sitzen, die sie beobachten, diese einfach ignorieren.« Aus diesem Grund übernahm Meryl die Rolle der kleinen Alice in Elizabeth Swados Musical *Alice in Concert*.

Die Rolle erlaubte es ihr, in einem lilafarbenen Overall über die Bühne zu rollen und zu springen. Sie trällerte 29 Lieder, nuckelte an ihrem Daumen, streckte die Zunge heraus, spielte mit ihrem Haar und ließ die Zuschauer vergessen, daß sie eine 29jährige Frau vor sich hatten. Sie wurde buchstäblich zu Alice.

Aber nicht nur das Publikum war von der Streep begeistert. Mel Gussow von der *New York Times* schrieb: »Am Ende des Konzerts ist man davon überzeugt, daß Alice schlank, blond und lieblich ist wie Meryl Streep.« Dave Wringman meinte, daß »Alice aus den Kinderbüchern von Lewis Carroll ihre Wiedergeburt in Meryl Streep« gefunden hätte.

Und in der *New York Post* war zu lesen, daß »Meryl dazu geboren wurde, die Rolle der Alice zu spielen«.

Als bekannt wurde, daß Joe Papp, in dessen Public Theatre *Alice in Concert* auf dem Spielplan stand, das Stück nach drei Vorstellungen abgesetzt hatte, war die breite Masse entsetzt. Aber auch Meryl wollte, daß das Stück wieder in den Spielplan aufgenommen wurde. Doch Papp ließ sich weder von den Bitten der Kritiker noch den Wünschen seiner Darsteller von seiner Entscheidung abbringen. Offiziell vertrat er die Ansicht, daß *Alice in Concert* noch zu unausgereift sei für eine längere Laufzeit.

Der frühe Tod des Swado-Musicals hatte aber noch einen anderen Grund. Papp hatte seit mehreren Wochen ein Projekt im Auge, das ihn mehr als alles andere faszinierte. Dabei handelte es sich um Thomas Babes Stück *Taken in Marriage*. Babe war es gelungen, Papp davon zu überzeugen, daß er sich sein Stück einmal anhören müsse. Unter anderem bat er Meryl, bei dieser Gelegenheit eine Rolle zu lesen. Die Streep, die sich immer als sehr kooperativ erweist, wenn es darum geht, jungen Talenten zu helfen, sagte ohne lange zu überlegen zu.

Als die Lesung schließlich stattfand (neben Meryl lasen Elizabeth Wilson und Dixie Carter), waren alle Beteiligten erschöpft und müde von ihren anderweitigen Theaterverpflichtungen. Aber gerade diese Müdigkeit und Resignation verhalf *Taken in Marriage* zum Durchbruch. Noch während der Lesung sprang Joe Papp auf und rief, daß er sein Traumstück, das er unter allen Umständen produzieren wollte, gefunden hätte.

»Ich war einfach überwältigt«, erinnert sich Papp. »Ich war davon überzeugt, daß es Babes bestes Stück sei. Seine anderen Werke waren extrem verbal; die Emotionen verbargen sich hinter Wörtern. Doch bei diesem Stück hatte er es geschafft. Es ist ein Stück über die gewaltige Energie von Frauen und zeigt sehr großes Verständnis für sie und ihre Lebenssituation.«

Noch am gleichen Tag verpflichtete er Meryl, Dixie Carter und Elizabeth Wilson. Die weiteren Rollen besetzte er mit Kathleen Quinlan und Colleen Dewhurst.

Kurze Zeit nachdem *Alice in Concert* abgesetzt worden war, begannen die Proben zu Babes Stück.

Taken in Marriage schildert das Verhältnis von vier Frauen zueinander. Andrea (Meryl), ihre Mutter (Colleen Dewhurst), ihre Tante (Elizabeth Wilson) und die zukünftige Braut (Kathleen Quinlan) sitzen am Abend vor Quinlans Hochzeit zusammen und warten auf ihre Männer.

Meryl als Alice in ›Elizabeth Swados Musical Alice in Concert‹.

Von diesen wurde als besondere Überraschung die Stripteasetänzerin Dixie (Dixie Carter) engagiert.

Nachdem man die Zeit damit gebracht hat, sich gegenseitig Gemeinheiten und kleine Sticheleien an den Kopf zu werfen, überredet Dixie die Anwesenden, einmal zu tanzen.

Gerade diese Tänze waren ein genialer Einfall, denn sie verrieten über den wahren Charakter der Frauen mehr als alle Worte. Meryl zum Beispiel, die die selbstsüchtigste von allen spielte (»In den 30 Jahren meines Lebens habe ich mich fast ausschließlich damit befaßt, die Realität von Abschied, Alter und Tod zu akzeptieren – wie nach einem schönen Abend alles vorbei sein kann«), bewegte sich mit kurzen, engen Schritten, die völlige Hoffnungslosigkeit widerspiegelten.

Auch diesmal waren die Kritiker enthusiastisch. »Meryl

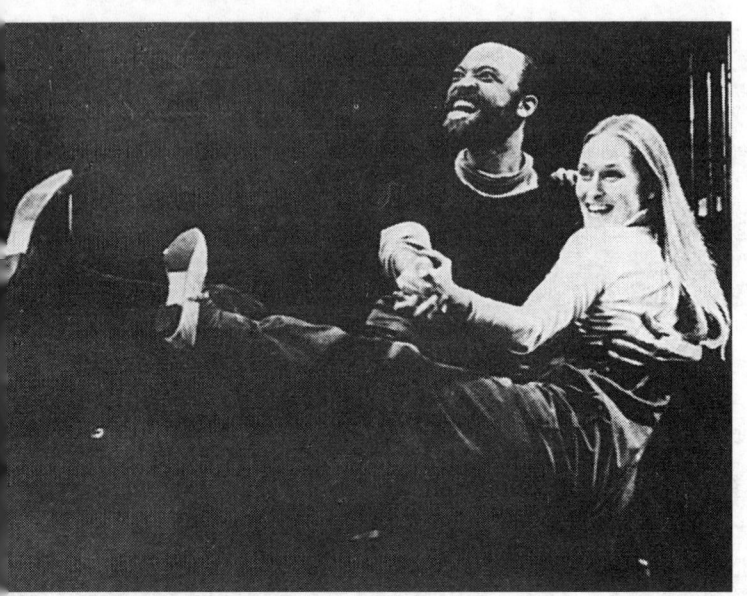

Zusammen mit Rodney Hudson in ›Alice in Concert‹.

Streep, mit dem Aussehen eines Afghanen und der Stimme einer Kreissäge, ist die Verkörperung schwereloser Eleganz«, schrieb C. Barnes in der *New York Post.*

»Schön egoistisch, mit einem lachenden und einem weinenden Auge, ist sie dennoch die unangenehmste und elendeste Frau der Familie«, urteilte die *New York Times.*

Während die Schauspielerinnen auf der Bühne die erbittertsten Kontroversen miteinander ausfochten, waren sie hinter der Bühne und privat die besten Freundinnen. »Nur so war es möglich, das Stück so lange durchzuhalten«, meinte Meryl.

»Jedesmal vor einer Aufführung bekam ich Lampenfieber. Während bei anderen Schauspielern Schmetterlinge im Magen herumflattern, war es bei mir eine Herde von Elefanten. Lizzie Wilson sah das und half mir auf ihre Weise. Sie erzählte mir von anderen Schauspielerinnen, mit denen sie auf der Bühne gestanden hatte, und wie es ihnen vor einer Aufführung ergangen ist.

Ich konnte es einfach nicht fassen, daß jemand wie Katharine Hepburn nervös gewesen sein sollte, und zweifelnd fragte ich sie: ›Lizzie, glaubst du das wirklich, was du mir erzählt hast?‹, und sie sah mich nur an und sagte: ›Ja. Wieso denn nicht?‹ und danach war ich schrecklich erleichtert.«

Meryls Lampenfieber entsprang nach Dons Ansicht ihrer Besessenheit, daß nichts, was sie machte, ein Fehlschlag für das Team werden dürfte. »Sie sitzt da und stellt sich die schlimmsten Dinge vor, die einem Bild von Hieronymus Bosch hätten entstammen können. Es ist also kein Wunder, daß sie zu schwitzen und zu zittern anfängt. Es dauerte lange, bis sie die Absetzung von *Alice in Concert* überwunden hatte.«

Auch glaubte Meryl, daß sie mit daran schuld sei, daß die

Später Erfolg für ›The Deer Hunter‹: Meryl zusammen mit (v. l.) John Cazale, Robert De Niro und Chuck Aspegren.

Produzenten von *The Deer Hunter,* Cimino und EMI, den Film zurückhielten, weil sie der Ansicht waren, er würde kein Publikum finden. Daß der Film nicht in den Studioarchiven verstaubte, ist Allan Carr zu verdanken, der in Hollywood nicht nur für seinen 100-Millionen-Dollar-Hit *Grease* (Grease) bekannt war, sondern auch wegen seines exzentrischen Lebens und seiner Bekleidung, die überwiegend aus Kaftans bestand. Dieser hatte sich im Juli 1978 in einer Privatvorführung *The Deer Hunter* zeigen lassen. »Als ich die Hälfte des Filmes gesehen hatte, standen mir die Tränen in den Augen. Jeder, aber auch wirklich jeder – Bobby De Niro, Walken, Meryl Streep, Cazale, Savage –, war so gut. Es war zwar nicht die Art von Film, wie ich sie zustande brachte, aber ich konnte ihm zum Erfolg verhelfen.«

Carr beschloß, den Film einige Tage vor Weihnachten in die Kinos zu bringen, so daß er noch in die Preisverteilung für den '78 Academy Award in Frage kam. »Damals hatte ich mir notiert, daß der Film mit Sicherheit zwischen neun und elf Nominierungen erhalten wird.« Schließlich erhielt er neun Nominierungen, unter ihnen Meryls erste.

Carrs Rechnung ging auf. Auf jeder Weihnachtsparty im Jahr '77 war *The Deer Hunter* Gesprächsthema Nummer eins. Man hörte sich um, ob jemand eine der acht Vorführungen des Films gesehen hatte. »Wenn die New Yorker etwas nicht sehen können, wird es für sie zu etwas ganz Besonderem«, meinte Carr. »Schließlich brachten wir den Film erneut heraus, nachdem die Nominierungen für den Oscar bekannt geworden waren. Ich war davon überzeugt, daß *The Deer Hunter* mindestens sechs Oscars erhalten würde. Meine Vorhersagen trafen auch alle ein, bis auf eine. Meryl erhielt ihren Oscar leider nicht.«

Zunächst wollte Meryl überhaupt nicht an der Oscarverleihung teilnehmen, doch später änderte sie ihre Meinung. In einem Interview erklärte sie, daß sie, wenn sie die Statue nicht an Maggie Smith verloren hätte, den Oscar John Cazale und seinem Werk gewidmet hätte, wie dies einst Katharine Hepburn mit dem Oscar für *Guess Who's Coming to Dinner?* (Rate mal, wer zum Essen kommt) getan hatte.

Meryl mit Don auf dem Weg zur Oscarverleihung 1978.

The Deer Hunter gehört zu den Filmen, die Meryl sehr am Herzen liegen. Mindestens siebenmal hat sie den Film gesehen, und jedes Mal »hat es mir das Herz gebrochen, John zu sehen«.

Meryl und Don trafen bereits in der ersten Aprilwoche im Beverly Hills Hotel ein, um sich für die Oscarverleihung am 9. April 1979 vorzubereiten. Doch statt der erwarteten Autogrammbitten wunderte sich nur jeder, wer diese Frau eigentlich sei.

Diana Maychick berichtet, daß Meryl es doch tatsächlich gewagt hatte, im Hotelpool einige Züge zu schwimmen. Schließlich war dieser in Hollywood nur dazu da, daß man sich an seinem Rand sehen ließ, Geschäfte abschloß oder einige Drinks schlürfte.

Nur wenige brachten jene scheue Frau, die sich mit offenem Haar und einem einfachen Partykleid eng an ihren Mann klammerte und sich etwas hinter ihm verbarg, mit der Schau-

spielerin Meryl Streep in Verbindung, die für ihre ergreifen-
de Darstellung in *The Deer Hunter* nominiert war. Bei der
Verleihung des Oscars für die beste Nebendarstellerin pas-
sierte Meryl ihr berüchtigter »Zwischenfall«. Während die
Namen der nominierten Schauspielerinnen vorgelesen wurden, glaubte die Streep, als ihr Name fiel, sie hätte gewonnen. Gerade als sie sich erheben wollte, drückte Don sie wieder in den Sessel. Sie mußte sich anhören, daß Maggie Smith
als Gewinnerin bekannt gegeben wurde. Beschämt
schrumpfte die Streep an ihrem Platz zusammen.

»Der Film schockte Amerika, aber vielleicht hatte Amerika
das gebraucht«, schreibt James Cameron-Wilson. »Aber
Krieg ist gewalttätig, grausam, deprimierend ...« Zu lange
hatte Amerika den Krieg als Tummelplatz für Helden ange-
sehen. Aber im Gegensatz zu Filmen wie *Rambo: First Blood
Part II* (Rambo II) verherrlicht *The Deer Hunter* nicht den
Krieg. Der Film führt einen in die Hölle, ohne einem einen
Ausweg zu zeigen, nur die Konsequenzen. Die Brutalität des
Krieges traf die Zuschauer erst, nachdem sie sich mit den
»Helden« angefreundet hatten. So wurde deren Schmerz der
Schmerz des Publikums.

Nachdem Meryls erster Auftritt in der Hollywood-Kolonie
keinen Eindruck hinterlassen hatte, sorgte sie für größere
Aufregung, als sie über das Hätschelkind der New Yorker
High-Society, Woody Allen, kurz nach der Premiere von
Manhattan meinte, daß er »sehr kompliziert« sei. »Es ist wirk-
lich schade«, fuhr Meryl fort, »daß Woody sich selbst zum Jet-
Set-Typ degradiert und sein Talent verschwendet, wo er mit
Leichtigkeit Amerikas Tschechow werden könnte.«

»Auf gewisse Weise stößt mich *Manhattan* ab«, fährt die
Streep fort. »Ich kann eben Leute nicht ausstehen, die öffentlich über ihre Neurosen reden. Und von solchen Menschen
handelt der Film. Allen weiß mit Sicherheit überhaupt nicht
mehr, daß ich in dem Film mitgespielt habe.«

Noch mehr befremdete Meryl die Tatsache, daß man zwischen ihrer Rolle und der Schriftstellerin Susan Braudy Parallelen zu finden glaubte. Miß Braudy reagierte natürlich
und erklärte kurz nach der Premiere von *Manhattan* am

25. April 1979, daß Allen und Co-Autor Brickman ihr Leben und ihr Buch als Vorlage für die Streep- und die Keaton-Rolle genommen hätten, ohne sie vorher um Einwilligung zu bitten.

Susan Braudy hatte ein aussagekräftiges Buch über die Scheidung von ihrem Mann, Professor Leo Braudy, geschrieben, welches unter dem Titel, *Between Marriage and Divorce* erschienen war. In Allens Film schreibt Meryl ein Buch mit einem ähnlichen Titel und Diane Keaton wird von einem College-Professor geschieden.

Sowohl Allen als auch Brickman, Diane Keaton und Meryl Streep wurden durch die Anschuldigung »etwas nervös«. Nach und nach kam heraus, daß Susan Braudy mit Brickman und Woody ein Gespräch geführt hatte, während diese noch an dem Skript arbeiteten. Wie üblich bei Interviews mit Woody Allen, lenkte dieser das Gespräch auf den Interviewer. So erfuhren sie Susans Geschichte, die sie so sehr beeindruckte, daß sie ihre Geschichte in die *Manhattan*-Story miteinbauten.

Da Woody Allen derartige Publicity verhaßt ist, gelang es ihm, Susan Braudy von einer Klage abzubringen und regelte die ganze Angelegenheit gütlich, da ihr der Film ja nicht zuwider war, sondern sie nur »ein bißchen überraschte«.

Bereits während der Laufzeit von *Taken in Marriage* hatten Meryl und Don beschlossen, ein Kind zu bekommen. »Wir wollten unbedingt ein Kind, weil nur wenige Leute in unserem Freundeskreis Kinder hatten. Sie verschieben Kinder auf die späteren Jahre, da sie viel zu viel an ihre Karriere denken«, meinte Meryl in einem Interview. Dennoch wollte auch Meryl nicht auf ihre Karriere verzichten. Sie war eben eine Schauspielerin, die ein Baby wollte. »Gott sei Dank ist Don ebenfalls ein kreativer Charakter. Er versteht es, daß ich Arbeit zum Leben brauche.«

»Während ich lernte, Leute anzusehen, lernte Meryl, Objekte zu begutachten. Es gibt so viele Grundsteine für die Liebe zwischen zwei Menschen. Unsere beruht auf einem tiefverwurzelten Vertrauen. Aus diesem Grund sind wir auch die besten Freunde.«

121

Aus Rücksicht auf das Baby verzichtete Meryl in den restlichen Monaten ihrer Schwangerschaft auf Arbeit. Den Kontakt zu Freunden und zum Theater verlor sie jedoch nicht. Um ihr die Langeweile etwas zu vertreiben, arrangierten Norman Mailer und Lynn Nesbitt einige Parties für die Gummers bzw. nahmen sie auf einige Einladungen mit. Als die Presse eines Tages ein Bild von Meryl veröffentlichte, auf dem sie Mailer mit einem Stück Torte fütterte, erklärte dieser: »Wir haben eines gemeinsam. Wir sind beide mit zwei ausgezeichneten Künstlern glücklich verheiratet.«

Die nächste Party, die zu Ehren Meryls und Dons veranstaltet wurde, hatten Milton Goldman und L. Arnold Weissberger arrangiert. Unter den Gästen befanden sich Douglas Fairbanks jr., Sidney Lumet, José Ferrer, Philip Anglim, Maureen Stapelton, Michael Moriarty sowie Tennessee Williams, der einem Gesellschaftsreporter erklärte: »Ich kann es kaum glauben, daß diese zarte, nette und scheue Person meine Flora in *27 Wagons Full of Cotton* gespielt haben soll.«

Wenige Tage später reisten die Gummers zum ersten Mal gemeinsam nach Europa. An Bord des Luxusliners Elizabeth II. fuhren die beiden zu einer verspäteten Hochzeitsreise nach England. Die Überfahrt verbrachte Meryl überwiegend mit Ausruhen, Spaziergängen auf dem Deck, Nachdenken über die Geburt und dem Schreiben von Autogrammen.

Nach ihrer Rückkunft konzentrierte sich Meryl völlig auf die Lamazesche Methode für eine unkomplizierte Geburt. Den Nachmittag verbrachte sie in Castle Clinton im Battery Park, wo Don gerade an einer Skulptur arbeitete. Am Abend besuchten sie zusammen Seminare, in denen man in der praktischen Anwendung der Lamaze-Methode unterrichtet wurde. Doch am 14. November 1979 kam Henry »Gippy« Gummer nicht mittels dieser Methode zur Welt, sondern durch einen Kaiserschnitt. »Es war alles so einfach«, erinnert sich die Streep. »Don war bei mir, und kurz nachdem das Baby geboren war, hielt er es schon in den Armen. Es schien die einfachste Sache der Welt zu sein.«

Der Presse erklärten die stolzen Eltern, sie würden ihren Sohn nach Hank Aaron nennen. Doch aus Angst, man würde

Joe Papp zusammen mit Meryl Streep während der Proben zu ›Taken in Marriage‹.

ihren Gag ernst nehmen fügte Meryl hastig hinzu: »Nein, natürlich nicht. Henry ist einfach ein schöner Name. Sowohl mein Dad als auch mein Bruder heißen so.«

Gippy Gummer veränderte das Leben seiner Mutter einschneidend. Mit dem Engagement, das Meryl an den Tag legte, wenn es darum ging, sich ihre Rollen zu erarbeiten, setzte sie sich nun mit ihrer Umwelt auseinander. »Seine Generation hat mit Problemen wie der Überbevölkerung, Umweltverschmutzung und Knappheit der Bodenschätze in Ausmaßen zu kämpfen, die uns unbekannt sind. Probleme, die unserer Gedankenlosigkeit entspringen.«

Außerdem wurde sie zu einer ausgesprochenen Gegnerin von Nuklearwaffen und dem »Wettrüsten in den Tod«.

Kurz nach der Geburt ihres Sohnes begann auf Meryl ein Regen von Preisen und Ehrungen niederzugehen.

»Für eine Weile waren entweder der Ayatollah oder ich auf den Titelseiten der Zeitschriften zu sehen.«

Jane Alexander, Meryl und Melvyn Douglas während der Werbekampagne für ›The Seduction of Joe Tynan‹.

Der Hasty Pudding Club der Harvard-Universität ernannte sie zur Frau des Jahres, eine Ehre, die Stars wie Gertrude Lawrence, Elizabeth Taylor und Katharine Hepburn zuteil geworden war. In ihrer Dankesrede neckte Meryl die Professoren und Studenten wegen ihres »frivolen Verhaltens Frauen gegenüber«.

Als nächstes sollte Meryl für *The Seduction of Joe Tynan* und *Kramer vs. Kramer* von den New Yorker Filmkritikern geehrt werden. Doch am Abend der Preisverleihung wurde Gippy plötzlich krank. Meryl, die ihn unter keinen Umständen allein lassen wollte, bat ihren Vater, den Preis für sie entgegenzunehmen.

In der Nacht stieg Gippys Fieber weiter. Da sich seine Eltern keinen anderen Rat mehr wußten, brachten sie ihren Sohn ins New York Hospital. Nachdem sich dort bereits eine große Anzahl von Reportern und Photographen versammelt hatte, erklärte ein Sprecher des Krankenhauses: »Es handelt sich um einen typischen Fieberanfall, der Kleinkinder ohne jeden Grund heimsucht.«

Meryl verängstigte dieser Vorfall so sehr, daß sie beschloß, jeglichen Verpflichtungen aus dem Weg zu gehen, die sie von ihrem Baby trennen konnten. So weigerte sie sich, der Bitte Alan Aldas nachzukommen, an der Public-Relation-Tour für *The Seduction of Joe Tynan* in England teilzunehmen. Doch Meryls Mutter überzeugte sie von der Wichtigkeit ihrer Anwesenheit und wußte gleichzeitig Rat. Während des Englandaufenthaltes würde sie sich, wann immer Meryl unabkömmlich war, um den kleinen Henry kümmern.

Wenige Tage nach seiner Entlassung aus dem Krankenhaus reisten Großmutter, Mutter und Sohn nach London. Um die Flugzeit zu verkürzen, hatte Meryl drei Tickets in einer Concorde gebucht. Während ihres Londonaufenthaltes erwog Meryl mehrere Male, ob es nicht besser sei, ihre Karriere zugunsten der Familie aufzugeben. In einem Interview meinte sie, daß es nichts Wichtigeres geben kann, als »die Bedürfnisse des Lebens und die Liebe zu seinen Mitmenschen«.

Mary Louise Streep erinnert sich, daß es eine schwierige Zeit für ihre Tochter war. »Sie war fest entschlossen zu diesem Schritt, doch schließlich fanden wir eine akzeptable Lösung. Da ich unter keinen Umständen in Amerika auf Henry aufpassen wollte, riet ich Meryl, eine Kinderschwester für ein oder zwei Tage in der Woche zu nehmen. Wissen Sie, nicht daß ich meinen Enkel nicht liebe, aber das tut nicht gut, wenn die Großmutter zu oft bei einer jungen Familie auftaucht.«

Meryl befolgte den Rat ihrer Mutter und engagierte ein Kindermädchen, das zweimal in der Woche auf Gippy aufpaßte, während Meryl an diesen Nachmittagen »unbesorgt ausgehen« konnte.

Noch vor der Geburt ihres Sohnes hatte sie ihre Agenten Sam Cohen und Milton Goldman angewiesen, eine Rolle für sie zu finden, die sie 1980 »von Manhattan soweit wie möglich«

wegbringen würde. »Ich erklärte ihnen, daß sie von mir aus auf dem Mond spielen konnte, nur wollte ich endlich einmal wieder raus aus dem Alltag.« Nach längerer Suche fand Cohen schließlich eine Rolle, die ihm am besten geeignet schien, Meryls Ansprüchen in jeglicher Hinsicht gerecht zu werden: die Rede ist von Sarah Woodruff, der tragischen Heldin von John Fowles' Roman *The French Lieutenant's Woman* (Die Geliebte des französischen Leutnants).

Nachdem Meryl für ihre schauspielerischen Leistungen im Jahre 1979 einen Golden Globe, den Preis der Filmkritiker von Los Angeles und einen Oscar erhalten hatte, unterzeichnete sie kurz vor der Wiederaufnahme von *Alice in Concert* einen Vertrag mit Karel Reisz, der bei der Fowles-Verfilmung Regie führen sollte.

Ungefähr ein Jahr nach der urplötzlichen Absetzung von *Alice in Concert* entschloß sich Papp, dem Drängen des Publikums und der Kritiker nachzugeben und das Swado-Musical wieder in den Spielplan aufzunehmen. Meryl wollte unter allen Umständen wieder die Rolle der Alice übernehmen, obwohl ihr ihre Agenten davon abrieten. Schließlich war sie innerhalb der letzten zwölf Monate zum Star avanciert. Doch Meryl blieb hart. Papp erinnerte sich, daß sie besessen von der Idee war, daß das Musical ein Erfolg werden mußte. Doch ironischerweise sah es so aus, daß Meryl selbst das Stück zum Scheitern bringen würde. Während der Proben hatte sie sich eine Erkältung zugezogen, die auszukurieren sie sich weigerte. Einen Tag vor der Premiere verlor Meryl ihre Stimme, und Papp war gezwungen, die Premiere um eine Woche zu verschieben. Mit einer Gewaltkur von »zerkautem Aspirin und Litern von Orangensaft« schaffte es Meryl, innerhalb von fünf Tagen wieder gesund zu werden.

Obwohl auch diesmal die Kritiker über Meryl Lobeshymnen anstimmten, was nach Frank Rich von der *New York Times* »erfreulicher ist, als über Miß Swados Songs nachzudenken«, wunderten sich die meisten, wieso ein Star wie Meryl Streep für ein so unmelodisches Stück ihre Energie verschwendete. Rich fährt in seiner Kritik fort, daß Meryl wahrscheinlich »wie Carrolls Heldin von einer Flasche mit der Aufschrift

Erneut als Alice.

›Trink mich‹ kostete und ihr Herz und auch ihren Verstand an diese Show verlor«.

Mit Henry und der Kinderschwester im Haus wurde die Gummersche Wohnung eindeutig zu klein. Meryl meinte einmal, sie käme sich wie in einem U-Bahn-Abteil zur Hauptverkehrszeit vor. So beschloß die Streep, noch während der Laufzeit von *Alice in Concert* ein größeres Haus für sich und ihre Familie zu finden. Während ihr die Makler wahre Paläste anboten, schwebte Meryl mehr ein kleines Landhaus, umgeben von grünen Hügeln und Wäldern, vor, das allerdings nicht zu weit von New York entfernt sein durfte. Schließlich fand sie ein kleines Landhaus in Millertone, New York. Für 140.000 Dollar erwarben die Gummers das 92 Morgen umfassende Grundstück, das auch die »Weihnachtsbaumfarm« genannt wird, da sich auf dem Anwesen über 5000 Tannenbäume befinden. Eingedenk der Rohstoffknappheit beschloß Meryl, die nötige Energie durch Wind und Sonne zu gewinnen.

Da die Bewohner von Millertone wußten, daß Meryl das Anwesen auch als »Schutzvorrichtung für unser Privatleben« gekauft hatte, fügte man sich ihrem Wunsch nach Anonymität. »Obwohl jeder sie hier kennt, belästigen wir sie nicht mit Autogrammwünschen«, erklärt der Gemischtwarenhändler.

»Eigentlich fällt sie auch nicht auf, wenn sie nicht gerade diese riesige purpurfarbene Sonnenbrille aufhat«, berichtet der Besitzer von André's Health Food Shop. »Sie vergleicht sorgfältig die Preise, und wenn sie etwas kauft, bezahlt sie meistens mit einem Scheck. Sie unterschreibt aber nicht mit Meryl Steep, sondern als Mary Louise Gummer.«

Das Dasein auf der »Weihnachtsbaumfarm« verlief ungestört, bis eine ortsansässige Reporterin den Fehler beging, in einem Artikel genau zu beschreiben, wie man das Anwesen von Meryl Streep finden konnte. Meryl war so erbost über diese Sache, daß sie an die Reporterin einen Brief schickte. »Ich fragte sie, was ihr einfiele, so etwas zu tun. Ich will ja nicht wie die Kennedys leben müssen. Außerdem besitze ich keine Umzäunung und neun Wachhunde, die für meine Sicherheit sorgen!«

Obwohl sich die Dame bei den Gummers entschuldigte, konnte sie die Massen von Autogrammjägern und Photographen nicht zurückhalten, die sich aufgrund ihres Artikels aufmachten, Meryl »einen Besuch abzustatten«.

»Mit einem Mal schien das Spiel ›Such-die-Streep‹ zur Lieblingsbeschäftigung für Millionen geworden zu sein. Wohin ich sah, erblickte ich fremde Gesichter mit Kameras und Autogrammbüchern.«

Dennoch weigerte sie sich, ihr Anwesen umzäunen zu lassen. Erst nach John Hinckleys Anschlag auf Präsident Reagan entschloß sich Meryl, einige Sicherheitsvorrichtungen installieren zu lassen. Unter anderem war die Rede davon, Wachmänner zu engagieren.

Auch heute noch leidet Meryl unter der Tatsache, daß sie sich nirgendwo unerkannt bewegen kann. »Daß sich Stars wie Greta Garbo oder Cary Grant aus dem Filmgeschäft zurückzogen, ist im Grunde genommen die Schuld der Fans, denn wer kann den Preis des Ruhms schon ein Leben lang bezahlen?«

Die Geliebte des französischen Leutnants

»Das Gesicht war nicht hübsch ... Aber es war ein
unvergeßliches, ein tragisches Gesicht.«

John Fowles

In der Zeit nach Abschluß der Dreharbeiten zu *Kramer vs.
Kramer* mußte Meryl of an Stanley Jaffes Rat denken. Dieser
hatte ihr versichert, daß sie mit Leichtigkeit internationalen
Ruhm erlangen könnte, wenn ihre nächste Filmrolle eine tragische Frauenfigur sein würde.

Eine solche Figur hatte John Fowles in seinem Roman *The
French Lieutenant's Woman* geschaffen. Die Titelheldin Sarah Woodruff wurde von dem gleichen Eigensinn getrieben
wie etwa Thomas Hardys *Tess of the d'Urbervilles.* Doch
Fowles' Roman war nicht allein das Porträt einer jungen
Frau, die sich nicht mit der ihr von der Gesellschaft auferleg-
ten Rolle abfinden will, sondern auch eine Hommage an den
Stil der viktorianischen Schriftsteller. Er verewigte Persön-
lichkeiten wie Darwin, Dickens, Freud, Marx und Jane Austen in Randnotizen und Zitaten.

Der Autor selbst beschrieb seine Heldin einmal wie folgt:
»Eine junge Frau, die sich aus komplizierten psychologi-
schen Gründen in ihrem Heimatort Lyme Regis selbst zur
Außenseiterin machte, nutzt die Verliebtheit eines jungen
Mannes aus, um ihre Freiheit und Selbstverwirklichung zu
erkämpfen.«

Um jedem Leser gerecht zu werden, versah Fowles sein
Werk mit zwei Schlüssen: das eine hätte der Feder Ibsens ent-
stammen können, während das andere von Dickensscher
Sentimentalität erfüllt war.

Der Roman, der 1969 erschienen war, erfreute sich großer
Beliebtheit. Innerhalb kürzester Zeit waren vier Millionen
Exemplare verkauft und das Werk in 18 Sprachen übersetzt.
So blieb es nicht aus, daß sich auch Hollywood um die Verfil-

Oscar-Preisträgerin
Meryl Streep
in einem großen Film
nach John Fowles
Welt-Bestseller.

Die Geliebte des französischen Leutnants

MERYL STREEP · JEREMY IRONS ... DIE GELIEBTE DES FRANZÖSISCHEN LEUTNANTS ... LEO McKERN

erschienen im Verlag Ullstein GmbH

mungsrechte bemühte. Insgesamt sollten sich fünf namhafte Regisseure damit auseinandersetzen.

Fowles bot seinem Freund Karel Reisz als erstem die Filmrechte an, denn Fowles, dessen Werk durch filmadäquate Handlungen und farbige Sprachgewalt bestimmt ist, erinner-

Meryl als Sarah Woodruff.

Nach längerer Suche findet Sarah (Meryl) eine Anstellung bei Mrs. Poulteney (Patience Collier; 2. v. r.). Ernestina (Lynsey Baxter), Mrs. Tranter (Charlotte Mitchell) und Charles Smithson (Jeremy Irons) (v. l. n. r.) wundern sich, wie Sarah die Launen ihrer Brotgeberin aushält.

te sich an die mißratenen Verfilmungen von *Der Sammler* (1965) und *Der Magus* (1968).

Doch Reisz arbeitete zum Zeitpunkt von Fowles' Angebot noch immer an seinem Film *Isidora* (Isidora). Außerdem konnte er es sich schwer vorstellen, wie man den Roman für die Leinwand umsetzen sollte. So gingen die Rechte an Fred Zinnemann, unter dessen Regie Meryl bereits in dem Jane-Fonda-Film *Julia* mitgewirkt hatte.

Zusammen mit Dennis Porter verfaßte Zinnemann ein akzeptables Skript, aber er konnte niemanden finden, der seinen Vorstellungen von Sarah Woodruff entsprach. Als nächstes versuchten sich Mike Nichols und Franklin Schaffner, doch auch sie warfen nach wenigen Wochen das Handtuch.

Das Karussell der Regisseure drehte sich weiter: Richard Lester wurde von Lindsay Anderson abgelöst, der wiederum Michael Cacoyannis den Vortritt lassen mußte.

Als Reisz erfuhr, daß einer der Regisseure, nachdem er mit seiner Crew sechs Wochen in Lyme Regis verbracht hatte, dort einen Nervenzusammenbruch erlitten hatte und man sich deshalb mit dem Gedanken trug, das Projekt völlig fallen zu lassen, wollte er das Risiko wagen.

Nach längerem Suchen fand er in dem britischen Autor Harold Pinter den idealen Partner. Pinter hatte mit dem Umsetzen von Romanen bereits Erfahrungen gesammelt, u. a. mit L. P. Hartleys Roman *The Go-Between*, der 1971 von Joseph Losey verfilmt worden war. Reisz war davon überzeugt, daß Harold Pinter, wenn er sich auch nicht sklavisch an das Origi-

Regisseur Karel Reisz zusammen mit seinen Hauptdarstellern: Meryl und Jeremy Irons.

nal hielt, dennoch ohne Schwierigkeiten Fowles' Stil bewahren würde. Schließlich hatte er seinem Freund versprochen, »jedes Wort des Romans zu bewahren«. Fowles, der Pinter und Reisz absolutes Vertrauen schenkte, kümmerte sich in der Folgezeit wenig um den Film.

»Ich liebte das Buch, seit ich es zum ersten Mal gelesen hatte«, erinnert sich der tschechische Regisseur. »Der Roman schien geradezu prädestiniert zu sein für einen Film. Zum einen, und das ist die einfachste Erklärung, erzählt er eine wunderbare Geschichte über eine unvergleichliche Frau, die nur im falschen Jahrhundert geboren wurde. Zum anderen erzählt Fowles eine Geschichte, die zwar im 19. Jahrhundert spielt, aber aus der Sicht und dem Wissen von heute geschrieben ist. Gerade letzteres war für mich eine große Herausforderung, die aber mit sehr vielen Schwierigkeiten verbunden war.«

Zunächst dachte man daran, den Film von einem Erzähler aus dem 20. Jahrhundert kommentieren zu lassen, doch man ließ den Gedanken fallen, da man befürchtete, das Publikum zu langweilen. Wenn man aber nur Sarahs Story erzählen würde, hätte man Fowles' Roman verfälscht. Schließlich fanden Pinter und Reisz nach drei »arbeits- und streitigkeitsreichen Wochen in Hampstead« die ideale Lösung: Sie erzählen die Liebesgeschichte zwischen Sarah und Charles als Film im Film: Während der Dreharbeiten verlieben sich die beiden Hauptdarsteller ineinander. So löste man auch das Problem mit den zwei Schlüssen: Während es bei dem Film-im-Film-Schluß zu einem Happy-End kommt, scheitert die Beziehung zwischen den beiden Darstellern zum Schluß.

Für die weibliche Hauptrolle schwebte Reisz, Pinter und Fowles Vanessa Redgrave vor, die mit Reisz bereits in *Isidora* zusammengearbeitet hatte.

Doch in der Zwischenzeit hatte Miß Redgrave viel von ihrem Reiz und ihrer Beliebtheit beim Publikum eingebüßt. Aber auch Julie Christie, Faye Dunaway, Sissy Spacek, Debra Winger, Charlotte Rampling, Diane Keaton und Glenda Jackson erfüllten nicht die Erwartungen, die mit Sarah Woodruff verbunden waren.

Eine gedankenvolle Sarah.

Als Karels Begeisterung auf Null gesunken war, fiel auf einer Party der Name Meryl Streep. Reisz erinnerte sich, daß er sie einst bei einer Aufführung von Shakespeares *Der Widerspenstigen Zähmung* gesehen hatte. Damals war er am meisten von ihrer Abschlußszene beeindruckt gewesen, denn die Streep hatte es geschickt verstanden, Kätchen nicht als gezähmte und unterdrückte Frau darzustellen, sondern als eine starke, liebende Frau, die zur Kooperation bereit ist, aber wegen ihrer Liebe nicht Stolz und Selbstachtung aufgibt.
»Ich fragte bei Meryl an, ob sie frei wäre. Erst nachdem sie den Vertrag unterzeichnet hatte, wurde aus meinem Traum Realität. Sie ist nicht nur eine begnadete Schauspielerin, nein, sie versteht es auch, dem Zuschauer unausgesprochene

135

Emotionen mit ihrem Gesicht zu vermitteln. Ein Talent, das für die Sarah besonders notwendig war, denn die Woodruff handelt oft gegen ihre Gefühle. Meryl ist fähig, Gefühle sowohl mit den Lippen als auch mit den Augen auszudrücken. Als Sarah läßt sie sich nie genau fassen; man empfindet sie als mysteriös und vage, aber nie auf diese narzißtische Art.«

Meryl hatte den Vertrag erst nach längerem Überlegen unterschrieben. Sie wußte, daß sie dem Kinopublikum zwar ein Begriff war, aber bisher noch nie die Hauptrolle gespielt hatte. Was würde geschehen, wenn das allgemeine Urteil über sie negativ ausfallen würde? Doch Jaffes Rat gab dann den Ausschlag.

Bei der United Artists gab man sich dem »Mut der Verzweiflung« hin, daß Meryls Name allein die Kassen klingeln lassen würde. Schließlich sollten für den Film 9,5 Millionen Dollar investiert werden.

Einem Hollywood-Gerücht zufolge soll Meryl mit großem Interesse die Suche nach dem männlichen Hauptdarsteller verfolgt haben. Neben Robert Redford und Al Pacino waren auch Robert De Niro, Jack Nicholson und Paul Newman für die Rolle des Smithson im Gespräch. Persönlich war Anthony Andrews ihr Favorit gewesen, der zusammen mit Jeremy Irons in der Serie *Brideshead Revisited* (Wiedersehen mit Brideshead) zu sehen gewesen war. Irons, der ebenfalls für die Rolle im Gespräch war, schaltete schneller und wurde schließlich genommen. Als Meryl endlich die Probeaufnahmen von Jeremy Irons sah, soll die Streep ausgerufen haben: »Oh mein Gott, habt ihr keinen attraktiveren finden können?«

Für die Rolle der Sarah Woodruff erhielt Meryl 350.000 Dollar, eine Summe, die für Hollywoodmaßstäbe verhältnismäßig gering ist. Die Streep aber vertrat die Ansicht, daß ihr nicht Gage, sondern der künstlerische Wert des Filmes am wichtigsten sei. »Was ist besser? Für Mist eine große Summe zu erhalten, die aber nicht einmal reicht, um sich von dem Schmutz wieder zu säubern, oder einen anständigen Film zu machen, bei dem man nichts bereut. Ich bin mehr für das letztere.«

Außerdem reichte die Gage, um für Henry ein Kindermädchen zu engagieren und für sich und Don ein Haus in Kensington zu mieten. Obwohl sie ihre Familie dabei hatte, wurde Meryl auch bei ihrem zweiten »Auslandsfilm« (der erste war *Holocaust*) krank vor Heimweh. Dieser Zustand wurde schlimmer, als Don gezwungen war, wegen der Zusammenstellung eines Ausstellungskataloges nach Manhattan zurückzukehren. »Aber es ging einfach nicht anders. Während der fünf Wochen in Lyme Regis hatten wir eine Telefonrechnung von 500 Dollar.«

Meryls Stimmung verschlechterte sich rapide, als sie erfuhr, daß Fowles in einem Interview gemeint hatte: »Meine Vorstellung von Sarah entspricht überhaupt nicht Meryls Äußerem. Sarah besitzt diese seltsamen, großen, exogamischen

Sarah folgt Charles' Rat und verläßt Lyme St. Regis.

Augen. Meryls Gesicht dagegen ist eher durchschnittlich.«
Zu diesem Manko gesellte sich Reisz' Absicht, Meryl nach-
synchronisieren zu lassen, da sie große Schwierigkeiten mit
Sarahs englischem Akzent hatte.
»Meryl war zu Beginn sehr beunruhigt. Um sie zu beruhigen,
machte ich diesen Vorschlag.«
Doch die Streep hat sich nie vor einem darstellerischen Pro-
blem gescheut. Die Idee, eine fremde Stimme würde aus
ihrem Mund kommen, verängstigte sie. So beschloß sie,
Sprachunterricht zu nehmen. Zwölf Wochen vor Drehbeginn
engagierte sie Barbara Markham, die mit ihr laut die Werke
von Jane Austen und George Eliot las. Jane Austens Roman
Persuasion z. B. spielt in einem Dorf von Dorset, das in der
Gegend lag, wo die Dreharbeiten stattfinden sollten. Langsam und mittels stundenlanger Sitzungen begann Meryl wie
Sarah Woodruff zu klingen. Diana Maychick berichtete, daß
sich Meryl erst zufriedengab, als eine Freundin, die mit Meryl seit ihrer Kindheit befreundet ist, sie am Telefon nicht
mehr erkannte.
Nachdem Meryls erste Sorgen verflogen waren, wurde sie
von einer Angst ergriffen, die ihr auch noch bei *Sophie's
Choice* (Sophies Entscheidung) schlaflose Nächte bereiten
sollte. Sie war sicher, daß sie trotz der Meisterleistung der
Make-up-Abteilung, trotz Kaskaden von kastanienbraunem,
gelocktem Haar nicht dem Anspruch entsprach, auszusehen,
als ob sie einem »Gemälde von Tizian« entstiegen sei.
»In der viktorianischen Literatur wird Leidenschaft, ein un-
erlaubtes Gefühl, immer mit dunklem Haar verbunden. Da
ich weiß, daß dunkles Haar mich wie einen alten, stinkenden
Fisch aussehen läßt, schlug ich vor, kastanienbraun zu verwenden. Dennoch konnte ich mir nicht helfen, als ich den
Film sah, wünschte ich mir, schöner zu sein.«
Eine andere Ansicht vertritt Freddie Francis, der für die Aufnahmen verantwortlich war: »Lassen Sie mich es so erklären.
Als ich sie kennenlernte, sah ich ein durchschnittlich gutaussehendes Mädchen vor mir. Doch bei den Dreharbeiten änderte sich das total. Wenn ich durch meine Kamera sah,
schien etwas Magisches von ihr auszugehen. Sie verfügt über

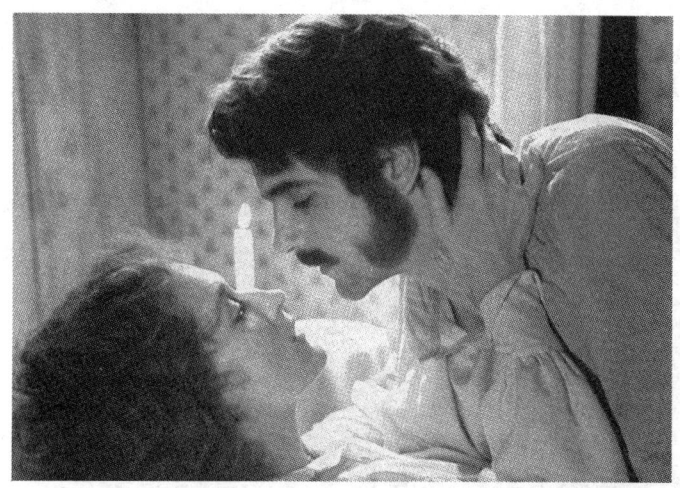

Nach der ersten Liebesnacht erfährt Charles die ganze Wahrheit.

das gewisse Etwas, das nur sehr wenige Stars besitzen und das nur die Kamera sieht und einfängt.«

Jahre später berichtete Meryl, daß die Crew sie »einschüchterte«. »Sie waren so höflich zu mir, weil sie eben Engländer waren, Sie verstehen?«

Hauptproblem der Crew, die überwiegend aus Briten bestand, war der Umstand, daß sie noch nie etwas von oder über Meryl Streep gehört hatte. Ein Mitglied meinte: »Wir hatten noch nie etwas von ihr gehört. Das einzige, was wir wußten, war, daß sie in Amerika berühmt sein mußte, weil man sie so aufmerksam behandelte.«

Woran es aber nichts zu rütteln gab, war die Tatsache, daß sie der Star war; und so behandelte man sie eben dementsprechend.

Nichtsdestotrotz waren Meryl jegliche Starallüren fern. In den Mittagspausen legte sie den selbstzerstörerischen Charakter von Sarah Woodruff ab und verwandelte sich in eine treusorgende Mutter, die ihren fünf Monate alten Sohn Henry stillte. In der restlichen Zeit versorgte und verwöhnte Eileen Prescott den kleinen »Gippy«.

Meryl diskutiert mit Karel Reisz die letzte Filmeinstellung.

The French Lieutenant's Woman (Die Geliebte des französischen Leutnants) beginnt mit jener verhängnisvollen Begegnung auf dem Deich von Lyme Regis, wo Charles Smithson die geheimnisvolle Frau zum ersten Mal sieht und rettungslos in ihren Bann gezogen wird. Die Schauspielerin Anna überprüft mit einem letzten Blick ihr Make-up im Spiegel. Danach beginnt sie langsam auf den ins Meer hinausgebauten Deich zuzuschreiten. Die Autos fahren aus dem Bild, Kameras und Scheinwerfer verschwinden, und mit einem Mal befindet sich der Zuschauer in dem südenglischen Fischerdorf Lyme Regis im 19. Jahrhundert. Charles Smithson (Irons), ein Geologe aus London, verliebt sich während seines Aufenthaltes in Ernestina Freeman (Lynsey Baxter) und hält um

140

ihre Hand an. Bei einem gemeinsamen Spaziergang am Strand entdeckt Charles eine Person, die trotz rauher See auf dem Damm steht. Zwar möchte ihn Ernestina zurückhalten, doch Charles versucht, die Frau zu warnen. Gegen den Wind ruft er ihr zu, daß sie sich doch in Sicherheit begeben soll. Daraufhin wendet sich die mysteriöse Figur ihm zu, und für wenige Sekunden gibt das zurückgefallene Cape den Blick auf ein unbeschreibliches Gesicht frei. Nach einem kurzen Blickwechsel wendet sich die Frau wieder dem Meer zu, ohne Charles' Rat zu befolgen. Dies ist die erste Begegnung zwischen Smithson und Sarah Woodruff (Streep), die die Dorfbewohner verächtlich »die Hure des französischen Leutnants« nennen. Obwohl er weiß, daß sie eine Ausgestoßene ist, sucht Smithson den Kontakt mit ihr und verfällt mit der Zeit ihrem Charme. Sarah berichtet ihm, daß sie den Beinamen einer Affäre mit einem verletzten Franzosen verdankt. Verzweifelt versucht Charles, ihr zu helfen und bittet sie, nach London überzusiedeln. Doch Sarah lehnt seinen Vorschlag ab. »Wenn ich nach London ginge ..., würde ich das werden, was ich schon jetzt für die Leute in Lyme bin.« In einem weiteren Gespräch gesteht sie, daß sie bewußt die Schande wählte. »Die Schande ist es, die mich am Leben hält.«

Noch hat Charles nicht erkannt, daß Sarah in die Idee verliebt ist, daß das Schicksal sie als Opfer bestimmt hat, daß sie es genießt, zu leiden und gedemütigt zu werden (aus diesem Grund nahm sie auch die Stellung bei einer verknöcherten alten Jungfer an).

Mehr und mehr verfällt er ihrem rätselhaften Wesen. Als Sarah ihre Stellung verliert, macht sich Smithson, von Sorgen und Selbstvorwürfen geplagt, auf die Suche nach ihr.

Schließlich findet er sie und überzeugt sie davon, Lyme Regis zu verlassen.

Seinen Rechtsanwalt weist Charles an, Sarah 50 Pfund auszuhändigen, aber nur unter der Bedingung, daß er danach von der ganzen Sache nichts mehr hört. Kurze Zeit später bittet er aber seinen Freund um ihre Adresse. Von Selbstzweifeln geplagt, schreibt er Sarah einen Brief, in dem er ihr erklärt, daß es keine weitere Verbindung zwischen ihnen geben dürfe. Doch anstatt den Brief abzuschicken, reist Smithson nach Exeter, um Sarah persönlich seinen Standpunkt zu erklären. Als er ihr gegenübersteht, verfällt er ihrem Reiz erneut. Nach ihrer ersten Liebesnacht stellt sich heraus, daß Sarah noch unberührt war. Reumütig erklärt sie ihm, daß sie ihm vom »ersten Augenblick an« verfallen war und daß sie niemals eine Affäre mit einem Franzosen gehabt hatte. Obwohl dem Glück mit Smithson nichts mehr im Wege steht, ergreift Sarah die Gelegenheit nicht und taucht unter.

Für Charles brechen schwere Zeiten an: Ernestina ist keineswegs gewillt, ihn freizugeben. Als er sein Eheversprechen nicht einhält, wird er von Ernestinas Vater verklagt. Mittels des Confessio delicti werden Charles sämtliche Rechte eines Gentleman aberkannt. Völlig ruiniert durchstreift er die Bordell- und Arbeiterviertel Londons, um Sarah zu finden. Als er in einer Prostituierten Sarah wiederzuerkennen glaubt, sucht er, obwohl er seinen Irrtum bemerkt hat, bei ihr für einige Stunden Vergessen.

Erst nach drei Jahren findet Smithson Sarah. Diese ist mittlerweile als Gouvernante im Hause eines Architekten angestellt. Als er ihr gegenübertritt, versucht sie, ihm ihr Verhalten zu erklären: »Es war damals ein Wahn in mir, ein Gefühl der Bitterkeit und von Neid. Ich habe mich Ihnen aufgedrängt, obwohl ich wußte, daß Sie gebunden waren. Es war würdelos. Als Sie gegangen waren, wurde mir plötzlich klar, daß ich das zerstören mußte, was zwischen uns begonnen hatte.«

Sarah fährt fort, daß sie es war, die Smithsons Detektiv die nötigen Hinweise zugespielt hatte. Erst jetzt konnte und wollte sie ihn wiedersehen, um ihm zu zeigen, daß sie ihre Freiheit gefunden hatte. Nachdem ihr Smithson verziehen hat, kommt es schließlich doch noch zu einem Happy-End.

Parallel dazu verläuft eine Liebesgeschichte, die im 20. Jahrhundert spielt: Anna, die Darstellerin der Sarah Woodruff, verliebt sich während der Dreharbeiten in ihren Partner Mike, der Sarahs Geliebten spielt. Die beiden Schauspieler, die mit jeweils anderen Partnern verheiratet sind, geraten

Happy-End für Smithson (Irons) und Sarah (Meryl).

plötzlich in eine ähnliche seelische Zwickmühle wie die beiden viktorianischen Figuren und verwechseln zusehends »Traum und Realität«, in diesem Fall Film und Wirklichkeit. Diese Parallelhandlung, die die viktorianische Hauptgeschichte 14mal unterbricht, verwirrt zunächst, da anfänglich nicht klar wird, was sie eigentlich bewirken soll. Dann aber gewinnt das »Chaos« immer mehr an Bedeutung und unterstreicht effektvoll die dramatischen Geschehnisse.
Pinter gelang es so, auch das zweite Romanende von Fowles geschickt einzubauen, denn für Mike und Anna kommt es nicht zum Happy-End. Bei der Abschlußfeier erkennt Anna, wie weit der Film auch ihr Privat- und Eheleben beeinflußt hat. Um dem Spuk ein Ende zu machen, verläßt sie sang- und

klanglos ihren Geliebten. Mike, der ihr Fortgehen zu spät entdeckt, ruft ihr voll Verzweiflung nach – allerdings verwendet er ihren Filmnamen!

In seinem brillanten Essay über den Film meinte Neil Sinyard: »Der Film zeigt nicht nur die unterdrückte Leidenschaft des viktorianischen Zeitalters im Gegensatz zu der sexuellen Befreiung des 20. Jahrhunderts. Vielmehr wird er eine Allegorie über die Schauspielerei, über die Rollen, die Menschen im Leben spielen. Das viktorianische Zeitalter stellt sich als bloße Fassade der Ehrbarkeit und Pflichterfüllung heraus, hinter der sich die wahren Gefühle verbergen und die im Gegensatz zu dem dekadenten Leben in London steht. Daß aber auch das moderne Zeitalter trotz seiner Toleranz gesellschaftliche Ge- und Verbote hat, zeigt die schrecklich verlogene Kleingesellschaft, die Mike zu sich nach Hause einlädt. Diese Szene wird zu einem Miniaturbild von Heuchelei, Ausreden, Listen und Schauspielerei.

Somit springt ein Funke der Heuchelei der viktorianischen Geschichte auch auf die moderne Handlung über.«

Als *The French Lieutenant's Woman* der Öffentlichkeit vorgestellt wurde, wurde des öfteren Kritik laut, daß die »moderne Liebelei« weitaus banaler als die viktorianische Liebesgeschichte sei. Reisz meinte dazu: »Die Kritik warf uns immer vor, daß die Parallelhandlung matter und langweiliger sei. Natürlich war sie matter, da stimme ich zu. Schließlich hatten wir ja die ganze Intensität und Aussagekraft auf die viktorianische Geschichte konzentriert. Mike und Anna dagegen hatten ganz andere Voraussetzungen und Erfahrungen, als sie ihre Affäre begannen. Erfahrungen, die Sarah und Charles fehlten.«

Zunächst erschreckte Irons die Besessenheit, mit der Meryl an eine Szene ging, doch nach und nach lernte er, ihre Art zu respektieren. »Sie war wie eine Tigerin, die sich in meinen Knöchel verbiß und so lange daran nagte, bis das Problem gelöst war«, erinnert er sich. »Als wir die Parallelszene filmten, in der Meryl aufwacht und sieht, wie ich sie beobachte, hatte ich große Schwierigkeiten, und wir mußten die Szene oft wiederholen. So kam sie schließlich zu mir und schüttelte mich.

Dabei sagte sie: ›Es ist schwer, wirklich schwer. Aber du mußt es schaffen, obwohl es nicht einfach ist.‹«

Von diesem Zeitpunkt an versuchte Irons, sich in seine Partnerin hineinzuversetzen und die Szenen so anzugehen, wie sie es tun würde. Karel Reisz meinte, daß er es bewunderte,

Meryl zusammen mit Jeremy Irons kurze Zeit vor seinem berüchtigten Interview.

wie Irons seinen Stolz und seine Arroganz hinunterschluckte. »Er hatte dann doch noch erkannt, daß das Spiel mit einer Perfektionistin auch seiner eigenen Darstellung nur nutzen konnte.«

Doch Jermey Irons »rächte« sich auf seine Weise. In einem Interview, das er wenige Wochen nach Drehende gab, behauptete er, daß ihn und Meryl während der Drehzeit zu *The French Lieutenant's Woman* eine wirkliche Liebesaffäre verbunden hätte. »Um die Gefühle unverfälscht darstellen zu können, hatten wir eine Affäre miteinander. Die Bettszene war also echt.«

Natürlich war diese Behauptung ein gefundenes Fressen für die Presse. Schließlich hatte Meryl bis zu diesem Zeitpunkt nur »langweilige« Fakten aus ihrem beruflichen Leben preisgegeben, fast nie Details über ihr Privatleben. Außerdem gab sie sich keinen Drogen-, Alkohol- oder Eheexzessen hin. So begannen Hollywoods Klatschreporter Meryls tiefe Blicke, die sie im Film Irons »schenkte«, als Beweis für Irons' Worte zu nehmen. Länger als üblich wurde das Thema wieder und wieder in Artikeln und Schlagzeilen ausgeweitet.

Als Meryl die Zeit für gekommen hielt, »to dump the shit«, erklärte sie, daß die Liebesszenen »zwischen zwei Kumpeln« nur die »Leistung von Karel Reisz' Regie« waren. Nicht mehr und nicht weniger.

Meryl zog aus der Angelegenheit ihre Konsequenz: Heute ist es schwieriger, einen Interviewtermin mit ihr zu bekommen als mit Präsident Reagan.

Als Alexander Cohen versuchte, Meryl zu überreden, bei der Tony-Award-Verleihung als Gastgeberin zu fungieren, lehnte Meryl ab, weil sie befürchtete, man würde die Irons-Affäre erneut aufgreifen. Ernst nach langem Hin und Her sagte sie Cohen zu, wenigstens einen Award zu verleihen. Ohne eine Ansprache übergab sie den Preis.

In der Stille der Nacht

»Wie heißen Sie? Ich muß unbedingt Ihren
Namen wissen!«

James Stewart in *Vertigo*

Kurz nachdem man Meryl im Juni 1981 die Ehrendoktorwürde des Dartmouth College verliehen hatte, wurde bekannt, daß es Robert Benton gelungen war, die Streep für seinen neuesten Film als weibliche Hauptdarstellerin zu verpflichten. Dies hatte zur Folge, daß die Presse erneut Jagd auf Meryl machte.

Überall, wo die Gummers erschienen, folgten ihnen die Papparazzis. Meryl ärgerte besonders, daß durch die Blitzlichter der Photographen eine Aufführung von drei Tennessee-Williams-Einaktern ruiniert wurde. Meryl hatte sich die Produktion des 18th Street Playhouse ansehen wollen, weil neben ihrem Schwager Jack Gummer auch ihre Freundin Susan Castrilli mitwirkte.

Um endlich wieder allein gelassen zu werden, bot sie Ted Thai von *Time* an, einige Bilder von ihr in der U-Bahn, beim Einkaufen und Spazierengehen zu machen. Als diese Bilder von *Time* im Zusammenhang mit dem Artikel »Magic Meryl« im September 1981 publiziert wurden, spottete u. a. Katlenn Carroll in der *Daily News:* »Die Bilder sind noch lächerlicher als der leidenschaftliche Stil, in dem der Artikel verfaßt wurde.

Auf einem kitschigen Photo sieht man die Streep aus dem Fenster eines Speichers verführerisch in die Kamera starren. Oder man zeigt sie im Kreis mürrisch blickender Fahrgäste in einem graffitibeschmierten U-Bahn-Wagen, nicht nur mit einem unmöglich süßen Lächeln, sondern auch noch mit einem geschmacklosen schulterfreien Baumwollkleid. Ausgerechnet in einem Gebiet, in dem Muggers (= amerik. Schimpfwort für Straßenräuber; Anm. d. Verf.) und Frauenschänder zu Hause sind.«

*George Bynum (Josef Summer) führt Brooke (Meryl) in ihre neue Arbeit
ein.*

Zum ersten Mal in ihrer Karriere hatte Meryl in ein Filmprojekt eingewilligt, von dem sie nicht hundertprozentig überzeugt war. Da der Film hauptsächlich in New York gedreht werden sollte und sie außerdem mit Benton befreundet war, sagte sie zu. Schließlich konnte sie bei ihrer Familie wohnen und mußte nur früh zum Drehort fahren.

Für Benton war der Film alles andere als neu. Die Idee für *Still of the Night* (In der Stille der Nacht) hatte er bereits, als er noch an *Bad Company* (In schlechter Gesellschaft) arbeitete. »Damals bot man David Newman und mir an, das Drehbuch zu einem Remake von Hitchcocks *The Lodger* zu schreiben. Wir lehnten ab, weil der Stoff von Hitchcock bereits brillant behandelt worden war.« Doch im Laufe der Zeit

Meryl und Roy Scheider in ›Still of the Night‹.

dachten die beiden noch einmal über die unverwüstliche »Jack the Ripper«-Geschichte nach und verfielen schließlich auf die Idee, das Thema durch einen Geschlechtswandel des Täters zu variieren.

Nach dem Erfolg von Filmen wie *The Late Show* und *Kramer vs. Kramer* griff Benton erneut das Ripper-Vorhaben auf. »Ich hatte einfach das Gefühl, daß ich mich mit meinem nächsten Film möglichst weit von *Kramer vs. Kramer* entfernen mußte.«

Meryl, die wußte, daß Robert ihr mehr Freiheiten als andere Regisseure zugestehen würde, da er auf ihre Spontaneität und ihr Talent vertraute, war erfreut, als sie erfuhr, daß Benton zusammen mit ihr die Rolle der Brooke Reynolds ausarbeiten wollte.

Still of the Night beginnt mit einer typischen New Yorker Straßenszene: Ein Mann versucht, ein Auto zu knacken. Zielstrebig rüttelt er an den Türen geparkter Wagen, bis sich zu seiner Überraschung eine Tür öffnen läßt.

Doch die Freude ist nur von kurzer Dauer, denn die Leiche eines Mannes fällt ihm entgegen. Seine Kehle ist durchgeschnitten. Wenige Tage später. Dr. Sam Rice (Roy Scheider) erfährt in seiner Praxis, daß die Scheidung von seiner Frau Sarah rechtskräftig ist. Doch bevor er sich mit diesem »emotionalen Problem« näher auseinandersetzen kann, betritt Brooke Reynolds (Streep), eine junge und sehr nervöse Frau, sein Behandlungszimmer. Die Reynolds, ehemalige Geliebte und Arbeitskollegin des Toten, bittet Sam, der Frau des Toten dessen Uhr zurückzugeben.

Während sie den Arzt geradezu beschwört, sie auch der Polizei gegenüber nicht zu erwähnen, kündigt Joseph Vitucci (Joe Grifasi) von der Mordkommission seinen Besuch an. Brooke gerät in Panik, doch Sam zeigt ihr einen anderen Ausgang.

Der Polizist fordert von Sam Informationen über den Toten, der seit zwei Jahren sein Patient war, doch Rice beruft sich auf seine ärztliche Schweigepflicht. Der Grundstock für weitere Spannungsmomente wird gelegt, als Vitucci meint, daß alle Indizien auf eine Mörderin hinweisen.

Im geheimen befürchtet Dr. Rice (Roy Scheider), von Brooke ermordet zu werden.

Sam ist geradezu fasziniert von diesem Gedanken. Seine Mutter (Jessica Tandy), die ebenfalls psychiatrisch tätig ist, erklärt seine erwachte Neugierde als »Scheinaktivität«, um sich nicht mit den eigenen Emotionen auseinandersetzen zu müssen.

Doch Sam ist von seiner Idee nicht abzubringen. Noch einmal liest er die Protokolle der Sitzungen mit George Bynum (so hieß der Tote) durch und entdeckt einige interessante Hinweise. In Rückblenden lernt man den Toten kennen und erfährt u. a. von einem Traum, der George kurz vor seinem Tod quälte:

In diesem Traum geht George auf einem Heckenweg, der zu einem verlassenen Haus führt. Auf dessen Dach sitzt eine Katze. Hinter einem Fenster sieht man ein kleines Mädchen. George, der das Haus betritt, versucht aus einem Schrank eine große grüne Schachtel zu nehmen, doch dabei wird er von einem weißen Raubvogel angegriffen. George wehrt den Angriff erfolgreich ab und nimmt die Schachtel, die in seiner Hand schrumpft, und steckt sie in seine Tasche. Jetzt erst bemerkt er das kleine Mädchen, das in einem alten Sessel sitzt. Während er sie beobachtet, reißt sie ihrem Teddybären ein Auge aus. Dieser beginnt zu bluten und befleckt das Mädchen. Von Panik erfaßt, versucht George zu fliehen. Während er einen langen Flur entlangeilt, sieht er, wie ihn das Mädchen verfolgt. In Panik rennt er in ein Zimmer, dessen Tür er hinter sich abschließt. Als er zum Balkonfenster geht, bemerkt er, daß der Sturm am Fenster rüttelt. Erschreckt weicht er zurück und verliert die grüne Schachtel. Als er sich wieder umdreht, sieht er, daß der Sturm die Fenster aufgestoßen hat und das Mädchen mit blutenden Augen auf dem Balkon steht. Hier endet der Traum.

Aber die Faszination des Psychiaters geht weiter. Ohne zu wissen warum, sucht er den Kontakt mit der mysteriösen Geliebten Georges. Nach ihrem Besuch in der Praxis hatten sich Brooke und Sam noch einmal getroffen. Dabei hatte sie ihm eine antike Statue geschenkt. Als Sam sie eines Abends besuchen will, öffnet niemand. Während er weggeht, entdeckt er sie am Ende der Straße. Zielstrebig geht sie auf den Central Park zu, dessen Durchquerung in der Nacht einem Selbstmordversuch gleichkommt.

Sam versucht, Brooke einzuholen, doch als er durch einen Brückentunnel geht, wird er überfallen. Der Dieb nimmt ihm kurzerhand Geld und seine Jacke ab. Danach läßt er Sam laufen.

Am nächsten Morgen findet man den Räuber mit durchgeschnittener Kehle. So wird aus dem Zaungast des Dramas ein Betroffener, denn Sam wird bewußt, daß der Mörder es eigentlich auf ihn abgesehen hatte.

Mit gemischten Gefühlen folgt er Brookes Einladung, an einer Auktion teilzunehmen. Als er ihr Büro betritt, überrascht er sie dabei, wie sie einen Zeitungsartikel zerreißt und in ihrer Schreibtischschublade verschwinden läßt. Während der Auktion stiehlt sich Sam davon und öffnet die Schublade.

In aller Eile überfliegt er einen italienischen Artikel, den er nicht versteht. Allerdings kombiniert er aus einigen Wortfetzen, daß Brooke auch einen Mann in Florenz ermordet hat. Bevor er sich näher mit dem Artikel beschäftigen kann, betritt sie das Büro.

Voll Angst verabschiedet er sich von ihr, doch als er das Auktionshaus verlassen will, entdeckt er Vitucci, der Brooke sucht. Gegen jede Vernunft setzt er alles daran, Brooke zur Flucht vor der auf der Lauer liegenden Polizei zu verhelfen. Um sie warnen zu können, ersteigert er für 15.000 Dollar ein Bild. Mittels des Zuschlagzettels weist er sie auf die Anwesenheit Vituccis hin.

Brooke gelingt es, unerkannt zu verschwinden. Um ihr beizustehen, bittet Sam Gail Phillips (Sara Botsford), eine Ar-

Da Brooke (Meryl) eine von Rices Statuetten zerbrach, erhält er von ihr einen kostbaren Ersatz.

beitskollegin von Brooke, um Hilfe. Sie weiß, daß Brooke zu dem Haus ihrer Mutter auf Long Island gefahren ist.

Dort erfährt Sam zum ersten Mal die Wahrheit über Brookes dunkle Vergangenheit:

Der Mann, der in Florenz starb, war ihr Vater. Brooke war bei ihrer Mutter aufgewachsen, die sich von Brookes Vater schon sehr früh getrennt hatte. Als Brooke sich im Internat befand, starb ihre Mutter. Daraufhin nahm sie ihr Vater mit nach Florenz. Zwei Jahre später sollte sie an ihrem 18 Geburtstag das Erbe antreten. Weiterhin wurde ihr ein Brief der Mutter ausgehändigt, in dem es u. a. hieß, daß sie sich vor ihrem Vater vorsehen sollte, da dieser es nur auf ihr Geld abgesehen hätte. Um wieder mit sich ins reine zu kommen, stieg Brooke auf einen Kirchturm. Ihr Vater, der ihr gefolgt war, versuchte sie von seiner Liebe zu überzeugen, doch als er einen Witz über Brookes Mutter machte, wurde ihr bewußt, daß diese recht hatte. Als er versuchte, sie zu umarmen, drückte er sie gegen die Brüstung. In Panik wand sich Brooke aus seiner Umarmung und versetzte ihm einen Schlag. Daraufhin verlor er das Gleichgewicht und stürzte in den Tod.

George, der von der Sache wußte, hatte gedroht, das zu verraten, falls sie ihn verlassen sollte. Sam erkennt, daß das Haus in Georges Traum dem Brookes sehr ähnlich ist. Zusammen rekonstruieren sie den Traum und entdecken, daß mit der grünen Schachtel eigentlich Gail Phillips gemeint ist, die eine Affäre mit George hatte.

Verzweifelt versuchen sie, Vitucci zu erreichen, doch Gail hat ihn bereits ermordet, als er ihr einige Fragen stellte. Sam, der um Brooke und sich fürchtet, verläßt mit ihr das Haus, doch Brooke muß noch einmal zurück, da sie ihre Schlüssel vergessen hat. Arglos besteigt Rice seinen Wagen. Zu spät erkennt er, daß Gail auf dem Rücksitz mit einem Messer lauert. Gerade als Brooke das Haus verlassen will, sieht sie Gail. Mit einem Mal wird Georges Traum für sie Realität. In ihrer Verzweiflung versteckt sich Brooke hinter einer Geheimtür. Es folgen atemlose Minuten der Spannung, in denen die Phillips die Wände genau untersucht. Als man Brooke in Sicherheit wähnt, stößt Gail durch eine Ritze das Messer.

Meryl als typische Hitchcock-Heldin?

Brooke flüchtet auf den Balkon. Gail will sie zum Springen zwingen, doch da taucht Sam auf. Fassungslos darüber, daß er ihren Anschlag überlebt hat, will Gail zustechen, doch Brooke weicht ihr aus, und Gail verliert das Gleichgewicht. Brooke versucht sie zwar noch zu halten, doch nach wenigen Sekunden entgleitet ihr Gails Hand. Die Phillips zerschellt auf den Meeresklippen.

Benton war fest davon überzeugt, daß das Team Roy Scheider-Meryl Streep einfach ein Erfolg werden mußte.

So vertrat sie nicht nur der gleiche Agent (Sam Cohn), beide hatten auch ihre Karriere bei Joe Papp begonnen. Außerdem war Meryl von Roys Darstellung in dem Harold-Pinter-Stück *Betrayal* begeistert gewesen. Benton faßt es wie folgt zusammen: »Roy war der ideale Partner für Meryl, da er von dem gleichen Perfektionismus erfüllt ist, sie und ihre Leistung aber ohne jeglichen Neid akzeptierte.«

Newman gestand einmal, daß er mit dem Team Scheider-Streep eine ähnliche Kombination anstrebte, wie sie Hitchcock mit Grant-Kelly, Stewart-Novak und Grant-Bergman erreicht hatte. »Gewiß, *Vertigo* (Aus dem Reich der Toten) ist der Hitchcock-Film, den ich am meisten bewundere, aber eigentlich hatte ich nicht vor, die Faszination meines Psychiaters an Jimmy Stewarts Wahn zu orientieren. Als wir zuerst an dem Skript arbeiteten, dachten wir mehr an den Stil von Fritz Langs *Woman in the Window* (Gefährliche Begegnung) oder die *Cat People*-Serie. Einige Leute glauben, nur weil Meryl blond ist oder weil einige Szenen in einem Auktionshaus spielen, daß wir Hitchcock kopiert hätten. Doch den wenigsten ist klar, daß man sich mit einem Thriller auf Hitchcocks Gebiet bewegt. Der Mann hat dieses Genre praktisch erfunden. Wir leben in seiner filmischen Sprache, die von ihm geprägt wurde und die er erst populär machte. Und das ist ganz o. k. so, denn ich finde, daß man filmischer Tradition nicht ausweichen sollte.«

Neben der *Vertigo*-Anspielung glaubten einige Kritiker, Hinweise auf Hitchcock-Filme wie *Rear Window* (Fenster zum Hof), *North by Northwest* (Der unsichtbare Dritte) und *Marnie* (Marnie) entdeckt zu haben.

Still of the Night brachte Benton aber nicht nur wieder mit seinem Partner David Newman und mit Meryl Streep zusammen, sondern auch mit dem Kameramann Nestor Almendros. In einem Interview mit dem *American Film Magazine* meinte Robert über ihn: »Wenn ein Maler mit zwei Dingen – seinem Verstand und seiner Hand – arbeitet, so ist der Kameramann, wenn man diesen Gedanken auf die Filmherstellung überträgt, die ausführende Hand. Und für jeden, der mit Nestor arbeitet, ist seine von Einfallsreichtum und Verstand geführte Hand ein großes Geschenk.«

Almendros, der mit Eric Rohmer und François Truffaut zusammengearbeitet hat, läßt sich gerne von großen Künstlern inspirieren. Hatte er bei *Kramer vs. Kramer* das Werk von

Zusammen stellen Rice (Scheider) und Brooke (Meryl) die Identität des wahren Mörders fest.

Piero della Francesca als Inspiration verwendet, so diente ihm Francescas gedämpfte Farbgebung und seine Perspektiven für *Still of the Night* erneut als Vorbild. Edward Hooper dagegen lieferte »die Leere, den Kontrast zwischen Mensch und Architektur«.

Während Meryl von ihren Partner begeistert war, hegte sie große Zweifel, was den Dialog betraf. »Ich hatte das Gefühl, daß einfach etwas nicht stimmte. Ich wurde beinahe verrückt, weil ich wußte, daß die Antwort in mir lag.« Robert, der durch den gestiegenen Zigarettenkonsum Meryls ahnte, daß seinen Star Sorgen plagten, setzte sich eines Tages mit ihr zusammen und überarbeitete mit ihr den Dialog. Auch stammte der Plot mit dem Tod des Vaters von Meryl. »Diese Geste von Robert hat mir wahnsinnig geholfen«, gestand Meryl in einem Interview.

Still of the Night lebt vom Suspense und der Angst des Zuschauers, verzichtet aber auf die Darstellung blutiger Gewalttaten, wie man sie im Werk von Brian de Palma und John Carpenter findet. Weil Benton der Originaltitel *The Stab* zu blutrünstig erschien, verwendete er letztlich einen Titel, der mehr an einen Spuk, einen Alptraum erinnerte.

Nach den Diskussionen, die *Kramer vs. Kramer* gefolgt waren, stand für Benton von vornherein fest, daß sein Thriller nur reine Kinounterhaltung sein sollte, ein Vorhaben, dem *Still of the Night* 90 Minuten lang Rechnung trägt.

Während Scheider, Streep und Benton mit ihrem Endprodukt sehr zufrieden waren, zeigten sich die meisten Kritiker von dem Film enttäuscht.

Eine Erklärung glaubt Meryl in dem Umstand zu sehen, daß viele sich einen sozialkritischen Film erwartet hatten. Außerdem wurde die Premiere von *Still of the Night* durch den parallelen Start von *Sophie's Choice* beeinträchtigt.

Für Meryl ergab sich eine ironische Situation. »Obwohl ich den Benton-Film intellektueller fand als *Sophie's Choice,* wurde ich wegen der Rolle der Brooke von den meisten geschmäht und verrissen.«

In einem Interview, das sie zu dieser Zeit gab, meinte die Streep: »Ich schäme mich keineswegs, daß ich den Film gemacht habe, doch ich wünsche mir heute, wir hätten uns alles in allem etwas mehr Mühe gegeben. Ich machte den Film, weil ich Robert Benton sehr mag und wieder einmal mit ihm arbeiten wollte. Da er in New York gedreht wurde, konnte ich länger als sonst mit meinem Baby zusammen sein, da ich an manchen Tagen drehfrei hatte. Ich sprang nur aus meinem Bett und ging zur Arbeit.«

Und zur Reaktion vieler Kritiker meinte sie nur: »Die meisten leiden an der Krankheit, immer mehr in einem Film sehen zu wollen, als da ist. Sie analysieren jedes Detail, bis einem schließlich die Lust an dem Film vergangen ist.«

Sophies Entscheidung

»Diese Art von Talent ist geheimnisvoll. In Salem
hätte man sie deswegen als Hexe verbrannt.«

Alan J. Pakula über Meryl Streep
in einem Interview mit der New York Post

Alle Zeichen deuteten darauf hin, daß Meryl für *The French
Lieutenant's Woman* erneut einen Oscar erhalten würde.
Und diesmal war sich auch Meryl der Sache sicher. »Ich war
fest davon überzeugt, daß ich den Oscar verdiente.«
Am 15. Januar 1982 errang Meryl den Golden Globe, und im
März wurde sie von der British Academy ebenfalls als beste
Hauptdarstellerin geehrt. Während sie an der Globe-Verlei-
hung teilgenommen hatte, wurde ihre Dankesrede per Satel-
lit nach England gesendet. Michael Caine, der ihr den Preis
verlieh, erinnert sich an eine »junge Frau, die in das Studio
gerauscht kam und sich über Verkehrsstaus beschwerte«. In
der Nacht der Oscar-Verleihung feierte Meryl zusammen mit
ihren Eltern und Don schon vorab in Mama Siltkas Restaurant: »Ein Fehler, der mir unvergeßlich sein wird.« Denn an
diesem Abend gewann Katharine Hepburn überraschend
ihren vierten Oscar für ihre Leistung in *On Golden Pond*
(Am goldenen See). Bruce Gilbert nahm für sie den Oscar
entgegen, denn Kate stand zur gleichen Zeit auf der Bühne.
Vorher hatte sie ihn angewiesen, »daß ein einfaches Danke-
schön völlig ausreichen« würde.
Meryl ertrug die Niederlage mit Würde. »Schließlich ist es
keine Schande, gegen jemanden wie Katharine Hepburn zu
verlieren«, räumte sie nach der Verleihung ein. Schlimmer
wäre es für sie gewesen, wenn Susan Sarandon, Diane Keaton oder Marsha Mason gesiegt hätte.
Nach der Verleihung fuhren die Gummers heim zu ihrem
Sohn.
Am meisten ärgerte Meryl, daß die United Artists sich entschlossen hatte, *The French Lieutenant's Woman* den Unter-

Sophie (Meryl) und Nathan (Kevin Kline).

titel zu geben: »Sie liebte nur einen Mann, aber sie nannten
sie die Hure des französischen Leutnants.«
Meryl war entsetzt: »Ich hatte mich so bemüht, die kompli-
zierte Situation Sarahs klar darzustellen. Durch so einen billi-
gen Trick wurde meine Arbeit zerstört. Außerdem gefiel mir

der Gedanke nicht, daß meine Familie zu hören bekam, ich sei ›die Hure des französischen Leutnants‹.« Während sie bei einem Lunch im Warwick-Hotel, der zu Ehren von *The French Lieutenant's Woman* gegeben wurde, die Verantwortlichen geflissentlich übersah, zeigte sie sich bei der Verleihung des Obie Award, den sie für ihre Rolle in *Alice in Concert* erhielt, von einer freundlicheren Seite.

Es schien, als würde Meryl jede Möglichkeit nutzen, sich zusammen mit Don in der Öffentlichkeit zu zeigen. Neben allen erdenklichen Ehrendinners traf man die beiden bei der Filmpremiere von Arthur Penns *Four Friends,* bei der Broadway-

Alan Pakula zusammen mit Kevin Kline und Meryl.

premiere von *Crimes of the Heart* und bei der Erstaufführung von Twyla Tharps Ballett *The Catherine Wheel.*

Außerdem folgte Meryl der Einladung von New Yorks Gouverneur Hugh Carey, der in Tavern on the Green eine Party für die bekanntesten und berühmtesten Schauspieler New Yorks gab. Unter den Gästen befanden sich Joan Fontaine, Christopher Plummer, Piper Laurie, Cary Grant, Maureen Stapleton, Polly Bergen, William Hurt, Sigourney Weaver, Melvyn Douglas, Barbara Barrie und Bob Balaban. Meryl unterhielt sich vor allem mit Roy Scheider und Al Pacino.

Doch schon nach kurzer Zeit war Meryl wie vom Erdboden verschwunden. Sie saß daheim und bereitete sich auf ihre neue Rolle vor: Sophie Zawistowska.

Meryl hatte William Styrons Roman schon während ihrer Zeit in Yale gelesen. Schon damals war sie davon überzeugt, daß sie für die Rolle wie geschaffen war.

Der Roman trägt autobiographische Züge. Styron war einst wie sein Held Stingo nur wegen der Liebe zu Thomas Wolfes Werk nach Brooklyn gezogen. Dort hatte er Sophie Bieganski kennengelernt. »Sie erzählte mir, daß sie Auschwitz überlebt hatte. Am Arm trug sie eine Tätowierung. Außerdem hatte sie einen Heißhunger auf gutes Essen. Das war aber schon alles, was ich von ihr wußte.« Jahre später, Styron saß gerade über einem Roman über die Marine, hatte er einen Traum, der seiner Meinung nach ein Auftrag für ihn wurde. Er ließ den angefangenen Roman liegen und begann mit *Sophie's Choice.* Kaum war das Buch erschienen, als Keith Barish sich schon für die Filmrechte interessierte. Barish plante, das Buch von Alan J. Pakula verfilmen zu lassen. »Ich war von dem Buch beinahe k. o.«, meinte Pakula. »Ich wußte, daß die Hollywoodexperten sagen würden, daß dieses Buch nicht kommerziell sei. Dennoch wetteten Keith und ich, daß es in die Bestsellerlisten aufrücken würde. Und wir hatten recht. Beinahe ein Jahr lang stand es auf der Bestsellerliste. Im Juli 1979 erklärte Sir Lew Grades Marble Arch Productions, sie würde sich an der Produktion beteiligen. So stand dem Zwölf-Millionen-Dollar-Vorhaben nichts mehr im Wege.

Sophie (Meryl Streep) überrascht ihren neuen Nachbarn Stingo (Peter MacNicol).

Während Meryl für *The French Lieutenant's Woman* vor der Kamera stand, erreichte sie ein Anruf von Pakula, der sie zu einer Testaufnahme für die Rolle einlud. Meryl schluckte ihren Zorn hinunter und sagte zu. Allerdings bestand sie darauf, daß sie vorher das Drehbuch zugeschickt bekam. »Da Alan keines hatte, verloren wir uns für einige Tage aus den Augen.« Meryl beendete *The French Lieutenant's Woman*, während Pakula den Film *Rollover* begann.

Doch Meryl wartete nicht untätig auf einen weiteren Anruf. Mit »nicht ganz legalen Mitteln« hatte ihr Agent eine Grobfassung des Drehbuchs bekommen. Zur gleichen Zeit arrangierte Meryl ein erstes Treffen mit Pakula.

Pakula erinnert sich, daß »Meryl sich auf den Boden warf und rief: ›Lieber Gott, laß mich bitte diese Rolle spielen.‹ Ehrlich gestanden, erschreckte mich solche Leidenschaft ein bißchen. Ich befürchtete, Meryl würde aus Sophie eine zweite Johanna von Orleans machen. Am Abend ging ich nach Hause, schlief ein, und als ich aufwachte, dachte ich: Sie hat diese Leidenschaft, an die ich beim Lesen des Buches immer denken mußte.

Aber wenn man mit jemandem wie Meryl zusammenarbeiten will, muß man alle möglichen Gefahren durchdenken. Letztendlich gab ich ihr die Rolle dann doch, weil ich es zum einen hasse, einer Frau etwas abzuschlagen, zum anderen weil ich überhaupt nicht wußte, was sie mit der Rolle anstellen würde. Dieses Risiko reizte mich am meisten.«

Doch Pakula behielt seine Entscheidung noch für sich. Als er und Meryl sich das nächste Mal trafen, tat er so, als hätte er sich für eine andere entschieden. »Wütend funkelte sie mich an. ›O. k.‹, meinte sie, ›egal, ob ich die Rolle bekomme oder nicht, ich weiß, wer einen hervorragenden Nathan abgeben würde: Kevin Kline.‹ Kline spielte zu dieser Zeit den Piratenkönig in dem Musical *The Pirates of Penzance*. Um mich zu entspannen, besuchte ich eines Abends eine Vorführung.«

Klines exzellente Vorstellung überzeugte Alan. »Kevin besaß jene Fähigkeit zur Freude, die Lebenskraft und den Humor, der für Nathan so wichtig ist.«

Für Pakula war Kline ein Filmstar im klassischen Sinn. Kline: »Ich hätte nie geglaubt, daß ich einmal den Nathan spielen würde. Als das Buch publiziert wurde, sagte ein Freund zu mir: ›Ich habe gerade ein phantastisches Buch gelesen, nach dem auch ein Film gedreht werden soll. Da ist eine Rolle drin, die wäre genau das Richtige für dich, aber sie werden wahrscheinlich irgendeinen Filmstar dafür verpflichten.«

Für die Rolle des Stingo engagierte Pakula Peter MacNicol, den er als grünschnäbeligen Südstaatenanwalt in *Crimes of the Heart* gesehen hatte.

Obwohl MacNicol wußte, daß er mit in die engere Wahl für die Rolle gekommen war, glaubte er nicht daran, daß er die Rolle bekäme. Aus diesem Grund fuhr er zu einem Angeltrip nach Kanada. »Ich hatte gerade meinen ersten Film, *Dragonslayer,* beendet und befand mich in einem nachfilmischen Unwohlsein. Alles, was ich wollte, war, eine Zeit für mich allein zu sein. Niemand wußte, wie man mich erreichen konnte. Nicht einmal mein Agent hatte meine Telefonnummer.

Aber eines Tages rief ich ganz intuitiv bei ihm an. Als er mir sagte, ich hätte die Rolle bekommen, hielt mich nichts mehr in Kanada.«

Zehn Tage nachdem Kevin Kline und Peter MacNicol verpflichtet worden waren, rief Alan J. Pakula bei Meryl an und lud sie ein, zu ihm ins Büro zu kommen.

»Er empfing mich mit den Worten: ›Ich weiß zwar nicht, was Sie mit der Rolle machen werden, aber ich will Ihnen die Chance geben.‹ Ich war überglücklich.«

Pakula sollte seine Wahl nicht bereuen.

Styrons Roman und Pakulas Film beginnen 1947: Der 22jährige Stingo (Peter MacNicol) kommt von Virginia nach New York. Er ist fest entschlossen, wie sein großes Vorbild Thomas Wolfe Schriftsteller zu werden. Er selbst beschreibt sich als einen Mann, der »unerfahren in der Liebe und im Tod ein Fremder« ist.

Nach längerer Suche findet er eine billige Wohnung bei Yetta Zimmermann (Rita Karin). Stingo fühlt sich allein und ist durch die seltsamen Nachbarn etwas befremdet. Die Leute über ihm treiben es zum Beispiel so herzhaft miteinander, daß seine Lampe wackelt. Wenig später erhält er von ihnen eine Einladung. Doch während Stingo über seinen Büchern sitzt, wird er Zeuge eines Streits zwischen Sophie Zawistowska (Meryl) und Nathan Landau (Kevin Kline). Kurze Zeit später erscheint sie mit einem Tablett und entschuldigt sich bei Stingo, daß ihre Einladung geplatzt ist. Am nächsten Morgen wird er von einem völlig veränderten Nathan geweckt. »Um Freundschaft zu schließen«, führen ihn Sophie und Nathan nach Coney Island. Doch mitten in dem Trubel und der Freude überfällt Stingo »das verzweifelte Verlangen zu entkommen«.

Dennoch werden aus den dreien dicke Freunde. Nach und nach erfährt Stingo, wie Nathan Sophie in der Bibliothek fand und sie gesund pflegte. Sophie hatte das Konzentrationslager überlebt und war nach Amerika ausgewandert.

Während Stingo einen Roman über sich und den Tod seiner Mutter zu schreiben versucht, setzt er alles daran, seine Unschuld zu verlieren. Leslie Lapidus (Greta Turken), scheint hierzu das geeignete Opfer zu sein, doch bald schon wird Stingos Traum zerstört.

Nach und nach erzählt Sophie von ihrer Vergangenheit, so zum Beispiel, wie ihr Vater, der gegen die Nazis war, von ihnen verhaftet und abtransportiert wurde. Daß sie, nur weil sie für ihre kranke Mutter ein Stück Fleisch »organisiert« hatte, ins Konzentrationslager geschickt wurde. Nathan, der die beiden zusammen überrascht, wird ohne Grund rasend eifersüchtig. Doch schon bald legt sich seine Wut wieder. Nathan, selbst Jude, ist besessen vom Nationalsozialismus. Alles, was über ihn geschrieben wurde oder was mit ihm in Verbindung steht, wird von ihm gesammelt. Sophie zufolge befürchtet er, daß die Nazis ihrer gerechten Strafe entgehen könnten.

Eines Tages taucht Nathan im Park auf und behauptet, er habe endlich des Rätsels Lösung gefunden. Seine Erfindung werde ihm den Nobelpreis einbringen. Aus diesem Grund überschüttet er Stingo und Sophie mit Geschenken. Sofort planen die beiden für Nathan eine Überraschungsparty. Doch am Abend begegnet ihnen ein völlig verwandelter Mensch. Nathan beschuldigt Sophie der Untreue und quält sie mit der Frage, wieso gerade sie, eine katholische Pollakin, das Konzentrationslager überlebt hat. Als Stingo einschreiten will, verspottet Nathan »sein Geschreibsel«, das er noch vor wenigen Tagen lobte.

Am nächsten Morgen sind Sophie und Nathan verschwunden. Stingo, der sich auf die Suche nach den beiden gemacht hat, entdeckt, daß Sophies Vater ein Hauptvertreter der Ghettoverordnung gewesen war und die Juden haßte.

Als er Sophie später allein in der Wohnung findet, stellt er sie zur Rede. »Ich weiß doch gar nicht, was die Wahrheit ist«, ruft sie verzweifelt aus. Sie hatte sich ihr Lügengebäude aufgebaut, weil sie befürchtete, man würde sie wieder alleine lassen.

Nun erfährt Stingo die Wahrheit über ihren Vater. Sophie erledigte für ihn die Schreibarbeiten. Als sie eines Tages eine Rede tippte, erschrak sie zu Tode: Es ging um die Endlösung der Judenfrage. Um sich zu beruhigen, ging Sophie ins Ghetto. Danach war sie so aufgewühlt, daß sie sich mehrmals ver-

Noch ahnt niemand, daß Sophie eine leidenschaftslose Frau ist, die unablässig kalkuliert, berechnet und lügt.

schrieb. Da die Zeit nicht ausreichte, die Fehler zu verbessern, gab sie ihrem Vater die Rede in diesem Zustand. »Ich sah, wie er immer wütender wurde. Am Ende kam er zu mir und sagte, noch während alle um uns herumstanden: ›Sophie, du hast keine Intelligenz, du hast Brei im Hirn.‹« Von da an haßte Sophie ihren Vater noch mehr. Obwohl sie verheiratet war, hatte Sophie einen Geliebten (Neddim Prohic), der dem Widerstand angehörte. Für ihn übersetzte Sophie einiges deutsches Material. Aus diesem Grund kam sie zusammen mit ihren Kindern Jan und Eva nach Auschwitz. Dort arbeitete sie für den KZ-Kommandanten Rudolf Höß (Günther Maria Halmer) als Sekretärin. Eines Tages versuchte sie, das Leben ihres Sohnes durch die Tatsache zu retten, daß sich ihr Vater für den Nationalsozialismus einsetzt. Doch Höß interessierte die Sache nicht. Schließlich versprach er ihr, ihren Sohn Jan eventuell für das Lebensbornprogramm auszuwählen. Ein Versprechen, das nie eingelöst wurde. Kurze Zeit später erfährt Stingo auch die Wahrheit über Nathan. Sein Bruder Larry erklärt ihm, daß Nathan über keinerlei akademische Grade verfügt. Zwar kam er als gesundes Kind zur Welt, doch im Alter von zehn Jahren stellte man fest, daß er paranoid und schizoid war. Nathan verbringt zwar seine Zeit in dem Institut für Mikrobiologie, aber nicht als Forscher, sondern als Bibliotheksangestellter. Völlig verstört kehrt Stingo in den »rosa Palast« zurück, wo ihn Sophie und Nathan mit einem Südstaatenabend überraschen.

Am nächsten Morgen ist ihre Wohnung leer. Gerade als sich Stingo auf die Suche nach den beiden machen will, erreicht ihn ein Anruf von Nathan. In einem neuerlichen Eifersuchtsanfall droht dieser, Stingo und Sophie zu erschießen. Stingo findet Sophie, und zusammen wollen sie auf die Farm seines Vaters flüchten. Im Hotelzimmer gesteht Stingo ihr seine Liebe. Sophie ist überwältigt von soviel Zuneigung und vertraut Stingo einen weiteren dunklen Punkt in ihrer Vergangenheit an: Als sie zusammen mit ihrer Tochter und ihrem Sohn in Auschwitz ankam, wurde sie von einem Lagerarzt gezwungen, sich für eines der beiden Kinder zu entscheiden. Um ihren Sohn zu retten, schickte Sophie ihre kleine Tochter in den Tod. Nach einer gemeinsamen Liebesnacht kehrt Sophie zu Nathan zurück. Stingo folgt ihr, doch er findet nur noch ihre Leichen. Beide schieden freiwillig durch Zyankali aus dem Leben.

Da die Rolle von Meryl deutsche und polnische Sprachkenntnisse verlangte, begann sie drei Monate vor Drehbeginn Sprachunterricht zu nehmen. An fünf Tagen in der Woche hatte sie bei Jan Byczycki Stunden. »Zunächst lernte ich die Sprachen. Dann versuchte ich mich selbst zu vergessen, und danach wurde ich Sophie«, erklärte sie einer Reporterin. Dies waren allerdings die einzigen Vorbereitungen, die Meryl unternahm. »Ich durchdachte den Charakter, das war alles. Ich recherchierte so wenig wie möglich, weil ich glaube, daß Sophie in großem Maße durch ihre Umwelt bestimmt wird. Sie ist geprägt durch ihre Vergangenheit, aber auch durch ihre Gabe, zu vergessen und Dinge hinter sich zu lassen, die unangenehm für sie sind. Von großer Bedeutung waren die Mitspieler. Das war der Schlüssel. Ich wußte nie, was mich erwartete, bevor ich am Drehort erschien und den an-

Sophie (Meryl) und Nathan (Kline) während eines kurzen Moments des Glücks und der Ruhe.

169

deren in die Augen schaute. So konnte ich mir die Spontaneität bewahren, die für diese Rolle so wichtig war.«

Alan legte großen Wert darauf, daß der Film in Sequenzen gedreht wurde. Am 1. März 1982 begannen die Dreharbeiten. »Wir drehten die Szene in der Gould Memorial Library des Bronx Community College, wo sich Nathan und Sophie kennenlernen. Davon gingen wir dann weiter. Es war die perfekte Art zu arbeiten. Es half uns, daß wir uns alle viel näherkamen. Und es gab uns auch die Triebkraft, jeden Tag neu aufzubauen. Ich glaube, wir waren alle sehr glücklich, daß wir eine Art Fahrplan hatten, der eher für als gegen uns arbeitete«, meinte Kevin Kline.

»Eines Tages sollte eine Sequenz in Coney Island gedreht werden«, berichtet Peter MacNicol. »Doch an jenem Tag regnete es heftig. Schauspieler und Crew waren gezwungen, in die Studios zurückzukehren und eine tragische Szene zu spielen. Meryl und wir mußten unsere Einstellung und Einstimmung wieder völlig ändern. Jener Tag war nicht leicht. Aber manchmal muß man eben wie Persephone einen Abstieg in die Hölle wagen.«

Pakula fand sich mit einem Schlag von experimentier- und improvisationsfreudigen Theaterschauspielern umgeben. Kline schildert die Atmosphäre am Drehort wie folgt: »Alan war allen Vorschlägen gegenüber offen. ›Wenn ihr während der Szene einen anderen Impuls oder eine Idee bekommt, folgt dem, egal, ob es sich völlig von dem unterscheidet, was wir vorher abgesprochen haben‹, riet er uns des öfteren. Jeder Tag war voller Überraschungen. Außerdem herrschte ein wunderbares Zusammengehörigkeitsgefühl im Ensemble. Die Arbeit an dem Film war so, als hätte man das Probelesen, die Premiere und die letzte Aufführung auf einen Tag gelegt. Auf der Bühne muß man schreien, damit die Leute in der letzten Reihe eines großen Theaters einen auch noch verstehen. Das ist beim Film nicht nötig. Ich trieb den Tonmann beinahe in den Wahnsinn mit meiner Brüllerei. ›Können Sie nicht ein bißchen leiser schreien?‹ fragte er mich oft völlig verzweifelt.«

Die Freundschaft zwischen den drei Hauptdarstellern setzte

Peter MacNicol und Meryl während der Dreharbeiten in Brooklyn.

sich auch in ihrer Freizeit fort. Vor allem schätzt Meryl an Kevin die Bereitschaft, Risiken einzugehen. »Meryl liebte es, einen zu überraschen. Für einen Bühnenschauspieler ist es befremdend, wenn während der Dreharbeiten der Text, den man in der Nacht gelernt hat, wieder über den Haufen geworfen wird. Alan sorgte sich nur, ob trotz aller Spontaneität die Szene am Ende dem Drehbuch entsprechen würde. Am Ende überraschte jeder jeden, und es wurde ein wunderbarer Film.«

In einer Szene packt Nathan Sophie, zerrt sie aus dem Haus und stößt sie unter Flüchen die Treppe hinunter. Einige Passanten, die nichts von den Dreharbeiten wußten, glaubten, Zeugen eines wirklichen Straßenkampfs zu sein. Schließlich nahm einer von ihnen seinen ganzen Mut zusammen und versuchte, Kevin zu stoppen. Als er ihn fragte, warum er denn die arme Frau so schlage, meinte Kline: »Weil sie die Zahnpasta von der falschen Seite der Tube herauspreßt.«

Diese Szene fiel ebenso der Schere zum Opfer wie die, in der Stingo in Sophies Zimmer stürmt und sie vor einem Spiegel sitzen sieht. Als sie sich ihm zuwendet, bemerkt er, daß sie keine Zähne mehr hat. »Es sollte auch die körperlichen Schäden zeigen, die Auschwitz bei ihr hinterlassen hatte. Doch dann entschied ich mich, die Szene zu schneiden, da sie zu grausam war«, berichtet Pakula.

Jeden Abend, nachdem die Dreharbeiten in Brooklyn beendet waren, fuhr Meryl nach Hause, um für Don und Gippy das Abendessen vorzubereiten. Pakula erinnert sich, daß Meryl zu dieser Zeit große Schwierigkeiten mit Gippy hatte, da er sie wegen der veränderten Stimme nicht als seine Mutter erkannte. »Stimmlich war sie Sophie geworden. Das beunruhigte und erschreckte ihren kleinen Sohn. Ich war überwältigt, daß sie sich neben der Arbeit noch um ihre Familie kümmerte. Sie ging einkaufen, erkundigte sich, was die Dinge kosteten und kochte für ihre Familie. Ich glaube, sie wollte auf die Weise den Kontakt zu der realen Welt nicht verlieren. Kreativität ist ein Geschenk, das für Frauen schwerer zu tragen ist als für Männer. Ich weiß heute noch nicht, wie sie das geschafft hat: Zum einen spielte sie Sophie mit all den Schrecken und fürchterlichen Erfahrungen, zum anderen kümmerte sie sich um ihre Familie. Sie ist wirklich eine außergewöhnliche Frau.«

Am Ende der achten Drehwoche hatten einige Reporter den Ort der Dreharbeiten ausgemacht und belagerten ihn. Doch das Team befand sich schon im Aufbruch nach Zagreb. Nachdem Polen kurzfristig die Dreherlaubnis wieder zurückgezogen hatte, hatte Pakula in aller Eile ein Arrangement mit Jugoslawien getroffen. Da Don in der Vorbereitung einer Ausstellung steckte und Meryl und ihre Eltern der Ansicht waren, daß Jugoslawien und die Drehorte bei Gippy negative Eindrücke hinterlassen könnten, beschloß sie, diesmal ohne ihre Familie zu reisen. Die Dreharbeiten sollten sich über einen Monat hinziehen. In dieser Zeit unterzog sich Meryl einer strengen Diät, die aus Gemüse, Salat und Weißwein bestand, um dem gespenstischen Bild näherzukommen, das Styron in seinem Roman geschildert hatte. »Ständig mußte ich an Bob (= Robert De Niro) denken, der für die Rolle des Jake LaMotta 30 Pfund zugenommen hatte. Aber ich muß gestehen, die Diät fiel mir leichter als die Freßorgien, die ich vorher veranstaltet hatte, um für die Brooklynszenen zehn Pfund zuzunehmen.« »Sie hätte alles auf sich genommen für diese Rolle«, meinte Alan J. Pakula anerkennend. »In Jugoslawien überraschte sie mich immer wieder aufs neue. Es war völlig unnötig, sie zu lenken, da sie alles selbst machte. Oft entsprach es nicht meinen Vorstellungen, doch am Ende zeigte es sich dann, daß ihre Art mehr Originalität und Authentizität enthielt.«

Nathan (Kevin Kline) und Sophie (Meryl) haben sich wieder versöhnt, um endgültig im Chaos umzukommen.

Kurz bevor die Szenen im Konzentrationslager gefilmt werden sollten, bat Meryl Pakula um ein freies Wochenende. Don eröffnete am Sonntag in der Spirone Westwater Fisher Galerie eine Ausstellung. »Sie meinte, sie würde es sich nie verzeihen, wenn sie an diesem wichtigen Tag nicht bei Don sein könnte.« Obwohl Pakula Flugzeugen mißtraute und Bedenken äußerte, ob der zehnstündige Flug sie nicht zu sehr anstrengen würde, ließ er sie fliegen.

Meryl reiste am Samstag ab und kam am gleichen Abend in New York an. Als Don seine Frau sah, erschrak er zu Tode. »Sie sah schrecklich aus. Am liebsten hätte ich sie nicht mehr zurückfliegen lassen.« Sonntags nahm Meryl an der Ausstellungseröffnung teil und flog am Abend wieder zurück nach Zagreb.

Für die Auschwitzszenen stand Meryl Kitty Hart zur Seite. Mrs. Hart hatte selbst vier Jahre in einem Konzentrationslager verbracht, die sie nur dadurch überlebte, weil sie sich »nützlich gemacht« hatte.

Sie zeigte Meryl, wie man sich mit einem gebrochenen Geist bewegt. »Durch ihre Schilderungen konnte ich mich in Sophies Situation hineindenken, als hätte ich sie selbst erlebt.« Nach Beendigung der Dreharbeiten rückte Meryl vor allem die Figur und nicht ihre Darstellung in den Vordergrund. In einem Interview meinte sie: »Als Schauspielerin kann ich Ihnen nicht erklären, wieso Sophie so und so gehandelt hat. Das kann man nicht planen oder logisch erfassen. Man kann nicht planen, wie man sich in einem Notfall verhält. Was das Wunderbare an Sophie ist, ist, daß sie ihre Entscheidungen fällt und sie selbst dann, wenn sie sich als falsch erweisen sollten, nicht aufgibt. Sie muß so viele Entscheidungen treffen: ob sie sich in der Kirche umbringt, ob sie mit Stingo oder Nathan leben will, ob sie leben oder sterben will. Doch Sophie macht weiter, bis sie der nächste Schicksalsschlag trifft.«

Am meisten bedauerte Meryl, daß die Dreharbeiten vorbei waren. »Es war wirklich schwer Sophie ›Leb' wohl‹ zu sagen. Ich hätte die Rolle für alle Ewigkeit spielen können. Es war wundervoll und gehört mit zu den besten Dingen, die ich je tat.«

Die beschriebene Spiegelszene, die der Schere zum Opfer fiel.

Eine Ansicht, die auch die Kritiker teilten.

Meryl war durch das viele Lob etwas verunsichert. Ihrer Ansicht nach hatten die Kritiker den Film und ihre Darstellung der Sophie überbewertet.

»Ich halte nichts davon, wenn man mich jetzt mit Preisen überschüttet. Nicht ich, sondern Sophie sollte die Hauptperson sein.« Was Meryl befürchtet hatte, trat ein. Sie wurde für einen Academy Award, einen Golden Globe und den New York Film Critics Award nominiert und erhielt alle drei Auszeichnungen.

»Daß ich nicht größenwahnsinnig wurde, verdanke ich einigen Kritikern, die mit mir sehr unsanft ins Gericht gingen«, erklärte sie verschmitzt schmunzelnd.

Denn nicht alle waren von ihrer schauspielerischen Leistung überzeugt. Die Londoner *Times* z. B. meinte, daß »diese darstellerische Leistung vielleicht einen Oscar gewinnt, aber ebenso sicher ist sie reif für eine Parodie«.

Pauline Kael schrieb, daß »es keine Freude bereitet, Meryl zuzusehen«.

Der jüdische Autor Elie Wiesel dagegen befürchtete, daß *Sophie's Choice*, wie auch schon *Holocaust,* die ganze Problematik zu sehr trivialisieren würde. »Wir machten uns deswegen Sorgen. Aber man erreicht die Herzen der Menschen nicht mit blanken Statistiken, sondern nur durch den Schock.«

Im Juni 1982 nahm Meryl an einer Friedensdemonstration im Central Park teil.

In den Monaten zuvor hatte sie schon des öfteren geäußert, daß sie befürchtete, die »Reporter würden mich ebenso kreuzigen wie Jane Fonda«. Doch durch die Entwicklung der Aufrüstung und durch ihre persönlichen Erfahrungen hatte sich ihr Selbstbewußtsein verstärkt.

»Wir müssen alles tun, was in unserer Macht steht, und nicht nur von der nuklearen Bedrohung reden. Wir müssen an unsere Kongreßabgeordneten schreiben und Bücher lesen wie Jonathan Schells *Das Schicksal der Erde.* Vor allem aber dürfen wir uns nicht der Furcht vor dem Weltuntergang ergeben. Das ist am schwierigsten, denn diese Furcht sitzt oft so tief in uns, daß wir sie nicht mehr bemerken.

Ich bin hier, weil mir bewußt wurde, daß ich meinen Kindern gegenüber eine Verantwortung habe. Mein Sohn wird im Jahre 2000 erst 21 Jahre alt sein. Ihm und allen anderen bin ich es schuldig, daß ich endlich Verantwortung für das Tun der Menschen übernehme.«

Meryl zusammen mit (v. r.) Dr. Helen Caldicott und Jill Clayburgh.

Im Anschluß an die Friedensdemonstration organisierte Meryl am 7. Juni 1982 eine Wohltätigkeitsveranstaltung im Beacon Theater. Neben James Earl Jones, Jill Clayburgh, Arthur Miller und Richard Dreyfuss hatte sie Colleen Dewhurst für den Showteil gewinnen können, in dem auch sie auftrat. Unter den Gästen befanden sich Freunde der Streep wie Al Pacino, Robert De Niro, Dustin Hoffman, Roy Scheider, Kevin Kline, aber auch Constance Cummings, Julie Belanfonte, Bob Balaban, Alexander Cohen und seine Frau Hildy Parks. Der Abend wurde ein großer Erfolg; ebenso die Premiere von *Sophie's Choice*, die Meryl zusammen mit Rose

Bergunder, William Styrons Frau, im Dezember 1982 veranstaltete. Der Reinerlös floß Amnesty International zu.

An diesem Abend wurde Meryl von den wenigsten erkannt. Sie hatte ihre Haare noch nicht gebleicht und trug noch immer den Stufenschnitt, den sie für die Rolle der Karen Silkwood benutzt hatte. »Es war eine amüsante, wenn auch erschreckende Erfahrung«, räumte sie unlängst ein.

Styron und seine Frau waren von dem Film überwältigt: »Ich sah Meryl jemanden spielen, den ich erfunden hatte. Zur gleichen Zeit aber sah ich, wie sie mir Sophie stahl, sie mir entwendete; im gleichen Augenblick versah sie diesen Charakter mit mehr Leben, als ich mir das je auf meinen Schreibmaschinenseiten hätte träumen lassen. Es war sehr schmerzhaft, meiner und Meryls Sophie wiederzubegegnen«, gestand Styron später.

Für Meryl war diese Aussage das größte Kompliment, das sie erhalten konnte.

Silkwood

»Manchmal ist es wirklich schwer,
Karen Silkwood zu akzeptieren.«

Meryl Streep über Karen Silkwood

Zweieinhalb Wochen nach Abschluß der Dreharbeiten zu
Sophie's Choice stand Meryl erneut vor der Kamera. Sie
spielte Karen Silkwood, die am 13. November 1974 auf mysteriöse Weise ums Leben gekommen war.

Karen, Arbeiterin in einer Plutoniumfabrik, war auf dem
Weg zu einem Reporter der *New York Times* gewesen, dem
sie Dokumente übergeben wollte, die beweisen sollten, daß
in der Kerr-McGee-Plutoniumfabrik in Cimarron, Oklahoma, die Sicherheitsvorkehrungen äußerst schlampig gehand-
habt wurden. Karen Silkwood erreichte ihr Ziel nicht. Aus
bisher ungeklärten Gründen raste ihr Wagen gegen eine
Mauer. Sie war auf der Stelle tot, Dokumente wurden nicht
gefunden. Zunächst vermerkte der Polizeibericht nur knapp:
Tod durch Unfall; eingeschlafen am Steuer. Doch als Drew
Stephens, ein Freund der Silkwood, den Wagen untersuchen
ließ, wurde von dem Sachverständigen festgestellt, daß der
Wagen mit aller Wahrscheinlichkeit von einem anderen
Fahrzeug von der Straße gedrängt worden war. Eine Obduk-
tion der Leiche ergab allerdings einen hohen Anteil von Al-
kohol und dem Beruhigungsmittel Methaqualone in Karens
Blut. Damit war der Fall zunächst ad acta gelegt.

Durch einen Bericht in der *New York Times* wurde das Interesse von Buzz Hirsch und Larry Cano auf den Fall Silkwood
gelenkt. »Uns interessierte der politische Fall, sozusagen David gegen Goliath. Doch je mehr wir wußten, desto faszinie-
render wurde der Charakter Karen Silkwood. Wir wollten
herausfinden, was diese Frau veranlaßte, so zu handeln«, berichtete Buzz Hirsch.

Zu dieser Zeit waren Cano und Hirsch noch Studenten der
UCLA Film School. Sie fuhren nach Nederland, Texas, um

Meryl als Karen Silkwood.

sich mit Karens Vater Bill Silkwood zu treffen. Acht Monate
später schlossen sie mit der Silkwood-Stiftung ein Geschäft
ab, das ihnen den Einblick in Unterlagen gestattete, die von
Drew Stephens und anderen Freunden der Silkwood stamm-

ten. Unabhängig davon begannen die beiden Informationen, Berichte und Protokolle von Anhörungen im Fall Silkwood sowie Tonbandaufnahmen von Interviews mit Karens Familie, Freunden und Kollegen zu sammeln.

»Der größte Rückschlag für uns war der Tag, als ich im Prozeß der Silkwood-Stiftung gegen Kerr-McGee als Zeuge vor ein Gericht in Oklahoma geladen wurde«, meinte Hirsch. Hirsch mußte alle Unterlagen Kerr-McGee übergeben, einschließlich der Interviews, die sich auf Karens Privatleben bezogen. Hirsch und Cano weigerten sich, dem Gerichtsentscheid zu entsprechen, und machten geltend, daß ihr Recht auf Nachforschungen in der Verfassung verankert sei.

Ein Bundesrichter verwarf ihren Antrag und drohte Hirsch mit einer Gefängnisstrafe, sollte er dem Urteil nicht nachkommen.

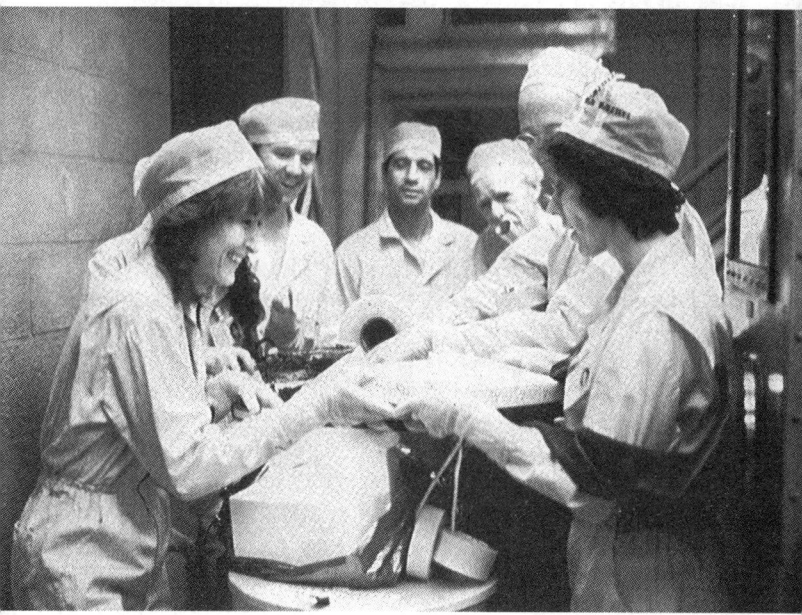

Sorglos gehen Karen (Meryl) und ihre Kollegen mit dem tödlichen Material um.

181

Obwohl die Hollywood-Gemeinde das Ganze mit gemischten Gefühlen verfolgt hatte, unterstützten sie die beiden Filmemacher. Ein Komitee unter dem Vorsitz von Robert Wise (weitere Mitglieder waren Jane Fonda, Paddy Chayevsky, Norman Lear, Neil Simon) half, Geld zu sammeln, um die gewaltigen Gerichtskosten decken zu können. Während der Prozeß gegen Hirsch in Oklahoma weiterging, wurden die Bill of Rights Foundation, die Writers' Guild, die Motion Picture Association of America und das Komitee der Reporter für Pressefreiheit in Washington aktiviert.

Schließlich fällte der Gerichtshof in Denver, Colorado, ein Grundsatzurteil, das Drehbuchautoren und Regisseuren denselben Quellenschutz gewährte wie Journalisten.

Hirsch und Cano waren nun in der Lage, weiter an ihrem Projekt zu arbeiten. Sie wohnten der dreimonatigen Verhandlung im Prozeß Silkwood gegen Kerr-McGee in Oklahoma bei.

Dann, im Oktober 1979 präsentierten sie Meryl Streep einen ersten Drehbuchentwurf. Dies taten die beiden, um den Film in Hollywood überhaupt verkaufen zu können. Cano gesteht: »Mehr als alles andere half uns Meryls Interesse an diesem Projekt. Zwar hatte Jane Fondas *China Syndrome* ein Klima geschaffen, das unseren Film akzeptabel machte, aber erst als wir Meryls Namen mit unserem Projekt verbinden konnten, interessierten sich die großen Studios ernsthaft dafür. Das neuerwachte Anti-Atombewußtsein half uns keineswegs.«

Im Frühjahr 1980 unterschrieben die beiden dann einen Vertrag mit ABC-Productions. Kurz darauf begannen Nora Ephron und Alice Arlen, das Drehbuch weiterzuentwickeln.

Atomgegner haben aus Karen mittlerweile eine Heilige, eine Märtyrerin gemacht. Für Meryl dagegen stand von vorneherein fest, daß die Silkwood auf keinen Fall eine zweite Johanna von Orleans sei.

»Sie war in vielerlei Hinsicht eine Streunerin, die ständig in Schwierigkeiten geriet. Sie schien mir zu den Leuten zu gehören, die alle Möglichkeiten ausschöpfen, um irgendwelche Wellen und Schwierigkeiten zu machen. Manchmal ist es

Karen (Meryl) an ihrem Arbeitsplatz der Firma Kerr-McGee.

wirklich schwer, Karen zu akzeptieren. Irgendwie hatte sie einen Spleen. Sie war in gewisser Weise unangenehm, ja sogar abstoßend.

Dennoch erinnerte sie mich an meine Jugend, als wir in Vassar gegen die Einmischung der Industrie in die Forschung demonstrierten. Obwohl wir uns um diese Dinge sorgten, war es ein unbeschreibliches Gefühl, Teil dieser Demonstration zu sein.

Die große Ironie an dem Ganzen ist, daß Karen ein Mensch war, der auf die Verachtung der Atomgegner gestoßen wäre. Sie war für Atomenergie, allein gegen die Arbeitsmethoden und Sicherheitsvorschriften lehnte sie sich auf.«

Obwohl zwischen Karen und der Streep Welten standen, schien Meryl die Lebensweise der Silkwood vertraut: »Sie besaß Humor, war ein bißchen verrückt, tat, was sie tun zu müssen glaubte und brachte einige Leute durch ihr Verhalten gegen sie auf. Und so sehe ich mich selbst auch.« In Interviews betonte die Streep immer wieder, daß nicht die Anti-Kernkraft-Aussage sie dazu bewogen hatte, die Rolle zu übernehmen, sondern der Charakter der Karen Silkwood, der »keine einfachen Antworten zuläßt«.

»Für mich ist *Silkwood* (Silkwood) nicht in erster Linie ein Anti-Kernkraft-Film. Trotz meines privaten Engagements habe ich mich immer zurückgehalten, bei Filmprojekten über Kernkraft mitzumachen. Aus diesem Grund lehnte ich auch die Hauptrolle in *China Syndrome* ab. Viele von ihnen sind polemisch, und ich mag keine Polemik.

Für mich ist unser Film viel komplizierter. Die Leute im Betrieb, vom Management bis hin zu den Arbeitern, sind meiner Ansicht nach so dargestellt, wie sie wirklich sind. Nicht einfach in gut oder böse unterteilt. Das gibt dem Film eine wirkliche Arbeitsatmosphäre, mit echten Menschen, nicht Stereotypen. Darum geht es in diesem Film mehr als um pro oder contra Kernkraft.«

Nichtsdestotrotz schien der Film eine politische Aussage zu haben, denn obwohl man nicht die Theorie aussprach, daß Karen ermordet wurde, läßt das Ende des Films dennoch diese Vermutung zu. Meryl bevorzugt dieses offene Ende: »In Amerika haben wir eine Perry-Mason-Mentalität. Immer wollen wir wissen, wer es war. Uns gefällt es zu wissen, daß ein Schuldiger zur Rechenschaft gezogen wird. Das Filmende beweist nicht, daß es ein Mord war. Das war für viele unbefriedigend, die an die obligatorische Entlarvung von Bösewichtern gewöhnt sind.«

Nachdem der Gouverneur von Oklahoma dem Filmteam eine Dreherlaubnis in seinem Staat nur dann erteilen wollte, wenn man ihm das komplette Skript zur Prüfung vorgelegt hätte, beschloß ABC, den Film in Texas zu drehen. Mike Nichols, der seit neun Jahren nicht mehr Regie geführt hatte, achtete streng darauf, daß keine der Angaben aus Karens Leben verfälscht wurde. Kerr-McGee verlangte es natürlich ebenfalls, das Drehbuch zu sehen. Nachdem sich ABC wei-

Kurt Russell verkörperte in ›Silkwood‹ Karens Lebensgefährten Drew, der ebenfalls bei Kerr-McGee beschäftigt war.

gerte, gelang es dem Konzern dennoch, sich eines Skripts zu bemächtigen. Da er gegen keine der Aussagen des Filmes klagen konnte, ließ er nur gerichtlich verfügen, daß ABC-Productions nicht den rot-weiß-blauen Schriftzug Kerr-McGees verwenden durften.

Kurt Russell, der Drew Stephens, den Freund der Silkwood, spielte, erinnert sich, daß Drews Ansicht, nichts ändern zu können, seiner eigenen völlig widersprach. Die Arbeit mit Meryl dagegen war »einer der Höhepunkte in meiner Laufbahn. Sie leistete in manchen Szenen so viel, daß es hart war, mit ihr mitzuhalten.«

Wie Kurt Russell hatte auch Cher große Bedenken in bezug auf Meryl vor den Dreharbeiten. »Ich hatte wirklich Angst vor meinem ersten Treffen mit Meryl. Ich glaubte, es würde einer Audienz beim Papst gleichkommen. Jemand so berühmtes ist für mich nicht von dieser Welt. Ich meine, ich und Meryl Streep? Niemals.«

Doch vom ersten Augenblick an, wurden die beiden Freunde. »Nach neunzehn Jahren im Showgeschäft hatte ich zum ersten Mal das Gefühl, daß man mich ernst nahm. Meryl gab mir das Gefühl, daß ich als Schauspielerin ihr ebenbürtig sei. Während sie mir einige Tips in bezug auf die Schauspielerei gab, half ich ihr bei ihrem Song (= am Ende des Films, wenn man Karens letzte Fahrt sieht, Anm. d. A.).«

Während den Dreharbeiten saßen Meryl, Cher, aber auch Nora Ephron und Alice Arlen oft zusammen, »häkelten, strickten und machten einige Witze über unsere Männer.« Cher fährt fort, daß sie und Meryl so oft über ihre Kinder sprachen, daß sie schon dachte, »etwas sei nicht mit uns in Ordnung. Doch dann kam es mir, daß wir nur zwei stolze Mütter sind.«

Gerade durch diese harmonische Stimmung innerhalb des Teams »überstanden wir die Problematik von *Silkwood* (Silkwood) ohne Schäden.«

Silkwood beginnt mit einem ganz normalen Arbeitstag. Karen Silkwood (Streep), ihr Freund Drew (Russell) und ihre beste Freundin Dolly Pelliker (Cher) fahren wie jeden Morgen von ihrem heruntergekommenen Farmhaus zu dem

Karen Silkwood (Meryl) mit ihren Kindern.

Kerr-McGee-Plutoniumkonzern. Eine Arbeit, über die sich keiner große Gedanken macht, obwohl das Plutonium, das in dem Emissionslabor zu Brennstab-Tabletten verpreßt wird, bereits in minimaler Menge Krebs erzeugen und Gene verändern kann.

Als sich Karen eines Tages um ein freies Wochenende bemüht, heulen unvermittelt die Sirenen auf: Probealarm. Doch darum kümmert sich schon keiner der Arbeiter mehr. Die vorgeschriebenen Übungen, die mit dem Alarm verbunden sind, werden ja nicht durchgeführt, da das Werk bis zur Grenze seiner Kapazität arbeitet, um allen Aufträgen nachzukommen. Nach der Arbeit bemerkt jedoch Karen in der Werksgarage ein dubioses Treiben: Ein schwer verstrahlter Lastwagen wird gesäubert und in seine Einzelteile zerlegt.

Nachdem sie ein freies Wochenende bei ihren drei Kindern verbracht hat, erfährt sie, daß sich kurz nach ihrem Weggang ein Unfall in der Fabrik ereignet hat.

Die Firmenleitung vermutet, daß sie es war, die das Werk stillgelegt hat, damit sie nicht arbeiten muß. Unvermittelt schrillt die Alarmsirene erneut auf. Thelma, eine ältere Arbeiterin, wird in einer Dusche abgeseift, ihre Haut ist stellenweise gerötet. Aber der Arzt beruhigt sie: kein Anlaß zur Besorgnis; leichte Verstrahlung habe den gleichen Effekt wie ein Sonnenbrand.

Aber Karen findet heraus, daß kein Nasenabstrich, der eine innere Verseuchung erkennen läßt, vorgenommen wurde und daß der angebliche Facharzt für Verseuchung nur ein Tierarzt ist.

Doch das Leben geht weiter. Eines Tages organisiert Karen für eine Kollegin eine kleine Geburtstagsfeier – zum Ärger des Oberaufsehers, der Karen den Befehl erteilt, nach Dienstschluß die Kuchenkrümel aufzuräumen. Auch diesmal folgt Karen der Vorschrift, nach Verlassen des Raumes an einem Geigerzähler vorbeizugehen, nur halbherzig. Um so größer ist der Schock, als die Sensoren des Strahlungsmonitors reagieren – Karen ist verseucht.

Sofort liefert man sie in das sogenannte Gesundheitszentrum ein, wo sie mit Bimsstein abgeschrubbt und mit Bleichmittel behandelt wird, um die oberste Hautschicht zu entfernen. Auch diesmal wird sie beschuldigt, die Verseuchung selbst verursacht zu haben.

Ohne Erklärung versetzt die Firma Karen in die Mettallographie. Dort entdeckt Karen, daß ihr Vorgesetzter (Craig T. Nelson) die Aufnahmen von Brennstäben manipuliert, um Mängel zu vertuschen.

Als die Gefahr besteht, die Gewerkschaft könnte wegen mangelnden Interesses der Arbeiter aufgelöst werden, wird Karen aktiv. Mit einer dreiköpfigen Delegation fliegt sie nach Washington zur Gewerkschaftszentrale. Doch dort reagiert man nur gelangweilt auf ihre Probleme, bis Karen die frisierten Negative erwähnt.

Empört über Karens vermeintliche Publicitysucht und ihre

Affäre mit dem Gewerkschaftssekretär Paul Stone (Ron Silver) zieht Drew unter schweren Vorwürfen aus. Karen jedoch bleibt unbeirrt, und auf ihre Initiative hin schickt die Gewerkschaft zwei Ärzte nach Oklahoma, die die Arbeiter über die Gefahren im Umgang mit Plutonium aufklären.

Bald verstärken sich die Anzeichen, daß man Karen nachspioniert. Ihre Kollegen schneiden sie, da sie um ihre Arbeitsplätze fürchten. Bei der nächsten Routinekontrolle beginnt der Monitor erneut auszuschlagen. Wieder ist Karen kontaminiert, wieder muß sie sich der schmerzhaften, demütigenden Reinigungsprozedur unterwerfen. Der Arzt weist sie an, täglich Urinproben abzuliefern.

Wenige Tage später schlägt der Geigerzähler schon am Eingang wie verrückt aus. Eine sofortige Überprüfung der Wohnung ergibt, daß Spülbecken, Toilettensitz, Make-up und der

Zusammen mit Paul Stone (Ron Silver) versucht Karen (Meryl), die Arbeiter zu mobilisieren.

Inhalt des Kühlschrankes radioaktiv verseucht sind. Karen befürchtet, daß jemand aus der Fabrik in ihre Urinflaschen Plutonium gegeben hat, doch ein leitender Angestellter teilt ihr mit, daß sie im Verdacht steht, es selbst getan zu haben.

Karen ist wie vor den Kopf geschlagen. Tests ergeben, daß mit Drew und Dolly alles in Ordnung ist. Nur sie sei mit 45000 Millirem verseucht. Zwar halten die Ärzte das für akzeptabel, doch Karen weiß, daß die geringste Menge tödlich ist.

Sie entschließt sich zu handeln. In der Nacht des 13. November 1974 beabsichtigte sie, der Gewerkschaftsführung und einem Reporter der *New York Times* einen dicken Umschlag mit belastendem Material auszuhändigen. Auf der Fahrt zu diesem entscheidenden Treffen bemerkt sie plötzlich Scheinwerfer im Rückspiegel ...

Ob Mord oder Unfall bleibt auch in *Silkwood* offen. Der Fall Silkwood ging aber noch weiter.

Da das Unternehmen keinen Schadenersatz für das bei der Hausdurchsuchung beschlagnahmte und wegen seiner Verseuchung vernichtete Privateigentum zahlen wollte, zogen Karens Eltern vor Gericht. Weil die Silkwoods die hohen Prozeßkosten nicht allein tragen konnten, schlossen sich Frauenverbände, Atomgegner und andere Gruppen zusammen. Das meiste Geld stammte jedoch aus kleinen Privatspenden, die sich im Laufe der Jahre summierten. Aber erst 1984 entschied das Bundesgericht in Washington, daß eine Plutoniumfabrik für jede Art von Verseuchung haftet. Karens Familie wurde ein Schadenersatz von 11,5 Millionen Dollar zugesprochen. Über die endgültige Höhe sollte ein weiterer Prozeß entscheiden.

Gefragt, wie sie sich auf die Rolle vorbereitet hatte, erklärte Meryl: »Kurt hatte die Chance, den Mann zu treffen, den er spielen sollte. Das war sicher interessant. Ich aber traf niemanden. Alles, was ich über Karen Silkwood wußte, waren Informationen, die von fünf, sechs Leuten, die sie kannten, stammten. Alle Details waren so unterschiedlich, als würde man jedesmal eine andere Frau beschreiben.

Ich hatte auch keinerlei Einfluß auf das Drehbuch. Während

Durch ihre Gewerkschaftsaktivitäten und ihre Affäre mit Stone wird Karens Beziehung mit Drew schwer belastet.

es geschrieben wurde, war ich in Jugoslawien. Anfangs hatte ich Angst, nicht richtig vorbereitet zu sein, doch Mike sagte: ›Hier sind Leute, die in einer Art Dämmerschlaf lebten, bis sie durch äußere Umstände aufwachten.‹

Das entsprach genau meinen Gefühlen. Gestern noch in Jugoslawien und heute vor einem Geigerzähler, der Alarm gab. Ich bin, vermutlich wie Karen selbst, aufgeschreckt und dachte: Um Gottes willen, was ist denn hier los?« Besonders gefiel ihr an *Silkwood*, wie Nichols die Isolierung der Silkwood darstellte: »Am Anfang sieht man mich immer nur als Karen Silkwood in Gesellschaft mit den anderen Arbeitern. Also fast immer nur in der Totale. Gegen Ende kommt die Kamera immer näher, und man sieht fast nur noch Großaufnahmen von ihr. Der Zuschauer erlebt so ihre Vereinsamung.«

Karen Silkwood (Meryl) entdeckt, daß Kontrollaufnahmen retouchiert wurden.

Meryl gelang es, Karen Silkwood als ehrgeizige Frau darzustellen, die nicht aus politischen Gründen, sondern weil sie ein Opfer ist zur Anklägerin gegen Kerr-McGee wird.

Einen Monat bevor *Silkwood* offiziell verliehen wurde, fand für die Hollywoodprominenz eine Voraufführung in Manhattan statt. Zu den Gästen zählten Richard Widmark, Jimmy Stewart, Dustin Hoffman, Susan Sarandon, Woody Allen, Mia Farrow, Steve Martin und Jeremy Irons, um nur die bekanntesten zu nennen. Meryl war sich nicht sicher, ob die Leute einen solchen Film sehen wollten. »Sie meiden ihn vielleicht, weil sie glauben, er enthalte irgendeine Botschaft.« Doch zu Meryls Überraschung wurde der Film ein großer Erfolg beim Publikum. Die Presse, die ebenfalls die

Voraufführung gesehen hatte, begann wenige Tage später einen »Anschlag gegen die Glaubwürdigkeit« des Filmes zu starten.

William Broad von der *New York Times* behauptete, daß dem Film jegliches Fachwissen fehle. Ähnlich urteilte Nick Thimmesch von der *Washington Post.* Tags darauf erschien erneut in der *New York Times* ein Artikel, in dem zu lesen war, daß der Film eine »Mißgeburt« wäre und »sämtliche Reportageregeln gebrochen« hätte. Außerdem würde der Zuschauer in die Irre geführt, »da alle Fakten des Falles nur ansatzweise gezeigt werden und bei dem Zuschauer der Anschein erweckt wird, daß Karen Silkwood ermordet wurde«.

»Wie hätten wir alles zeigen können«, verteidigte sich Hirsch, »wo doch die Verleumdungsklage des Kerr-McGee-Konzerns wie ein Damoklesschwert über uns hing?«

Die meisten Filmkritiker reagierten ebenfalls mit gemischten Gefühlen. Richard Schickel von *Time* meinte: »Alles, was sie sagen können, ohne mit gerichtlichen Folgen rechnen zu müssen, ist die Tatsache, daß man in der Fabrik, in der Karen Silkwood arbeitete, im Umgang mit Plutonium Fehler beging.«

Als am 14. Dezember 1983 *Silkwood* offiziell Premiere feierte, hatten viele Kinobesucher Schwierigkeiten, Meryl Streep mit der kaugummikauenden, rüden und leicht vulgären Karen Silkwood zu identifizieren. Vincent Canby schrieb, daß diese Rolle sich völlig von allen ihren anderen Rollen unterscheide, »auch in der Intelligenz«.

Karens Eltern waren mit der Darstellung ihrer Tochter in keiner Weise zufrieden. Bill Silkwood erklärte, seine Tochter sei »erheblich smarter« gewesen, und Karens Mutter meinte, sie verstehe es nicht, »warum diese Frau aus New York nicht einmal nach Nederland gekommen sei, um mit mir und Karens Lehrern über sie zu reden«.

Doch gerade Meryls Darstellung verdankte der Film, nicht einfach als Anti-Kernkraft-Film abgeschrieben zu werden. Innerhalb der ersten Woche spielte *Silkwood* zwölf Millionen Dollar ein.

Auf Entsetzen stieß nur die Szene, in der Meryl ihren Overall öffnete und, um die Arbeiter zu schocken, ihre Brust zeigte. »Die Szene war mir sehr unangenehm, da ich sehr gemischte Gefühle gegenüber Frauen habe, die sich vor der Kamera ausziehen. Doch ich tat es, weil ich in diesem Augenblick glaubte, Karen wäre zu so etwas fähig gewesen. Diese Geste war also nicht sinnlos. Dennoch ist es schrecklich und abstoßend, so etwas vor versammelter Crew zu tun.«

Cher dagegen nahm die Szene nervlich mit, in der die Ärzte Karens und ihre Wohnung von den verseuchten Gegenständen reinigten. Nach der Szene, in der die Ärzte Karen Mut machen, brach Cher zusammen. »Ich wußte, daß sie logen. Meryl war so zurecht gemacht, daß man wirklich glauben konnte, daß sie jeden Moment stirbt. Ich sah sie an, und da kam es mir plötzlich, daß genau das sich bei einer wirklichen Person ereignet hatte. Ich mußte einfach weg, weg von allem, bevor ich total zusammenbrach.«

Die Tatsache, daß Karen Silkwood eine reale Person war, machte Meryl für den großen Erfolg verantwortlich: »Wenn der Zuschauer am Ende eines Films die Zeilen sieht, wo es heißt: ›Der und der lebt jetzt da und da …‹ macht das einfach einen stärkeren Eindruck auf ihn. Es geht mehr unter die Haut, als wenn man weiß, das hat sich jemand in einem klimatisierten Büro in Hollywood ausgedacht. Eine wahre Geschichte berührt uns, wir akzeptieren sie nicht nur als Leinwanderlebnis, sondern als Leben. Ich glaube, hier wird oft das Publikum unterschätzt. Man glaubt nicht, daß sie sich für Menschen interessieren, in denen sie sich wiedererkennen können. Statt dessen zeigt man ihnen die ›oberen Zehntausend‹ mit ihren Tonnen von Geld oder Unterweltstypen, Verrückte und Boxchampions. *Silkwood* (Silkwood) ist eine wahre Geschichte. Eine Geschichte, in der sich jeder Arbeitnehmer in der Welt wiedererkennen kann. Und das hatte viel mit der Popularität des Films zu tun, wenigstens in Amerika.«

Während *Silkwood* (Silkwood) sich in seiner letzten Drehphase befand, wurde bekannt, daß Meryl für die Hauptrolle in der Verfilmung des Musicals Evita, von Tim Rice und Andrew Lloyd Weber vorgesehen war.

Das einzige Mal, daß man Meryl in einem Film singen hören konnte, sollte bis dato das Ende von *Silkwood* (Silkwood) bleiben. Wegen ihrer »zu dünnen Stimme« ließ man den Musicalplan fallen.

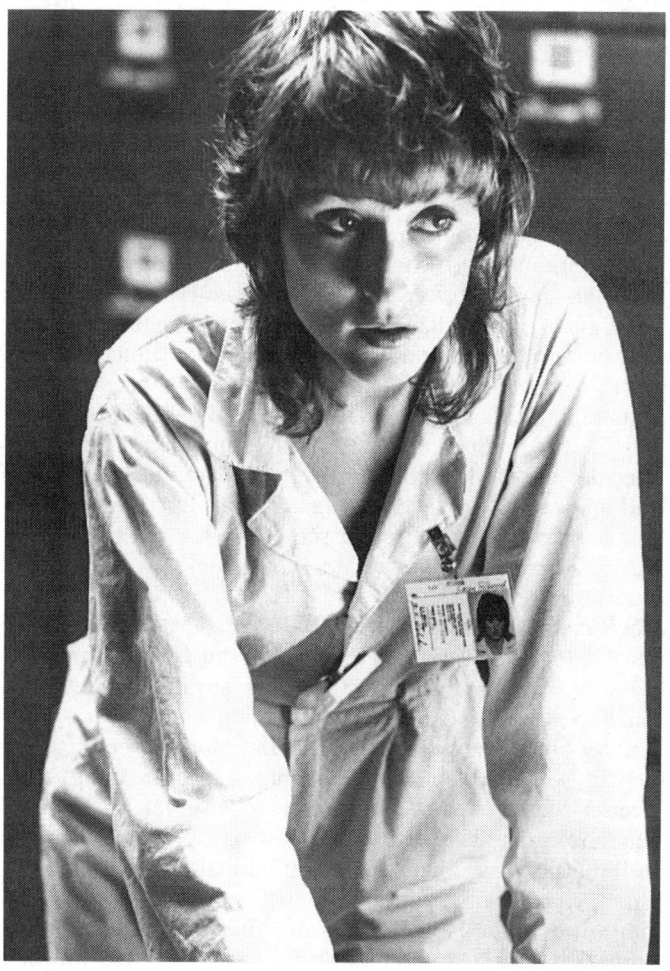

Meryl als Karen Silkwood.

Kaum war der Film über Karen Silkwood beendet, mußte Meryl nach Frankreich fliegen, um an den Synchronisationsarbeiten zu *Sophie's Choice* mitzuwirken. Die Zeit in Paris wurde ihr durch Isabelle Huppert und Philippe Noiret so angenehm wie möglich gemacht. Gleich im Anschluß flog die Streep nach England, wo sie an einem Symposion teilnahm. Da Meryl merkte, daß sie bis an die Grenzen ihrer Leistungsfähigkeit erschöpft war, beschloß sie, ihren Englandaufenthalt zu verkürzen und flog zusammen mit Don und Gippy zur Erholung nach Spanien.

Auch zu der Oscarverleihung 1982 reisten die Gummers komplett nach Los Angeles. Doch diesmal wurde Meryl überall erkannt und schon als »Superstar« gefeiert. Im Flugzeug sah sie *An Officer and a Gentleman* (Ein Offizier und Gentleman) mit Richard Gere und Debra Winger, die ebenfalls für den Oscar nominiert war. Außerdem Julie Andrews für *Victor/Victoria* (Viktor – Viktoria), Sissy Spacek für die Darstellung einer jungen Witwe in dem Dokumentardrama *Missing* (Vermißt) und Jessica Lange für *Frances* (Frances) über das Leben des Hollywoodstars Frances Farmer. »Don und ich waren fest davon überzeugt, daß Jessica den Oscar gewinnen würde, doch dann sagte uns jemand, daß diese Nestbeschmutzerin niemals ausgezeichnet werden würde. Ich war entsetzt.«
Doch den Plan, etwas vor 500 Millionen Zuschauern zu sagen, ließ Meryl fallen. Sie erinnerte sich an die Bitte ihres Vaters, eine eventuelle Dankesrede kurz, sprühend und vor allem unpolitisch zu halten.
Als der Umschlag geöffnet wurde und Meryl Streep für ihre Leistung in *Sophie's Choice* (Sophies Entscheidung) zum zweiten Mal mit dem Academy Award ausgezeichnet wurde, war das einzige, was sie zu sagen wußte: »Oh, Boy.«
In ihrer Nervosität ließ sie ihre aufgesetzte Dankesrede fallen, doch diesen Ausrutscher überspielte sie geschickt.
Der anwesenden Hollywoodgarde, aber auch 500 Millionen Fernsehzuschauern teilte sie mit: »Egal, wie sehr Sie sich auch bemühen, sich vorzustellen, was für ein Gefühl das ist,

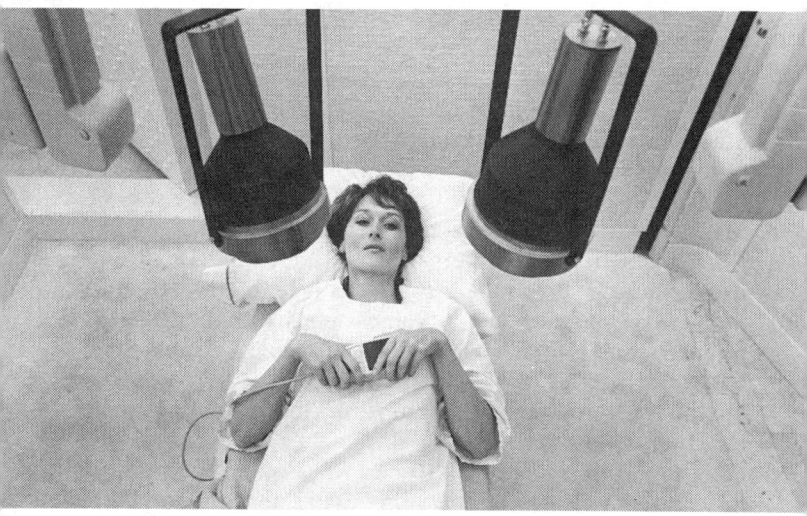

Aus Angst vor Lügen läßt sich Karen von einem unabhängigen Ärzteteam untersuchen.

hier oben zu stehen, es ist so unglaublich, daß es bei den Fuß-spitzen anfängt.«

Bestätigt durch den Oscar beschloß die Streep, sich wieder verstärkt dem Theater zuzuwenden. Mike Nichols, der eben-falls glaubte, seine Arbeit beim Theater vernachlässigt zu ha-ben, unterstützte sie in ihrem Vorhaben. Schon bald hatten die beiden ein geeignetes Stück gefunden: *Private Lives,* eine Noel-Coward-Komödie um ein geschiedenes Liebespaar. Doch diesmal traf Meryl auf eine Gegnerin, die es gewohnt ist, mit harten Bandagen zu kämpfen: Elizabeth Taylor. Liz war ebenfalls an der Coward-Komödie interessiert und woll-te sie zusammen mit Richard Burton unter allen Umständen spielen. So standen Mike und Meryl auf der einen und Liz zu-sammen mit Zev Bufman auf der anderen Seite.

Während Meryl mit den Coward-Erben über ihren Agenten verhandelte, schwang sich die Taylor persönlich in ein Flug-zeug, und überzeugte die Verantwortlichen, daß sie geradezu prädestiniert sei für diese Rolle.

Bufman erinnert sich, daß sie Mike Nichols die Regie für das Stück angeboten hatten, doch dieser hatte aus »terminlichen Gründen« abgesagt.

Nach verlorener Schlacht sah sich Nichols nach einem neuen Stück für sich und Meryl um. Schließlich schien er in Tom Stoppards Komödie *The Real Thing* den geeigneten Stoff gefunden zu haben.

Meryl erklärte sich einverstanden und stimmte auch mit der Wahl ihres Bühnenpartners, Roger Rees, überein. Kurze Zeit später begannen die ersten Streitigkeiten: Meryl hatte Stoppard gebeten, einige Szenen umzuschreiben. Doch Stoppard weigerte sich und bestand auf seiner Fassung. Statt dessen erklärte er, er könne die Ursachen für Meryls unkooperatives Verhalten nur darauf zurückführen, daß sie nicht die Hauptrolle spiele.

Der Streit spitzte sich zu, als Robert Rees seinen Vertrag auflöste und statt dessen Jeremy Irons als Partner von Meryl verpflichtet wurde. Eingedenk des unerfreulichen Irons-Interviews nach Abschluß von *The French Lieutenant's Woman*, legte auch Meryl ihre Rolle nieder. Sie wurde von Glenn Close ersetzt.

Ein weiterer Grund, warum Meryl die Rolle in *The Real Thing* niedergelegt hatte, war die Tatsache, daß sie zum zweiten Mal ein Kind erwartete. Sie hatte beschlossen, die restlichen Monate bis zur Geburt in aller Ruhe zu verbringen.

Diese selbstauferlegte Ruhepause wurde nur durch die Rede an die Absolventen von Vassar College am 22. Mai 1983 unterbrochen. Zweimal schon hatte sich Meryl um diese Aufgabe gedrückt. Doch diesmal war sie der Bitte der Präsidentin von Vassar College, Virginia Smith, trotz einer schweren Kehlkopfentzündung nachgekommen.

Obwohl es am 22. Mai wie aus Eimern schüttete, hatte sich eine große Reportermenge vor dem Eingang Vassars versammelt. Die Präsidentin stand vor der schwierigen Aufgabe, wie sie dieses Problem handhaben sollte. Schließlich hatte sie Meryl zugesagt, so wenig Presseleute wie möglich einzulassen. So beschloß sie, die Veranstaltung doch im Freien stattfinden zu lassen. Wenn sich das Wetter nicht ändern würde, wären die Reporter und TV-Teams sowieso umsonst angereist. Falls der Regen jedoch aufhören sollte, war es eine Fügung des Schicksals.

Meryls Hauptsorge galt an diesem Tag neben dem Wetter und den wartenden Reportern ihrem Sohn Henry.

Ansonsten ein sehr ruhiges und konzentriertes Kind, das »Dinge, die er erforschen will, vorsichtig untersucht und danach wieder an ihren Platz stellt«, wiesen bei Henry alle Anzeichen darauf hin, daß er diesmal aus der Rolle fallen würde. Mit Mühe hielt Don ihn auf seinem Platz, als Meryl in der traditionellen Prozession durch den Campus marschierte. Mehr aus Spaß hatte sie sich das »Symbol für einen Superstar«, eine dunkle Sonnenbrille, aufgesetzt. Als sie nun das Rednerpodium bestieg, blickte sie Gippy über ihre Sonnen-

Die Alarmsignale schrillen auf: Karen ist restlos verseucht.

brille hinweg kurz und fest an. Und Henry verstand die Augensprache seiner Mutter. Nachdem sie Präsidentin Smith und dem Lehrerkollegium gedankt hatte, wendete sich Meryl an die Absolventen.

»Vor allem aber, und ich hoffe mit Ihrem Verständnis, möchte ich meine Gedanken und meine herzlichsten Glückwünsche an die Klasse von 1983 richten an diesem Morgen.

Ich verließ Vassar 1971, das sind zwölf lange Jahre oder 20 Minuten, ganz wie man es sehen will. Die meisten von Ihnen waren neun oder zehn Jahre, einige wenige sogar erst acht Jahre alt. Vielleicht ist es von mir vermessen, Sie nun als Vertraute von mir zu sehen. Aber ich möchte heute morgen zu Ihnen als Freund sprechen und Ihnen ein bißchen von der Umstellung erzählen, die Sie demnächst selbst erfahren werden.« Als Meryl an dieser Stelle ihr Manuskript fallen ließ,

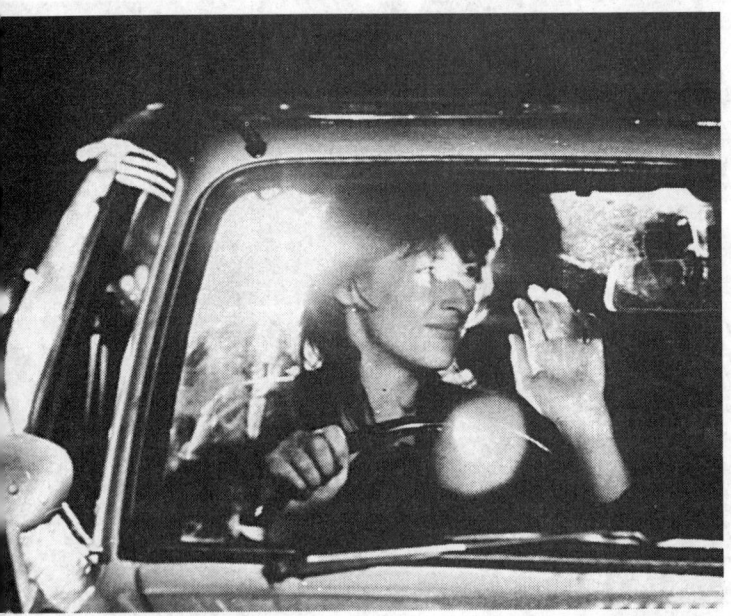

Während der Fahrt zu einem Treffen mit einem Reporter wird Karen durch den Wagen hinter ihr geblendet. Es kommt zum Unfall ...

200

Zusammen mit (v. l.) Sir Richard Attenborough und Ben Kingsley bei der 55. Oscarverleihung. Meryl erhielt den Oscar als beste Hauptdarstellerin in ›Sophie's Choice‹.

sammelte sie die Blätter lachend auf und meinte zu den Anwesenden, auf den Oscarzwischenfall verweisend: »Darin bin ich mittlerweile wirklich gut.«
»Die Zeit in Vassar war und ist für mich eine sehr glückliche Zeit gewesen«, fuhr die Streep fort.
»Aber auch der Alltag unterscheidet sich nicht sehr von dem Leben in und an einer High School. Man muß es nur auf einen gemeinsamen Nenner bringen. Außerordentliches wird nicht immer erkannt oder anerkannt. Was wir auf unseren Bildschirmen sehen, wen wir wählen, ist oft die Entscheidung einer breiten Masse. Aussehen zählt viel. Anders als die Erfahrungen am College, wo Ideen und Pläne erreichbar schienen, wenn man nur früh genug aufstand, spät zu Bett ging, es hart genug versuchte und schließlich den richtigen Weg fand, scheinen die Dinge im Alltag oft unmöglich und

unermeßlich. Sich fallen zu lassen und aufzugeben oder sich zu verstecken, scheint oft die einzige Möglichkeit zu sein, mit dem Leben zurecht zu kommen.

Warum baten Sie mich, zu Ihnen zu sprechen? Was glauben Sie, was ich weiß? Oder, was verkörpere ich für Sie, was interessiert Sie an mir? Es ist nicht immer nur Spaß. Sie verfolgen mich überall hin«, und dabei zeigte Meryl auf die anwesenden Reporter und ein tieffliegendes Flugzeug. »Als ich mich selbst fragte, warum man mich einlud, hier bei Ihnen zu sein, sagte ich mir: ›Okay, du verkörperst für sie den Erfolg. Sie fragen dich, weil sie glauben, du weißt, wie du ihn erlangt hast. Sie glauben, auch sie könnten es schaffen, und nun sollst du ihnen bitte, bitte verraten, was man tun müsse, um erfolgreich zu werden. Vielleicht wollen aber auch einige nur wissen, wie groß Dustin Hoffman ist, oder wie man sich fühlt, wenn man von Robert De Niro geküßt wird.‹ Man weiß ja nie.

Was ich Ihnen aber heute erzählen will, sind die Schattenseiten, zu denen es auch gehört, daß ich mit meiner Rede noch nicht fertig bin. Ein Teil des Alltagslebens, auf den mich Vassar vorbereitete: daß man seine Motive in Frage stellt, wie man Entscheidungen trifft, der Kampf, seine Integrität zu erhalten, so wie man es sich immer vornimmt, oft aber im Geschäftsleben dazu verleitet wird, sie vorübergehend abzulegen.

Was Ihnen Vassar mitgibt, ist ein Gefühl, ein Blick für das Außergewöhnliche, etwas, für das Sie sich nie zu schämen brauchen. Manchmal wünsche ich mir, daß ich dieses Gefühl ablegen kann, wenn zum Beispiel das Drehbuch so lächerlich ist, dafür die Gage aber so verdammt gut. Doch ich habe immer die Sicherheit, die mir hier durch Erfahrungen gegeben wurde, daß die Arbeit selbst der Preis ist. Wenn ich ein interessantes Drehbuch annehme, dann zahlt sich das auch für mich aus. Zu guter Letzt bin ich auch dann noch interessiert, wennn es keinen anderen interessiert. Die Wahl zwischen Träumen und dem Teufel stellt sich einem jeden Tag in den verschiedensten Verkleidungen. Ich bin sicher, man findet sie sowohl im Arbeits- als auch im Lebensbereich. Mein Rat nun ist, blicken Sie dem Problem ins Auge, und entscheiden Sie sich dann für die Lösung, mit der Sie am besten leben können. Wenn Sie mit dem Teufel leben können, hat Vassar Sie nicht so beeinflußt wie mich.

Aber die Gewissenhaftigkeit von Qualität und das Bedürfnis, sich selbst und sie zu fordern, kann elektrisierend auf Ihre Energien wirken, nicht nur für Ihre Arbeit, sondern auch für Ihren Verstand und Ihr Herz.

Ich bin fest davon überzeugt, daß die Bereitschaft, Außerordentliches zu leisten, die Grundlage für ein gutes, erfülltes und erfolgreiches Leben ist.

Als ich zum ersten Mal nach New York kam (1976; Anm. d. Verf.), lebte ich in der 69sten Straße West, in der Nähe des Parks. Im Monat bekam ich drei Rechnungen – die für die Miete, die Telefonrechnung und die für den Strom. Ich hatte meine zwei Brüder und einige wenige Freunde zum Reden. Jeder von uns war ohne feste Bindung. Ich führte ein Tagebuch. Ich las drei Zeitungen und die *New York Review of Books*. Vor den Vorführungen machte ich am Nachmittag ein kleines Schläfchen und blieb bis zwei Uhr morgens auf, diskutierte mit Schauspielern in Schauspieler-Bars.

Heute habe ich fünf verschiedene Versicherungen – eine Lebensversicherung, eine Krankenversicherung, eine Haftpflichtversicherung, eine Kfz-Versicherung und eine Vermögensversicherung, drei Telefonanschlüsse, einen Buchhalter, zwei Agenten, einen Anwalt, eine Sekretärin und ein Kindermädchen. Wir haben ein Apartement in New York und ein Sommerhaus, das wir vor allem im Winter benutzen. Im Monat habe ich mittlerweile neun Millionen Rechnungen. In meiner kurzen Karriere habe ich mehr Leute getroffen als Shakespeare und Dante in ihrem ganzen Leben. Das Netz von meinen Geschäften und Verpflichtungen hat sich auf eine Art vergrößert, die jenseits von allen meinen Vorstellungen liegt.

Was ich Ihnen damit sagen möchte, ist, daß alles so schnell geht und kompliziert wird, daß es einem wirklich schwerfällt, sich noch daran zu erinnern, wer man ist, wie man hierher gekommen ist und was einen wirklich interessiert.

Fügen Sie jetzt noch das übertriebene Leben hinzu, das man als Star führt, Einmischung in jeden öffentlichen Auftritt, und Sie kennen die Gründe, warum ich schon so oft die Gelegenheit ablehnte, hier zu sprechen. Sie haben aber auch die Ursachen dafür, daß Menschen, die es zu etwas gebracht haben, sich zurückziehen und verstecken. Seien Sie bei Ihrer Karriere vorsichtig; achten Sie darauf, daß die Forderungen, die eine erfolgreiche Karriere von Ihnen verlangt, nicht mehr Zeit verschlingen, als Sie für sie opfern wollen.

Aber ich habe auch festgestellt, daß im gleichen Maße, wie meine geschäftlichen Verbindungen und meine Verpflichtungen wuchsen, auch die Verantwortung für die Zukunft der Welt größer wurde, und anstelle der Sehnsucht zu schweigen, trat für mich das Verlangen, das Beste von unseren Führern zu fordern, die Qualitäten des Lebens für meine Kinder zu bewahren, die im nächsten Jahrhundert leben werden sowie die Grundlagen für ihr Überleben zu schützen. In anderen Worten, um dieser Verpflichtung nachkommen zu können, muß mich mein Gewissen anspornen, daß ich nicht nur in der Szene arbeite, sondern auch die Szene mitbestimme, indem ich in jeglicher Hinsicht beteiligt bin und wie jeder Bürger auf dieser Welt die Verantwortung trage.

Wir sind alle politische Schauspieler, nicht wahr, über deren sündige Untätigkeit, aber auch Tätigkeit, deren Schweigen oder zum Ausdruck gebrachte Meinung ebenso geurteilt wird wie darüber, ob wir die Dinge laufen ließen oder uns für sie einsetzten.

Als ich nach Kalifornien zur Verleihung der Academy Awards reiste, rief mich mein Dad an und sagte: ›Wenn du gewinnst und dort hinaufgehst, halte deine Rede bitte kurz, sprühend und vor allem unpolitisch.‹ Ich erklärte ihm, daß mein Kleid bezaubernd genug für uns beide sein würde und versprach ihm, kein Wort über die (sie macht das typische Geräusch für eine Bombe) fallen lassen würde. Das Publikum ist erfreulich groß, über 300 Millionen Menschen, und ebenso ist das Verlangen, nun jedem auf der Welt zu sagen, was einen beschäftigt. Und sei es nur die zwei Minuten, die einem zustehen.

Aber ich erkannte Vaters Meinung an, was in einem solchen Moment angemessen ist und was nicht. Als er mich aber auch bat, heute unpolitisch zu bleiben, so mußte ich ihm widersprechen. Ich habe einmal versucht, die Interviews zu zählen, die ich mit freundlich gesonnenen, gut erzogenen und gebildeten Journalisten geführt habe, die vor allem an meinem wahren Ich, an meinen privaten Gefühlen, meinen innersten Gedanken interessiert waren. Mein Erinnerungsvermögen ist wirklich schlecht, aber dennoch komme ich auf über 123 solcher Gespräche. Als ich kürzlich durch Europa reiste, um die Werbetrommel für *Sophie's Choice* (Sophies Entscheidung) zu rühren, traf ich innerhalb von vier Wochen über 35 Journalisten. Das bedeutet manchmal großen Spaß, manchmal ist es aber auch schrecklich langweilig. Die Fragen sind im Grunde dies- und jenseits des Atlantiks dieselben, mit einem interessanten Unterschied. In Europa interessiert man sich neben Fragen wie ›Wie schaffen Sie es, die Karriere und Ihre Familie unter einen Hut zu bringen?‹, ›Wie wählen Sie ihre Rollen aus?‹ und ›Was ist Ihre natürliche Haarfarbe?‹ dafür, wie man die Weltlage beurteilt. Sie erwarteten einfach, ohne daß sie verlegen wurden, daß man als Mitglied der menschlichen Rasse sich ein oder zwei Gedanken über die Schwierigkeiten der Welt gemacht hatte. Sowohl in Schweden, Spanien, Italien, Deutschland, England und Frankreich. Jeder, außer den eigenen Landsleuten.

Die amerikanischen Reporter fragen einen das nie, außer sie holen zu einem Schlag gegen Jane Fonda aus.

Ich glaube, daß man in unserem Land für unangemessen hält, wenn sich jemand, der aus einer kurzlebigen, verzaubernden Branche kommt, die allein unterhalten soll, sich mit politischen Problemen auseinandersetzt.

Ich versuche nicht, Sie von meinen politischen Ideen heute zu überzeugen, alles, was ich will, ist, daß Sie sich eine eigene politische Meinung bilden und sich für sie einsetzen. Beziehen Sie all das, an das Sie glauben, in jeden Bereich Ihres Lebens ein. Vergessen Sie bei der Arbeit nicht Ihr Herz, und verlangen Sie auch von anderen viel und das Beste. Lassen Sie Ihren individuellen Charakter und auch Fehler, die Geheimnisse, die nur Sie allein kennen, sowie Ihre Ehrlichkeit nicht von einer zähen Gleichgültigkeit verschlingen. Viel Glück und willkommen in einer großen Zeit.«

Vassar hatte ihr aber auch gezeigt, wie man sich durchsetzt, eine Gabe, die ein wichtiger Bestandteil im Leben eines jeden Schauspielers ist. Bei einer Rede in Yale unterstrich sie, wie es ihr zuwider sei, um gute Rollen kämpfen zu müssen. »Schauspielerei in Amerika ist einem sportlichen Wettkampf sehr ähnlich. Es gibt so viele Wettkämpfe, zum Beispiel bei den Oscar-Verleihungen: die ist die Beste, die die Zweitbeste, die die Drittbeste. Der ist ein Gewinner, der ein Verlierer. Ich bin auf der *Time*-Titelseite zu sehen gewesen, also erwartet man von mir, daß ich mich wie ein Gewinner fühle. Aber ich gewann doch nicht in Wimbledon! Alles, was ich tat, war, einen Film zu machen und mein Bestes zu geben.«

Im gleichen Jahr wurde Meryl von der City University of New York mit der Ehrendoktorwürde der schönen Künste ausgezeichnet. Für sie aber war am wichtigsten und schönsten, daß sie am 4. August 1983 einem gesunden Mädchen das Leben schenkte. »Sie ist zu gut, um wahr zu sein«, sagte sie über ihre Tochter, die auf den Namen Mary Willa getauft wurde. Ihre Eltern nennen sie aber liebevoll »Mamie« nach der legendären Musicalfigur Mame Dennis. »Sie erinnerte uns so an diese Figur. Mamie ist genauso unkonventionell, zeigt sich jeder veränderten Situation gewachsen und behauptet sich. Außerdem strahlt sie soviel Lebensmut aus.«

Gippy nahm die Ankunft seiner sieben Pfund schweren Schwester gelassen hin. Heute ist die Familie der Ansicht, daß Mamie sehr ihrer Mutter ähnelt. Während Gippy ein sehr ruhiges Kind war, entwickelte sich Mamie zum kleinen Tyrannen im Hause der Gummers.

Vor der Geburt hatte Meryl befürchtet, daß das Kind mittels eines Kaiserschnitts auf die Welt käme. Doch durch verschiedene Atem- und Yogatechniken gelang es ihr, bei der Geburt völlig entspannt zu sein. »Ich war so ruhig, daß die Schwestern schon befürchteten, die Wehen würden nicht einsetzen, da ich zu entspannt war«, witzelte die Streep. Schließlich kam das Kind wie jedes andere auf die Welt.

Nachdem mit der Geiselnahme von Teheran Jimmy Carters Politik und Zweckoptimismus ad absurdum geführt worden waren, starb auch das New Hollywood. Seine Nachfolge traten technisch hochentwickelte Comic-Abenteuer an. Da die Academy sich weigerte, den Oscarregen über diese Filme auszuschütten, meinten viele, der Zug sei für sie abgefahren. »Dabei versuchen wir doch nur, die klassische Kinokultur zu bewahren«, meinte Jimmy Stewart in einem Interview.

Auch Meryl war sich darüber im klaren, daß Gefühle und Neomythologie »in« waren, während »Nestbeschmutzung« »out« war. Persönlich glaubte sie nicht, daß *Silkwood* überhaupt für einen Oscar nominiert werden würde.

Doch zu ihrer großen Überraschung waren nicht nur die Bereiche beste Nebendarstellerin, beste Regie, bester Schnitt und bestes Drehbuch nominiert worden, sondern auch ihre Leistung als beste Hauptdarstellerin.

Die Vorentscheidung bei der Verleihung des Golden Globe allerdings hatte Shirley MacLaine gewonnen, die ebenfalls für den Oscar nominiert worden war. Weitere Bewerberinnen um die begehrte Statue waren Debra Winger, Julie Walters und Jane Alexander.

Die Oscar-Verleihung selbst sah Meryl als unerfreuliches Ereignis an. Vor allem ärgerte sie sich über den »idiotischen Witz«, den Johnny Carson, offizieller Gastgeber dieser Verleihung, zu Beginn machte. Carson erzählte, daß Karen Silkwoods Freund sich gefreut hätte, daß sie Strom sparen könnten. Karen würde ausreichend »leuchten«.

Danach lief die Verleihung so ab, wie Meryl es vorhergesehen hatte. *The Right Stuff* (Der Stoff, aus dem die Helden sind) und *Terms of Endearment* (Zeit der Zärtlichkeit) wurden die großen Gewinner des Abends. Shirley MacLaine, die bereits sechsmal für den Oscar nominiert worden war, wurde zur besten Hauptdarstellerin gewählt. Erfrischend ehrlich erklärte sie: »Den habe ich verdient.«

Silkwood war der große Verlierer. Der Film erhielt keinen einzigen Oscar.

Der Liebe verfallen

»Arbeiten Sie in der Stadt?«
»Nein, ich bin verheiratet.«

Molly Gilmore auf die Frage von Frank Raftis
in *Falling in Love* (Der Liebe verfallen)

Bestärkt durch die Erfolge ihrer letzten Filme, machte sich
Meryl für 1984 auf die Suche nach einem Projekt, das sie mit
ihrem »Lieblingsschauspieler« Robert De Niro zusammen-
bringen würde.
Schon bald nach der Geburt ihrer Tochter Mamie unter-
schrieb Meryl einen Vertrag mit der Paramount; unter der
Regie von Ulu Grosbard sollte sie an De Niros Seite in *Falling in Love* (Der Liebe verfallen) zu sehen sein.
Meryl hatte nie einen Hehl daraus gemacht, daß sie Robert
verehrte und seinen Arbeitsstil bewunderte. Meryl erinnerte

*Endlich im Film erneut vereint. Meryl zusammen mit ihrem Lieblingsdar-
steller Robert De Niro.*

Noch ahnen Molly (Meryl) und Frank (Robert De Niro) nichts von den späteren Verwicklungen.

sich an die Dreharbeiten zu *The Deer Hunter* (Die durch die Hölle gehen): »Bob ist und war der absolute Perfektionist. Sechs Wochen bevor die Dreharbeiten begannen, zog er in das Dorf, redete mit den Arbeitern, trank mit ihnen, aß mit ihnen. Er ging mit ihnen zur Arbeit, besuchte sie zu Hause, übte ihren Akzent ein und wurde einfach einer von ihnen. Er erwarb nicht nur eine pennsylvanische Fahrerlaubnis, sondern auch einen Waffenschein von diesem Staat.

Oder als er in *Raging Bull* (Wie ein wilder Stier) spielte, lernte er boxen. Außerdem nahm er zu, damit er wie Jake La-Motta aussah. Wenn man ihm sagen würde, er soll einen Baum spielen, würde er für sechs Monate in einen Wald gehen und dort leben.«

De Niro ist von seinen Rollen besessen. »Ich achte auf alles«, meint er. »Das Wichtigste ist es, alles genau zu durchdenken. Manchmal schreibe ich meine Gedanken und Gefühle auf.

Molly (Meryl) zusammen mit ihrer Freundin Isabelle (Dianne Wiest).

Das kostet zwar Zeit, und manchmal ist es auch verdammt langweilig. Aber nur so kann man eine Figur kennenlernen, sie verstehen und natürlich darstellen. Manche Leute erklären einen für verrückt, wenn sie das hören. Aber ich bin sicher, nur so kann man eine gute Leistung bringen. Wenn ich Probleme mit einer Rolle habe, versuche ich, genau wie die Figur zu sein: Ich lebe in dem gleichen Milieu, tue dieselbe Arbeit, esse wie sie, trinke wie sie. Schließlich werden die Rolle und ich nicht nur psychisch, sondern auch physisch eins. Und in diesem Punkt haben Meryl und ich viele Gemeinsamkeiten. Wir sind zwei Reisende auf demselben Schiff.«

Aber in einem Punkt unterscheiden sich De Niro und Meryl: Während Robert offen gesteht, daß seine Ehe mit Diahanne Abbott nur wegen seiner »Besessenheit« zerbrochen ist, stellt Meryl ihre Familie an die erste Stelle. Gefragt, wie sie sich an Roberts Stelle verhalten hätte, antwortete sie: »Wenn ich wirklich wählen müßte, würde ich mich für meine Familie entscheiden. Schließlich gibt es nichts Wichtigeres für mich als sie.« Daß es Meryl dennoch gelingt, ihre Karriere und ihre Familie unter einen Hut zu bringen, führt Joe Papp darauf zurück, daß Meryl trotz ihres Erfolges normal geblieben ist.

Schauplatz von *Falling in Love* (Der Liebe verfallen) ist New York. Bereits in der Vergangenheit spielten Filme wie *The Apartment* (Das Appartement), *Breakfast at Tiffany's* (Frühstück bei Tiffany) und *The Clock* in dieser pulsierenden Stadt. »Wir wählten diese Stadt aus«, so Ulu Grosbard, »da sie der ideale Hintergrund für unsere Liebesgeschichte ist.«

Molly Gilmore (Meryl) fährt beinahe täglich von Ardsley nach Manhattan, um ihren schwerkranken Vater John (George Martin) zu besuchen. Diese Besuche geben ihr die Möglichkeit, der beengenden häuslichen Atmosphäre an der Seite ihres Mannes Brian (David Clennon), eines erfolgreichen Arztes, zu entfliehen.

In Dobbs Ferry steigt Frank Raftis (Robert De Niro) zu. Frank ist ein erfolgreicher Bauingenieur, der nur für seine Frau Ann (Jane Kaczmarek) und seine beiden kleinen Söhne (Wiley Earl und Jesse Bradford) lebt.

Während Frank zu seiner Arbeit eilt, besucht Molly ihren Vater. Danach geht sie mit ihrer Freundin Isabel (Dianne Wiest) einkaufen. Frank dagegen trifft sich mit seinem Freund Ed (Harvey Keitel) zum Lunch.

Gegen Abend treffen Molly und Frank erneut aufeinander. Beim Bezahlen ihrer Weihnachtsgeschenke in der Rizzoli-Buchhandlung prallen sie aufeinander. Nach gegenseitiger Entschuldigung und ein paar Redefloskeln beim Aufheben der zu Boden gefallenen Geschenke eilt jeder für sich davon. So kommt es, daß Frank seiner Frau an Weihnachten einen Band über das Segeln schenkt, während Brian ein Buch über Hobbygärtnerei von Molly bekommt. Bei ihrer ersten »stürmischen« Begegnung hatten sie ihre Geschenke vertauscht. Es dauert bis zum Frühling, bis Molly und Frank sich wieder

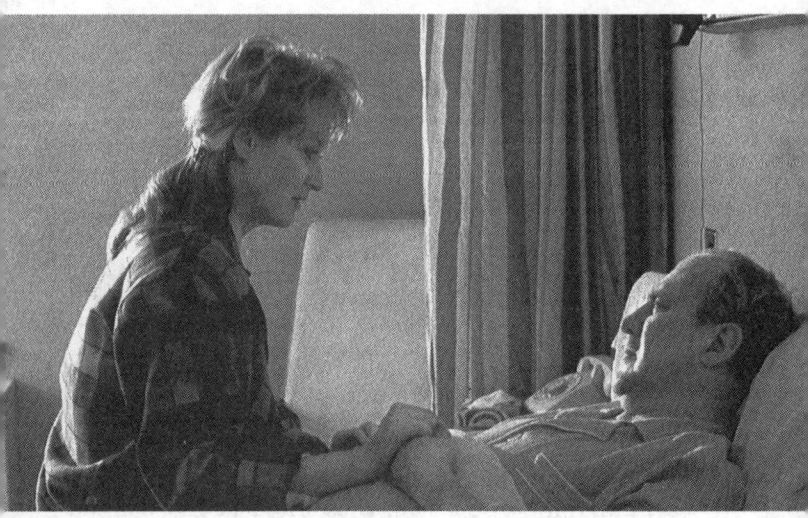

Molly (Meryl) besucht ihren kranken Vater (Victor Rawlines).

im Zug nach New York begegnen. Ihr Vorweihnachtserlebnis entlockt ihnen ein kurzes Lachen, bevor sie sich, diesmal zögernd, verabschieden.

Den ganzen Tag kann Frank Molly nicht vergessen. Am Abend sucht er sie im Zug nach Westchester. Als er sie schließlich findet, schlägt er ihr vor, zukünftig zusammen nach New York zu fahren. Am folgenden Tag treffen sie sich im South Street Seaport zum Lunch. Allmählich kommen sich die beiden näher. Allerdings nur unter platonischen und nüchternen Begleitumständen.

Der Zustand von Mollys Vater verschlechtert sich ebenso wie der Zustand ihrer Ehen. Schließlich müssen sie sich eingestehen, daß sie sich hoffnungslos ineinander verliebt haben.

Frank sucht daraufhin in Manhattan ein Liebesnest. Aber der Versuch der partnerschaftlichen Untreue schlägt fehl. Molly kann ihren Mann einfach nicht betrügen.

Schweigend sitzen sie sich anschließend in der Bahn nach Westchester gegenüber. Als Frank den Zug verläßt, wird Molly Zeuge, wie ihn seine Frau und seine zwei Kinder empfangen. Daheim teilt ihr Brian mit, daß ihr Vater am Nachmittag gestorben sei. Durch die Anhäufung von Mißgeschikken erleidet Molly einen Zusammenbruch.

Aber auch für Frank ist es keine glückliche Zeit. Ann hat mit dem untrüglichen Gespür einer Frau Veränderungen an ihm wahrgenommen. Nachdem sie ein Geständnis aus Frank herausgepreßt hat, kommt es zur Trennung.

Frank nimmt daraufhin das Angebot an, auf ein Jahr nach Houston zu gehen. Nach wiederholten vergeblichen Bemühungen erreicht er Molly. Zwar will sie ihn noch einmal sehen, doch durch die Diskussion mit Brian kommt sie zu spät.

Erst nach einem Jahr der Trennung begegnen sich Molly und Frank wieder in der Buchhandlung Rizzoli.

Michael Cristofer kam die Idee zu *Falling in Love* (Der Liebe verfallen), kurze Zeit nachdem er 1981 den Humanitas-Preis erhalten hatte.

Das Drehbuch zu dem Film war sein Debüt. Vorher hatte sich Cristofer sowohl als Schauspieler als auch als Schriftstel-

»Auch Verheiratete müssen essen.«

ler einen Namen gemacht. Auf die Frage, wer bei der Verfilmung Regie führen sollte, meinte Michael: »Ulu Grosbard«, dessen Filme wie *The Subject was Roses, Straight Time* und *True Confessions* ihn beeindruckt hatten.

Die Dreharbeiten hatten am 26. März 1984 mit den Eingangsszenen auf den Bahnhöfen von Dobbs Ferry und Ardsley begonnen. Danach ging die Produktion bis Anfang Juli mit den Außenaufnahmen in Manhattan, Westchester County und Englewood, New Jersey, weiter.

Wo immer das Team auftauchte, erregte die Anwesenheit von Meryl und Robert De Niro großes Aufsehen. Einige Tage drehte man auf der Fifth Avenue und der 57th Street, dem Haupteinkaufszentrum von New York. Schon bald drängten sich die Passanten um die Crew, um etwas von den Dreharbeiten mitzubekommen. Als auch noch Pressephotographen auftauchten, um einige Schnappschüsse von Meryl und Robert zu machen, hatten die angeheuerten Ordnungskräfte alle Hände voll zu tun. »An diesem Tag«, so Meryl, »drehten noch drei andere Filmteams auf der Fifth Avenue. Wir mußten aufpassen, daß wir nicht durcheinander kamen.«

Unter den Drehplätzen auf der Fifth Avenue waren Saks, die St. Patrick's Cathedral, der Trump Tower und vor allem die Buchhandlung Rizzoli, in der die erste Begegnung zwischen Molly und Frank stattfinden sollte. Die berühmte Buchhandlung war während der drei Drehtage auch für den Publikumsverkehr geöffnet. Als einziges Zugeständnis hatte man einen Flügel für das Filmteam reserviert. Mitten im April präsentierte sich Saks im Weihnachtsschmuck. »Da bis zum Morgen alles wieder verschwunden sein mußte, legten alle Hand an, und als der Laden zur gewohnten Stunde öffnete, war der Weihnachtsspuk wieder verschwunden«, erinnert sich die Streep.

Weitere Nachtaufnahmen wurden in New Yorks Grand Central Station gedreht. Mehrere Wochen wurde der Bahnhof den Filmleuten zur zweiten Heimat, da man ihnen nur erlaubt hatte, zwischen zwei und drei Uhr nachts zu drehen. Zahllose Komparsen täuschten den morgendlichen und abendlichen Berufsverkehr vor.

Zusammen mit Robert De Niro während der Dreharbeiten.

Meryl war froh, daß sie nicht bei den Szenen in dem im Bau befindlichen Wolkenkratzer mitzuwirken brauchte. »Ich besuchte einmal Bob und das Team, als sie gerade im Manhattan Palace drehten. Zwar bot es einen phantastischen Blick auf den Fluß und die Skyline von Manhattan, doch die Fahrt im offenen Güteraufzug verdarb mir ein bißchen die Freude.«

Robert meinte, daß *Falling in Love* in einigen Szenen *The Deer Hunter* sehr ähnlich sei.

In dem Cimino-Film würde er auch eine Frau lieben, obwohl er weiß, daß sie einem anderen Mann gehört. »Der einzige Unterschied ist, daß ich mit Meryl in *Falling in Love* erst nach dem Abspann ins Bett gehe.« Sein erster Versuch scheiterte kläglich an Mollys Unfähigkeit, ihren Mann nun auch noch körperlich zu betrügen. »Wir wollten, daß die Szene real, unbeholfen und zerbrechlich wirkte«, meinte die Streep. Da dies unmöglich mit dem ganzen Drehteam durchführbar war, schloß Grosbard alle, auch sich, vom Drehort aus. Das Endresultat sahen viele als Dynamit an: »Meryl und Bob waren so spontan, so voller Leidenschaft, daß die Szene gleich beim ersten Mal im Kasten war«, berichtete der englische Kameramann Peter Suschitzky.

Obwohl man neben Meryl und De Niro renommierte Schauspieler wie Harvey Keitel verpflichtet hatte, wurde *Falling in Love* kein sensationeller Erfolg. Meryl hatte es schon als schlechtes Omen gewertet, daß man den Film in der Werbung als »*Kramer vs. Kramer* von 1984« bezeichnete. »Ich fand, daß *Falling in Love* in vielen Punkten besser ist als *Kramer vs. Kramer*. Vor allem nehmen sich die handelnden Figuren nicht so tierisch ernst. Ich liebe zum Beispiel die Stelle, in der mich Robert zum Essen einlädt und ich ihm antworte: ›Ich bin verheiratet, sogar sehr glücklich verheiratet‹, worauf er nur entgegnet: ›Auch Verheiratete müssen einmal etwas essen.‹«

Die Zuschauer waren von *Falling in Love* fasziniert und überrascht zugleich, doch nicht alle Kritiker stimmten in das Lob ein. Einige meinten, der Film sei zu leichtgewichtig; man hätte sich von dem Team Streep-De Niro mehr erwartet. Man hielt ihnen nur zugute, daß sie es schafften, einen Liebesfilm zu drehen, ohne miteinander ins Bett zu gehen.

Für Meryl verbinden sich mit den Dreharbeiten zu *Falling in Love* (Der Liebe verfallen) nur positive Erinnerungen. Vor allem war sie von Roberts Arbeitsweise fasziniert. »Robert probt sehr viel, auch während der Dreharbeiten, und erwartet auch von seinen Partnern, daß sie dies tun. Obwohl man uns beiden nachsagt, daß wir Perfektionisten seien, unterscheiden wir uns hier ein bißchen. Ich bin mehr für spontane Einfälle, die ich während der Dreharbeiten realisiere. Bob dagegen muß genau wissen, wie alles abläuft. Macht man etwas anders, als man es vorher geprobt und vereinbart hat, kann er schrecklich wütend werden.«

Angesprochen auf die unterschiedlichen Auffassungen, meinte De Niro: »Das verblüfft mich an Meryl. Ich bin fest davon überzeugt, wenn Meryl einen Film öfter machen würde, wäre es jedesmal ein anderer Film. Sie steckt voller Überraschungen. Für mich ist sie eine der großartigsten Schauspielerinnen unserer Zeit.«

So blieben sie auch nach den Dreharbeiten zu *Falling in Love* (Der Liebe verfallen) ihre gegenseitigen Lieblingsschauspieler.

Gleich im Anschluß an die Dreharbeiten setzte sich Meryl erneut in die Polit-Nesseln. Auf ihre eigenen Kosten hatte sie einen Werbespot produzieren lassen, der an die »Mütter

Molly (Meryl) bereitet sich auf ein Treffen mit Frank vor.

217

Amerikas« gerichtet war. Tenor des Spots: Gegen die nukleare Katastrophe gibt es kein Heilmittel.

Doch als die Streep den Spot senden lassen wollte, stieß sie auf den Widerstand der TV-Stationen: Obwohl nach dem Rundfunkgesetz der USA alle kommerziellen Sender dazu verpflichtet sind, »Spots zur öffentlichen Aufklärung« kostenlos zu senden, lehnten sie es ab, da ihnen Meryls Werbesendung allzu »kontrovers« erschien.

Nach Abschluß der Dreharbeiten zu *Falling in Love* (Der Liebe verfallen) machte sich Meryl auf Wohnungssuche.

Kurz vor dem letzten Schritt ...

Hatten sie und ihre Familie bisher in SoHo ungestört leben können, kam es nun des öfteren vor, daß ihr Photographen und Reporter vor dem Atelier auflauerten.

»Nachdem ich bei der Fahrt mit der U-Bahn angestarrt wurde wie ein Tier im Zoo, nahm ich des öfteren ein Taxi. Doch jedesmal, wenn ich ausstieg, fragte mich der Fahrer, ob ich mich verirrt hätte. Wenn ich ihm antwortete, daß ich hier wohne, glotzten sie mich ungläubig an.«

Da sie sich auch nach mehr Grün sehnte, kaufte Meryl im Winter 1984 ein Neun-Zimmer-Apartement am westlichen Central Park. Das Atelier in SoHo vermieteten die Gummers.

Ungefähr zur gleichen Zeit eröffnete das Walter McGinn/ John Cazale-Theater seine Pforten. Zusammen mit Carole Rothman, der Witwe von Walter McGinn, hatte Meryl das nötige Geld gesammelt. McGinn und Cazale waren Freunde gewesen. Nach McGinns tragischem Tod bei einem Autounfall hatte John zusammen mit Carole beschlossen, ein Theater zu gründen und so der Wanderbühne The Second Stage, bei der sie beide angefangen hatten, eine feste Bleibe zu geben. Doch auch John konnte diesen Plan nicht mehr durchführen, denn kurze Zeit später entdeckte er seine tödliche Krankheit.

Um das restliche Geld für die Second Stage zu besorgen, hatte sich Meryl bereit erklärt, bei einer Veranstaltung für das Theater in einigen Musicalnummern mitzuwirken. Viele zeigten sich darüber erstaunt, doch Meryl war fest davon überzeugt, daß sie es John und ihrer Liebe zu ihm schuldig gewesen war.

Plenty – Meryl Streep ist eine *demanzipierte* Frau

»Ich will einfach alles verändern.
Ich weiß nur nicht, wie.«

Suzan Traherne in David Hares *Plenty*

Bereits 1970 war Joe Papp durch dessen Erstling auf den britischen Autor David Hare aufmerksam geworden. Hare, 1947 in Sussex geboren, studierte in Cambridge; bereits mit 22 Jahren verfaßte er seine ersten Theaterstücke. *Slag* war allerdings das erste Stück, das inszeniert wurde. Wie auch später in den Stücken *A Map of the World, Fanshen* und *Teeth's Smiles* setzte sich Hare außerordentlich kritisch mit dem Nachkriegsengland auseinander, mit Heuchelei und Engstirnigkeit, mit Gefühlskälte und Verlogenheit.

Obwohl Papp von Hares Werk begeistert war, hatte er Zweifel, ob dessen Stücke bei einem amerikanischen Publikum Erfolg haben würden. Erst als 1980 *Plenty* in London Premiere hatte, glaubte Papp, ein geeignetes Stück vor sich zu haben, um seine Landsleute und die amerikanischen Kritiker mit David Hare »bekannt zu machen«.

»*Plenty*«, so Hare, »ist die Geschichte einer jungen Frau, die einen guten Krieg gehabt hat und sich mit dem Frieden nicht zufriedengeben kann. Das Stück macht deutlich, daß die Frauen nach dem Krieg wieder an den Rand der Gesellschaft gedrängt wurden. Im Krieg hatten sie hinter den Linien gestanden, weil man sie brauchte. Dort standen sie ihren Mann und kosteten ihr Leben aus.

Im Nachkriegsengland gerieten sie aus dem Tritt. Durch ihre Kriegserlebnisse sahen sie die damaligen Ereignisse mit einem abgeklärteren Blick. Sie waren die Kritiker, während die Männer nun die Macher waren.

Das mag sich in den letzten zehn Jahren geändert haben. Aber historisch gesehen ist Suzan eine Gefangene ihrer selbst.«

Sie liebt die Gefahr und das Abenteuer – Suzan Traherne (Meryl).

Die Idee zu seinem Stück war David Hare gekommen, als er davon hörte, daß 75 Prozent der britischen Ex-Agentinnen mindestens eine gescheiterte Ehe hinter sich hatten.

Da die Probleme der Suzan Traherne universal sind, wurde *Plenty* in Amerika nicht nur bei den Kritikern ein Erfolg. Kurze Zeit nachdem David Hare seinen ersten Film *Wetherby* (der 1985 den »Goldenen Bären« erhielt) abgeschlossen hatte, erreichte ihn ein weiterer Anruf von Papp. Joe setzte es sich – nach seinem jüngsten Erfolg mit dem Musical *A Chorus Line* – in den Kopf, *Plenty* zu verfilmen. Hare sollte das Drehbuch schreiben. Doch David zeigte sich alles andere als begeistert, da er befürchtete, Papp würde das Drama amerikanisieren wollen.

»Ich wußte zunächst nicht, mit wem ich das Drehbuch schreiben sollte. Aber als ich hörte, daß der Australier Fred Schepisi Regie führen würde, war ich gerne bereit dazu. Ich erklärte ihm genau, was ich schreiben würde. Während der ersten Proben änderte ich allerdings noch einiges am Skript, das mir zu pathetisch erschien. Für mich und *Plenty* war es ein Glücksfall, daß ein so erfahrener Mann wie Fred die Regie übernommen hatte.«

Schepisi, der das Stück in New York gesehen hatte, nahm die Regie nur unter der Bedingung an, mit dem Autor offen über die Schwächen von *Plenty* reden zu können. »Zu meinem großen Erstaunen hatte David selbst schon die Problem- und Schwachstellen seines Dramas erkannt. Ohne große Schwierigkeiten konnten wir uns daranmachen, sie auszumerzen.«

Fred Schepisi, 1939 in Melbourne geboren, wäre beinahe Priester geworden. Zwei Jahre besuchte er ein Priesterseminar, bevor er erkannte, daß er zu diesem »Job« nicht berufen war. Statt dessen wurde er Regisseur. 1976 drehte er seinen ersten Film – *The Devil's Playground* –, der in Australien sechs Auszeichnungen erhielt und auch in Cannes mit beträchtlichem Erfolg gezeigt wurde.

Da Papp die Organisation der Produktion einiges Kopfzerbrechen bereitet hatte, bat er Ed Pressman, die Produktionsleitung zu übernehmen. Pressman, der so unterschiedliche Filme wie Fassbinders *Reise ins Licht,* Widerbergs *Victoria,* Petersens *Das Boot,* Malicks *Badlands* und die *Conan*-Filme mit Arnold Schwarzenegger in der Hauptrolle produziert hatte, war sofort dazu bereit, aus *Plenty* einen Film zu machen. »Zur Zeit sind Eskapismus und Fantasy zwar sehr gefragt, aber das Publikum sieht sich nach neuen Erfahrungen im Kino um«, erklärte Ed. »Ein Film wie *Plenty* (Plenty – Meryl Streep ist eine *demanzipierte* Frau) dagegen bietet etwas wirklich Neues und Aufregendes.«

Doch für Pressman war die wichtigste Voraussetzung für die Verwirklichung des Projektes, daß Meryl Streep für die Hauptrolle gewonnen werden konnte. Er war der festen Ansicht, daß sie ihren Part mit einer Verletzlichkeit ausstatten würde, die im Original oder bei der Darstellung durch Kate Nelligan nicht vorhanden war.

Der Film schildert 20 Jahre im Leben einer jungen Engländerin namens Suzan Traherne (Streep).

Die erste Szene spielt in Frankreich im Jahre 1943. Auf einer Waldlichtung landet nachts der britische Geheimdienstoffizier Lazar (Sam Neill) mit dem Fallschirm und wird von Mitgliedern der Résistance in Empfang genommen. Zu seiner Verwunderung bemerkt Lazar, daß zu dieser Gruppe eine 18jährige Engländerin gehört. Sie nimmt ihn mit zu sich nach Hause und versteckt ihn. Es kommt zu einer kurzen leidenschaftlichen Affäre zwischen den beiden, doch bereits am nächsten Abend verschwindet Lazar. Suzan bleibt mit ihren romantischen Erinnerungen zurück.

Nach dem Krieg in Brüssel. Im Foyer eines Hotels bricht ein

Suzan (Meryl) zusammen mit ihrer lebenslustigen Freundin Alice (Tracey Ullman).

britischer Geschäftsmann tot zusammen. Seine angebliche Witwe erscheint in der britischen Botschaft, um dort die Unterlagen für eine Überführung zu unterzeichnen. Der Botschafter, Sir Leonard Darwin (Sir John Gielgud), und sein Attaché Raymond Brock (Charles Dance) kümmern sich um die junge Frau, die sich als Suzan entpuppt. Nach und nach stellt sich heraus, daß sie nur die Geliebte des Toten war. Sie hatten sich aus ihrer Zeit bei der Widerstandsbewegung gekannt.

Brock ist ein grundsolider, verantwortungsbewußter Mensch, nicht etwa steif und unbeweglich, sondern mit großem Sinn für Humor. Wahrscheinlich ist er deshalb so fasziniert von Suzan, weil sie den Mut hat, die Dinge zu tun, an die er nur denkt. Raymond würde zwar das Boot zum Schaukeln bringen, Suzan dagegen würde es kentern lassen und zurück ans Ufer schwimmen. Außerdem ist sie eine Frau, die er normalerweise auf diplomatischen Cocktailpartys nicht treffen würde.

Suzan arbeitet nach dem Krieg in einem Schiffahrtsbüro. Abends kehrt sie müde in ihr kleines Apartment zurück, angewidert von den Annäherungsversuchen ihres Vorgesetzten. Ein Lichtblick in diesem dumpfen Einerlei ist ihre lebenslustige Freundin Alice (Tracey Ullman), die mit dem Leben in der Nachkriegszeit leichter fertig zu werden scheint als Suzan. Für Suzan ist sie eine Herausforderung, denn Alice nimmt Drogen, schläft mit verheirateten Männern, liebt Jazz und kümmert sich nicht darum, was die öffentliche Moral fordert.

An den Wochenenden besucht Raymond Suzan, der wenig darüber erfreut ist, daß Alice eines Tages bei ihr einzieht. Sie hat ihren Job und ihre Wohnung verloren. Durch sie lernt Suzan junge Männer und Frauen aus den unteren sozialen Klassen kennen, die abends feiern, trinken und tanzen.

Sie ist hin und her gerissen zwischen dieser Welt und dem, was ihr Raymond, der aufstrebende Diplomat, bieten kann. Denn er ist das krasse Gegenteil zu ihrem Umgang. Brock, der die Elite-Schulen Englands besucht hat, träumt davon, eine ähnliche politische Karriere zu machen wie Sir Darwin.

Ein ungewöhnliches Geschäft: 500 Käsereiben gegen ein Baby von Mick.

Dieser ist inzwischen ins Auswärtige Amt berufen worden und kümmert sich als eine Art graue Eminenz um geheime politische Missionen.

Obwohl Suzan weiß, daß Brock von ihrem Umgang angewidert ist, nimmt sie ihn mit auf ihre Ausflüge mit Alice und deren Freunden Spencer (Christopher Fairbank) und Mick

(Sting). Da Suzan immer launischer wird und selbst Alice sie nicht mehr aufheitern kann, verzweifelt Raymond. Ihr Verhalten paßt in keiner Weise in das Leben, das er für sich und Suzan plant. Als sie ihm vorschlägt, sich einen Winter lang nicht zu sehen, ist Brock davon überzeugt, daß dies das Ende ihrer Beziehung ist.

Für Suzan beginnt eine neue Zeit. Sie arbeitet für verschiedene Komitees und fühlt sich frei. Die fünfziger Jahre brechen an, Jahre des Reichtums und des Aufschwungs. Eines Tages erklärt Suzan Mick, daß sie ein Kind haben, aber nicht heiraten wolle. »Ich habe dich gewählt«, erklärt sie ihm, »weil ich dich nicht oft sehe. Ich sehe dich fast nie. Wir wohnen beide an entgegengesetzten Enden der Stadt, leben in einer anderen Welt.«

Erst als sie von ihm 500 Käsereiben für die Krönungsfeier der Queen kauft, erklärt sich Mick zu dem Handel bereit. Doch mit der Zeit verfällt auch er ihrer Ausstrahlung. Nach 18 Monaten endet der Traum für Mick. Suzan wurde nicht schwanger, dafür immer unsteter, elender und nervöser. Bei einem heftigen Streit, bei dem Alice Zeugin ist, zieht Suzan ihre alte Dienstwaffe und schießt auf Mick. Dann zerschmettern ihre Kugeln einen Spiegel und die Decke, von der der Stuck rieselt. Mick ist nichts geschehen, doch Suzan wird ins Krankenhaus gebracht. Diagnose: Nervenzusammenbruch.

Alice, die sich keinen anderen Rat weiß, unterrichtet Brock, der sich in London auf einer Konferenz befindet, von Suzans Schwierigkeiten. Er eilt zu ihr ins Krankenhaus und erkennt, daß er sie noch immer liebt.

Kurze Zeit später heiraten die beiden.

1956 kommt es zur Suezkrise. Darwins Stern befand sich schon vorher im Sinken. 1951 war er zum Leiter für die Protokollabteilung ernannt worden. Voll Sorge behielt Darwin die Entwicklungen in Ägypten im Auge und hoffte, daß sein Amt nicht in die Krise hineingezogen würde. Vergeblich versuchte er, der sich abzeichnenden Krise Einhalt zu gebieten. Als er nun herausbekommt, daß er belogen wurde, reicht er seinen Rücktritt ein. Am gleichen Abend, an dem der Krieg ausbricht, ist er zu Gast bei den Brocks. Die anderen Gäste sind ein burmesisches Ehepaar, das Sir Leonard aus seiner Zeit in Burma kennt, und Alice, die mittlerweile Ausländern bei der Eingliederung in die englische Gesellschaft hilft, indem sie ihnen erklärt: »Wenn ihr einen Engländer zum ersten Mal trefft, müßt ihr ihn auf beide Wangen küssen.« Suzan hat einen ihrer dramatischen Auftritte und ist von einer geradezu gefährlichen Heiterkeit erfüllt. Sie attackiert Sir Darwin wegen der Suezkrise und ruft Erinnerungen an den »anderen Krieg« wach. Suzan verliert völlig die Beherrschung. In einstudierter Haltung verabschiedet sich Darwin. Erst danach erfährt Suzan von seinem Rücktritt.

Kurze Zeit später wird Brock zum Botschafter in Jordanien ernannt. Nach fünf Jahren besucht Alice ihre Freundin Suzan, doch zu ihrem Entsetzen muß sie erkennen, daß Suzan immer tiefer in ihre Depressionen, die durch Anfälle hekti-

Eine Frau sieht rot.

scher Freude unterbrochen werden, versinkt. Sie haßt ihr Leben als Diplomatenfrau und verabscheut den eintönigen Alltag. Mittels Tabletten macht sie sich das Leben einigermaßen erträglich. Während des Besuches von Alice stirbt Darwin. Durch ihre Freundin aus ihrer Lethargie wachgerüttelt, beschließt Suzan, nach England zu reisen, um an seinem Begräbnis teilzunehmen. Kurz entschlossen teilt Suzan Brock mit, daß sie nicht wieder nach Jordanien zurückkehren will. Raymond reist alleine nach Amman zurück.

Ihr Verhalten schadet der Karriere Raymonds. Er wird nach England zurückberufen und erhält einen Schreibtischjob im Auswärtigen Amt. Von Beförderung oder einer neuen Auslandsstelle ist keine Rede mehr. Mit Gewalt versucht Suzan bei Raymonds Vorgesetztem, etwas für ihren Mann zu erreichen. Als ihr Vorhaben scheitert, dreht sie durch.

Inzwischen hat ihr Betragen im Auswärtigen Amt, wo sie Brocks Vorgesetzten beschimpfte und mit Selbstmord drohte, Folgen: Raymond verliert seine Stelle.

Auf dem Heimweg erinnert er sich daran, daß der Arzt, der Suzan behandelt hat, sie als aufgebracht bezeichnet hatte. Ihre letzte Tat hinterließ nur noch Leere in ihm.

Er hat nichts mehr für sie übrig, hat nicht mehr vor, ihr ein bißchen von sich zu geben. Zu Hause hat Suzan alles zertrümmert und die Tapeten von der Wand gerissen. In einem Wahnsinnsanfall schlägt sie Brock nieder und verläßt das Haus.

In ihrem Zufluchtsort Blackpool stöbert Lazar Suzan auf. Nach all den Jahren will er sie noch einmal wiedersehen. Doch der kurze Augenblick des Glücks wird schon bald zerstört. Die Vergangenheit, die zerbrochenen Träume und Hoffnungen lassen sich nicht ungeschehen machen. Angewidert verläßt er Suzan, für die nur die Flucht ins Rauschgift und in die Vergangenheit bleibt.

Plenty wurde überwiegend vor Ort gedreht. Meryl mietete für sich und ihre Familie ein Haus außerhalb von London. Die Übersiedelung nach England für den zehnwöchigen Aufenthalt sollte der sechste Umzug der Familie Gummer innerhalb eines Jahres sein.

Meryl Streep als Suzan Traherne in ›Plenty‹.

Da das Haus, das Meryl gemietet hatte, noch nicht hergerichtet war, mußten die Gummers zunächst in einem Hotel wohnen. Nachdem alle unter der Enge gelitten hatten, stellten Freunde der Familie ihnen ein Haus zur Verfügung.

In einem Interview erklärte Meryl Lyn Tornabene: »Wenn wir ein normales Leben führen würden, würden wir so lange in einer Wohnung bleiben, bis die neue Wohnung bezugsreif ist. Wir aber hatten, kurz nachdem wir die neue Wohnung gekauft hatten, unser altes Apartement schon vermietet. So mußten wir unsere sämtlichen Möbel in ein Lagerhaus bringen. Wir dagegen zogen ins Hotel. Mit denen hatten wir bereits Erfahrungen, da wir vorher bei den Dreharbeiten von *Falling in Love* (Der Liebe verfallen) ebenfalls in einem Hotel gewohnt hatten. Zunächst mieteten wir uns in Manhattan eine Wohnung in der Upper East Side. Als es uns dort nicht mehr gefiel, übersiedelten wir in ein Hotel in der Stadtmitte, was nun aber für Gippy und Mamie nicht gerade ideal war.«

Nichtsdestotrotz schienen die Umzüge den Kindern am meisten Spaß zu machen.

»Während wir darauf warteten, daß unser Apartement in der Upper West Side renoviert wurde, besuchte Henry weiter den Kindergarten in Tribeca, SoHo. Wir studierten die Pläne der U-Bahn, um verschiedene Routen dorthin zu finden. Dennoch blieben ihm die schrecklichen Fahrten dorthin nicht erspart.

Als unser neues Heim schließlich im Frühjahr fertig war, zogen wir erneut um. Dann kam der Sommer, und wir zogen aufs Land. Danach packten wir unser Bündel und kamen nach England, wo wir zunächst in ein Hotel zogen, weil das Haus, das wir gemietet hatten, noch nicht bezugsfertig war. Schließlich übersiedelten wir hierher.« Sechs Umzüge hinterlassen auch bei Meryl ihre Spuren. Sie beklagte sich, daß sie ihre »Fähigkeit zu träumen und über Dinge in Ruhe nachdenken zu können« durch den ständigen Umzugsstreß verloren hätte.

Kaum hatte sich Meryl in England eingelebt, siedelte die Crew nach Dordogne, Frankreich, um, wo die Zeit stehengeblieben zu sein schien. Als ein Bauer die Statisten in Nazi-Uniformen sah, weigerte er sich, Schepisi auf seinem Feld drehen zu lassen.

Nach Brüssel filmte man in Holland, wo man das ideale Haus der Brocks gefunden hatte. Nachdem die Jordanienszenen in Tunesien abgedreht worden waren, kehrte man nach England zurück und drehte u. a. im Battersea Park, in der Nähe von Whitehall, in einem Schloß in Buckinghamshire und in diversen Jazzklubs.

Nachdem Papps Vorhaben bekannt geworden war, ließ Sir John Gielgud, bekannt durch Filme wie *Der Dirigent* und *Mord im Orient-Expreß* und seit mehr als 50 Jahren einer der großen Männer des britischen Theaters, durch seinen Agenten anfragen, ob die Rolle des Sir Darwin noch frei wäre.

Obwohl er gänzlich unpolitisch ist (»Ich habe Politik nie verstanden, und sie hat mich auch nie interessiert«), wollte er diese Rolle unbedingt spielen: »Ich fand das Stück aufregend und das Drehbuch hervorragend. Außerdem wollte ich mit

Meryl Streep zusammenarbeiten, die eine großartige Schauspielerin ist. Ich sehne mich immer nach guten Szenen, guten
Texten und einem guten Abgang. Dieser Film beinhaltet alle
drei Punkte.«
Und nach den Dreharbeiten erklärte er einer Reporterin:
»Ich hatte Meryl Streep vorher noch nie getroffen. Sie ist eine
außergewöhnliche Persönlichkeit. Eine Szene, in der sie hy-
sterisch herumschreit, mußten wir 50mal wiederholen. Aber
sie zuckte mit keiner Wimper und verbesserte sich sogar
noch. Sie besitzt eine absolute Kontrolle über ihre Gefühle
und Reaktionen. Die Zusammenarbeit mit ihr war bemerkenswert. Ich war zutiefst von ihr beeindruckt.«
Heute denkt Meryl mit Begeisterung an ihre Partner Sting
und Charles Dance zurück, mit denen sie »wahnsinnig amüsante und interessante Drehtage« verlebte.
Sting, alias Gordon Matthew Summer, hatte die Rolle des
Mick nur deshalb angenommen, weil er ein Fan von Meryl

*Raymond (Charles Dance) wurde zum Attaché von der britischen Bot-
schaft in Jordanien ernannt. Der Besuch von ihrer Freundin Alice (Tracey
Ullman) zeigt Suzan (Meryl) erneut, daß sie nicht für ein Leben als Diplomatenfrau geschaffen ist.*

Streep ist. Der ehemalige Kunstlehrer erlangte vor allem als Sänger der Gruppe *Police* internationalen Ruhm, doch seit Jahren stellt er in Filmen wie *Quadrophenia, Dune – Der Wüstenplanet* und *Frankensteins Braut* seine schauspielerischen Fähigkeiten unter Beweis.

Im gleichen Maße bekannt war Charles Dance durch seine Rolle in *Das Juwel in der Krone*. Über Meryl sagte er: »Ich habe noch nie mit jemandem wie Meryl zusammengearbeitet. Amerikanische Schauspieler haben eine lange Kino-Tradition; wir Briten dagegen eine ähnliche Bühnentradition. Meryl versteht es, immer geheimnisumwittert zu wirken. Sie würde dir nie sofort die ganze Tüte voller Äpfel schenken, sondern nur ein paar gute. Aber du merkst, daß es in der Tüte noch mehr gute Äpfel gibt, aber nicht viele. Und das hält das Interesse lebendig.

Wir haben uns alle blendend verstanden. Da wir Schauspieler alle miteinander schrecklich unsicher sind, haben wir uns aneinander geklammert.«

Meryl ahnte, daß *Plenty* (Plenty – Meryl Streep ist eine *demanzipierte* Frau) es schwer haben würde, beim Publikum gegen eine Horde von Plastikmonstern und Science-fiction-Stories bestehen zu können. Aus diesem Grund warf sie ihre Abneigung gegenüber Reportern über Bord und zeigte sich in ungewohntem Maße pressefreundlich.

In einem Interview meinte Meryl: »Fred Schepisi besitzt die ungewöhnliche Fähigkeit, mit der Kamera zu malen. Er sieht die Welt so, wie sie dann auch im Film erscheint. Er hat großes Kinotalent und versteht es, richtige Kinofilme zu machen.«

Über ihre persönliche Situation meint sie:

»Ich glaube, Leute zahlen einen sehr hohen Preis, wenn sie berühmt sind, aber es sind auch einige Vorteile damit verbunden. Ehrlich gesagt, mir gefällt es, als erste Skripts angeboten zu bekommen, aber ebenso wünsche ich mir, unerkannt durch die Stadt zu bummeln. Doch das geht eben nicht. Ich liebe den Beifall des Publikums am Ende eines Stückes. Das heißt aber nicht, daß ich mich in irgendwelchen Skandalschlagzeilen wiederfinden will.

Das Ende einer problematischen Beziehung.

Ich habe nie alles daran gesetzt, berühmt oder wie jemand anderes zu werden. Nie habe ich mir bei berühmten Leuten gedacht: ›So will ich einmal werden.‹ Das ist lächerlich. Alles, was ich will, ist eine so gute Schauspielerin zu sein, wie es in meiner Kraft steht!

Ich genieße das Leben, das ich führe, sehr und würde es unter keinen Umständen aufgeben oder verändern wollen.«

Die Interviews mit Meryl, die alle während ihres Englandaufenthaltes am Vormittag stattfanden, wurden gelegentlich durch Gippy oder Mamie Gummer unterbrochen.

Auch jetzt noch weigerte sich Meryl, sich zusammen mit den Kindern photographieren zu lassen.

Gegen Mittag beendete meistens Don das Gespräch, indem er seine Frau zum gedeckten Eßtisch entführte.

Völlig erleichtert, den neugierigen und oft dummen Fragen entronnen zu sein, reiste Meryl alleine im Januar 1985 nach Kenia zu den Dreharbeiten von *Out of Africa* (Jenseits von Afrika).

Schon bald nach der Premiere von *Plenty* bestätigte sich die Befürchtung einiger Beteiligter, daß sich kein breites Publikum für einen Film über »eine moderne, englische Hedda Gabler« begeistern konnte. Eine noch größere Niederlage erlitt *Plenty* in David Hares Heimatland.

Die Ursachen für den Flop in England erklärte Hare mit der Tatsache, »daß man in Amerika der Thematik des Films aufgeschlossener gegenüberstand, da man sich nicht direkt angesprochen fühlte. In England dagegen waren die Menschen betroffen bei dem Gedanken, es würde sich um ein Stück britischer Geschichte handeln. Der Film bezieht ja – wie auch das Stück – eine sehr kritische Haltung gegenüber der Nachkriegszeit. Er läßt durchblicken, daß die Ideale der Kriegszeit im Frieden unter der konservativen Regierung über Bord geworfen wurden und daß wir uns in der Suez-Krise zum Narren gemacht haben. So etwas stößt natürlich auf Ablehnung.«

Jenseits von Afrika

»Ich kenne ein Lied über Afrika …
wird Afrika auch ein Lied über mich kennen?«

Karen Christentze Dinesen Blixen

Meryl als Karen Christentze Dinesen Blixen.

»Viele Leute glauben, ich hätte jede Woche eine Perlensammlung neuer Rollen vor mir und bräuchte nur die schönste darunter auszuwählen. Tatsache ist, daß es so wenige gute, durchdachte Drehbücher gibt, daß ich fast soweit bin, für eine wirklich interessante Rolle zu zahlen, statt bezahlt zu werden. Ich kann das Ganze natürlich auch positiv sehen und sagen: Meryl, es ist dir jetzt erlaubt, nachdem du ›berühmt‹ bist, deine Rollen zu wählen, deine Karriere zu orchestrieren, ihr Beständigkeit und Qualität zu geben.

Soviel ich weiß, bin ich noch nie zuvor einer Rolle nachgerannt, da ich mir immer sagte: Renn keinem Bus nach. Der nächste Bus kommt so sicher wie das Amen in der Kirche.

Doch diesen Vorsatz warf ich über Bord, nachdem ich erfahren hatte, daß Sydney Pollack das Leben der Karen Blixen verfilmen wollte. Ohne lange zu überlegen, setzte ich Sam auf diese Rolle an.«

Out of Africa (Jenseits von Afrika) schildert allerdings »nur« die 19 Jahre (die im Film aus praktischen Gründen auf zehn Jahre verkürzt wurden), die Karen Cristentze Dinesen Blixen in Afrika verbracht hat.

Wie schon oft zuvor träumt Karen Dinesen Blixen von Denys Finch Hatton, der ihr bei einem Rundflug über Kenia einen »flüchtigen Blick auf die Welt durch Gottes Auge« geschenkt hatte. Sie liebte diesen Mann, doch, wie vieles in ihrem Leben, verlor sie ihn auf tragische Weise.

Nachdem Hans Blixen (Karl Maria Brandauer) sein Eheversprechen Karen gegenüber nicht einhält, arrangiert sie mit seinem Bruder Bror (Brandauer) eine Vernunftheirat. Da beide gesellschaftlich nicht anerkannt sind, beschließen sie, nach Afrika auszuwandern und von dem Geld, das Karens Mutter ihnen zur Verfügung stellt, eine Molkerei aufzubauen. Auf dem Weg nach Nairobi, wo die Ehe mit Bror geschlossen werden soll, trifft Karen, von ihren Freunden Tanne genannt, zum ersten Mal auf Finch Hatton (Robert Redford). Sie ist von dem Mann, für den der Zug eigens anhält, beeindruckt, wird aber von seinen Unverschämtheiten (»Ist das nicht noch etwas früh? Ich meine, Milch vor der Tür und so«) in gleichem Maße abgestoßen.

Tanne (Meryl) und Bror (Karl Maria Brandauer).

Als sie in der Kolonie eintrifft, holt Bror sie nicht vom Bahnhof ab. Trotzdem sind sie eine Stunde später schon verheiratet. Auf der anschließenden Gartenparty wird die junge Dänin von der Dekadenz der Gesellschaft befremdet. Bror rät ihr zwar, sich hier Freunde zu suchen, doch die einzigen Menschen, mit denen sich Tanne versteht, sind Felicity (Suzanna Hamilton) und Berkeley Cole (Michael Kitchen), ein Freund Finch Hattons.

Kurz entschlossen drängt sie Bror, ihr die Farm zu zeigen. Nach einer strapaziösen Fahrt erklärt er ihr, daß er, statt Kühe zu kaufen, eine Kaffeeplantage erworben hat. Wütend weist sie ihn in seine Schranken: »Wenn du es dir das nächste Mal anders überlegst, mach' es mit deinem eigenen Geld.« Als sich die Situation zuspitzt, meint Tanne gelassen: »Wenn

237

Karen (Meryl) ist von der Dekadenz der Siedler angewidert.

du mich verläßt, werde ich Berkeley Cole heiraten.« Bror, von den Gemeinheiten Karens tief getroffen, verläßt seine Frau und geht bis zur nächsten Regenzeit auf die Jagd.

Doch Tanne ist selbstbewußt und beginnt, die Leitung der 1000 Morgen Land umfassenden Plantage selbst in die Hand zu nehmen. Nachdem sie ihre Arroganz gegenüber den Arbeitern und den Ureinwohnern abgelegt hat, erwirbt sie sich Respekt und Anerkennung. Ihre arbeitsreichen Tage werden nur durch die Besuche von Finch Hatton und Cole unterbrochen, die beide Geschichten lieben. Tanne, die die Welt in ihrer Phantasie schon seit frühester Kindheit durchreiste, erwirbt sich durch ihre Erzählungen schnell den Respekt der beiden Männer.

Da sie ihr Fehlverhalten Bror gegenüber erkannt hat, macht sie sich auch auf den Weg, ihren Mann zurückzuholen.

1914 bricht der Erste Weltkrieg aus, und bald darauf erreicht er auch Kenia. Obwohl Finch Hatton nichts von »dem idiotischen Streit zwischen zwei raffgierigen Ländern« hält, zieht auch er ins Feld.

Aber auch Tanne versetzt die Kolonie in Erstaunen. In einem wochenlangen Gewaltmarsch dringt sie bis zu der Grenze nach Tanganjika auf, um die Freiwilligen mit Lebensmitteln und Munition zu versorgen. Karen hatte sich aber aus noch einem anderen Grund zu diesem halsbrecherischen Unternehmen entschlossen: Sie wollte unter keinen Umständen in Nairobi mit den anderen Frauen interniert werden.

Meryl Streep als Karen Blixen in ›Out of Africa‹.

Drei Monate nach ihrer »Heldentat« erkrankt Karen schwer. Der Arzt, der hinzugezogen wird, diagnostiziert Syphilis, die sie der Promiskuität Brors verdankt. Da die Heilungschancen 50 : 50 stehen, muß Karen zurück nach Dänemark. Sie weiß, daß Syphilis durch sehr starke, süchtigmachende Medikamente geheilt werden kann. Sie weiß aber auch, daß Syphilis geistige Umnachtung verursachen kann. Doch sie gibt nicht auf; geheilt kehrt sie nach Kenia zurück.

Als sie erkennt, daß Bror immer noch nicht zuverlässiger ist, jagt sie ihn aus dem Haus.

Da sie keine Kinder bekommen kann, plant Karen, eine Schule einzurichten, was auf den Widerstand vieler Weißer trifft. Finch Hatton, der die Sache amüsiert verfolgt, bringt neue Unruhe in Karens Leben. Aus der anfänglichen Freundschaft entwickelt sich Liebe, die allerdings nicht so bedingungslos erwidert wird. Denn Denys ist nicht dazu bereit, seinen männlichen Egoismus aufzugeben. Obwohl Karen ihn durchschaut, werden die nächsten Jahre zu den schönsten ihres Lebens.

Eines Tages nimmt Finch Hatton sie mit auf eine Safari, weil er ihr noch einmal das Land so zeigen will, wie es einmal war. Er weiß, daß der aufkeimende Tourismus und die verstärkte Besiedelung alles zerstören werden.

Nach dem Tod Berkeley Coles an Schwarzwasserfieber gibt Denys seine Clubwohnung auf und zieht zu Karen: »Wenn Denys bei mir war, verbrachten wir die Zeit nicht mit Banalem oder der Realität.«

Eine Realität, die Karen dazu zwingt, Geld aufzunehmen. Gerade als ihre finanzielle Situation vernichtend aussieht, taucht erneut Blixen auf, der seine Frau nötigt, seine Spielschulden zu bezahlen. Um eine Scheidung bittet er sie erst, als seine derzeitige Geliebte ein Kind von ihm erwartet. Karen willigt ein.

Im letzten Moment scheint sich für sie doch noch alles zum Guten zu wenden. Ihre Ernte verspricht eine der besten zu werden. »Doch Gott besann sich anders.« Eines Nachts zerstört ein Brand die Kaffeefaktorei und den gesamten Ertrag der Ernte. Da die materielle Grundlage ihrer Existenz zer-

Geheilt kehrt Karen (Meryl) nach Afrika zurück.

stört ist, muß sie ihren Besitz versteigern. Tannes letzte Sorge gilt »ihren« Kikujos. Sie hat erfahren, daß die neuen Eigentümer den Volksstamm von dem Besitz vertreiben wollen. Da ihr niemand helfen kann oder will, bittet sie den neuen Gouverneur um seine Hilfe. Als sie vor ihm kniend ihre Bitte vorbringt, gibt ihm seine Frau ihr Wort, daß für die Kikujos gesorgt werden wird.

Denys' Angebot, in Zukunft für sie zu sorgen, schlägt sie aus (»Nein, ich will selbst etwas wert sein«).

Immerhin will er sie nach Mombasa begleiten. Doch anstelle von Denys trifft Bror ein. Er überbringt ihr die Nachricht, daß Finch Hatton mit seinem Flugzeug abgestürzt und verbrannt ist.

Finch Hattons Begräbnis bedeutet für Karen nicht nur den Abschied vom Geliebten, sondern gleichzeitig eine Huldigung an Afrika, den »dunkel lockenden Kontinent«, der beide geprägt hat.

Wenige Jahre später publizierte sie ihr erstes Buch. Insgesamt zweimal wurde sie für den Nobelpreis vorgeschlagen. Hemingway, der statt ihrer den Preis gewann, meinte: »Im Grunde hätte man nicht mir, sondern Karen Dinesen den Nobelpreis geben müssen.«

Ihre Bücher strahlen eine unbeschreibliche Faszination aus, die schon viele Filmemacher unseres Jahrhunderts gefangennahm. Doch keinem war es bisher gelungen, aus ihnen ein adäquates Drehbuch entstehen zu lassen.

Am ausdauerndsten erwies sich Kurt Luedtke, der nach Fertigstellung von *Absence of Malice* bekanntgab, daß sein nächstes Projekt etwas mit Karen Blixens Werk zu tun haben würde.

Gerade als man sich auch bei der Universal überlegte, ob man nicht doch besser die Rechte an dem Blixen-Stoff verkaufen sollte, betrat Sydney Pollack die Bühne. Nach dem großen Erfolg von *Tootsie* hatte er beschlossen, sich einen Jugendtraum zu erfüllen. »Ich wollte an die Kinotradition meiner Kindheit anknüpfen. Damals saß ich im Kino und erlebte phantastische Abenteuer. Wenn ich rauskam, fühlte ich mich, als wäre ich von einer langen, wunderbaren Reise zurückgekehrt. Solche Filme vermisse ich sehr. Da erinnerte ich mich an das Buch, das ich schon vor Jahren einmal gelesen hatte und das mich sehr faszinierte. Aber sollte ich wirklich ein solches Risiko eingehen? In *Out of Africa* gibt es weder Verfolgungsjagden noch Weltraumabenteuer. Oft dachte ich: Mein Gott, was ist, wenn dir das Publikum in den zwei Stunden und 41 Minuten einschläft? Was ist, wenn sie sagen: Hier kommt Pollack mit einem 30-Millionen-Dollar-Budget und bringt nur einen solchen prätentiösen, langweiligen Dreck zustande?

Wissen Sie, ich habe wirklich nichts gegen Science-fiction, aber wenn es nur noch sie gäbe, wäre ich aus dem Geschäft. So habe ich alles mit dem Film gewagt, schon weil ich aus ganz selbstsüchtigen Gründen für die Existenz eines anderen Kinoniveaus kämpfe.«

»Bob ist ähnlich wie Denys Finch Hatton«, meinte Sydney. »Er ist ein schwer faßbarer, geheimnisvoller Mensch.« Daß Pollack Redford für die Rolle auswählte, hatte aber auch noch einen anderen, privaten Grund: Bobs Ehe mit seiner Frau Lola zeigte die ersten Risse. Aus diesem Grund hatte er sich nach einem Projekt umgesehen, das ihn für einige Zeit außer Landes bringen sollte.

Für die weibliche Hauptrolle schwebte Pollack Hanna Schygulla vor. »Doch dann kam es irgendwie nie zu Probeaufnahmen mit der Schygulla, und so warf ich meine Pläne über Bord, eine Europäerin für die Rolle zu verpflichten, nachdem mich Sam Cohen anrief und mir mitteilte, daß sich Meryl für die Rolle der Blixen interessieren würde.«

Ein Gespräch mit Meryl überzeugte Sydney schließlich, daß sie die geeignetste Besetzung für die Rolle war.

Während Redford und Meryl Streep ihre Drehbücher stu-

»Wenn Denys bei mir war, verbrachten wir die Zeit mit Banalitäten oder der Realität.«

dierten, reiste Sydney Pollack in Kenia umher, um Landschaftsmotive zu finden, die der Schönheit von Karen Blixens Prosa entsprachen. 70 Prozent der Dreharbeiten fanden hier statt. Die Luftaufnahmen von Peter Allworks entstanden im Rift Tal, am Ngorongoro-Krater, am Manyara-See und im Masai Mara, dem kenianischen Teil der Serengetiebene.

Da das Farmhaus, das Tanne bewohnt hatte, das staatliche Gesundheitsministerium beherbergte und die umliegende Landschaft kultiviert worden war, ließ Pollack in Ngong Dairy, Karen (nach Karen Blixen benannt), ein altes Farmhaus renovieren. Nach den Dreharbeiten wurde das Haus von dem Archäologen Richard Laskey in ein Museum für Karen Blixen und ein Museum für den Kaffeeanbau umgewandelt. Die Farm im Ngong Dairy diente der Filmcrew als Produktionsbasis. In der Nähe wurde neben dem Dorf der Kikujos

Denys (Robert Redford) und Karen (Meryl) auf ihrer gemeinsamen Safari.

»Wie eine große Liebe leben?«

auch der Muthaiga Club errichtet, in dem Tanne und Bror
Blixen 1914 getraut worden waren.

Nachdem man eine Dampflokomotive vom Museum in Kenia ausgeliehen hatte, machte man sich auf die Suche nach
einem stil- und zeitgetreuen Flugzeug, denn Finch Hatton
war nicht nur ein bekannter Safari-Führer, sondern auch ein
enthusiastischer Flugzeugpilot gewesen. Nach langer Suche
fand man einen Sammler in Manchester, der einen gelben De
Havilland Gypsy Moth-Doppeldecker zur Verfügung stellte.
Im Film wurde diese Maschine dann von Yenz Hessel geflogen, der 1950 noch Tanne Blixen kennengelernt hatte.

Nachdem all diese Vorbereitungen erledigt waren, begannen
am 14. Januar 1985, im Jahr, in dem Karen Blixen ihren 100.
Geburtstag hätte feiern können, offiziell die Dreharbeiten zu
Out of Africa.

Für die Rolle des Bror Blixen hatte Pollack den österreichischen Schauspieler Klaus Maria Brandauer ausgewählt. Pol-

245

lack meinte, daß er »Brandauer nicht wegen seiner Leistung in *Mephisto*«, sondern wegen der Verkörperung »des charmanten Bösewichtes in diesem verrückten Bond-Film« verpflichtet hatte. »Ich mag keine Schauspieler, die wie Brandauer in *Mephisto* mit Schaum vor dem Mund spielen, die haben einfach keine Chancen bei mir. Für ihn ist es wegen seines schrecklichen Akzentes schwer, in Hollywood Rollen zu bekommen. Doch bei mir spielte er einen Skandinavier, da geht das.«

Pollack, der während der Dreharbeiten zu *Tootsie* große Schwierigkeiten mit Dustin Hoffman gehabt hatte, der dann wochenlang kein Wort mehr mit ihm sprach, meinte, daß er mit Meryl und Brandauer ohne größere Schwierigkeiten ausgekommen sei. Allerdings trieb ihn Redfords Spontaneität fast zum Wahnsinn.

»Mit Sicherheit habe ich auf Bobs Verhalten etwas überzogen reagiert. Aber ich hatte schon zwei Wochen länger als geplant gedreht und wußte, daß ich erneut 1,3 Millionen benötigen würde. Dazu kam noch der Druck seitens des Studios, bei einer Summe von 30 Millionen unter allen Umständen einen publikumswirksamen Film abzuliefern.«

Über Redford meinte Meryl: »Bob probt genau wie ich nicht gern viel. Das war toll für mich. Wir haben uns während der Dreharbeiten unterhalten und Sydney damit recht nervös gemacht. Er dachte, wir wären nicht richtig bei der Sache und machte sich ständig Sorgen, ob der Film ankommen würde oder nicht. Aber Bob mag diese Spontaneität. Bei seinem Auftritt ist er ganz da. Das war aufregend für mich. Ich arbeite gerne so.«

Da Robert Redford auf seinen »spontanen Eingebungen« beharrte, glaubten einige Hollywood-Insider, daß Pollack sich bei der Oscar-Verleihung damit rächte, daß er kein einziges Mal Redfords Namen erwähnte.

Meryl fährt fort: »Bob hat eine für Männer ungewöhnliche Fähigkeit: er kann zuhören. Es ist sehr ungewöhnlich, weil dies sonst nur Frauen tun. Er stellt sich nie in den Vordergrund oder versucht, einem zu imponieren.«

Was Brandauer mit Vorliebe tat. Aus diesem Grund enthielt

sich die Streep jeglichen Kommentars über diesen Kollegen. Brandauer dagegen gab kund, daß er das Gefühl hatte, »schon viele Filme mit Meryl zusammen gedreht zu haben«. Die Zeit in Afrika prägte Meryl aber auch noch auf einem anderen Sektor. »Ich erinnere mich heute noch oft daran, wieviel Leid, Elend und Not ich in den Wochen gesehen habe. Tief beeindruckte mich die Arbeit der ›Flying Doctors‹, die in die entlegensten Dörfer fliegen, um die Bewohner dort medizinisch zu versorgen.«

Als *Out of Africa* gleichzeitig in Kenia und in den Vereinigten Staaten gestartet wurde, hat noch niemand geahnt, welche

Ein Glück von kurzer Dauer. Karen (Meryl) und Denys (Robert Redford).

Triumphe dieser Film feiern würde. Innerhalb von zwei Monaten spielte er 60 Millionen Dollar ein. Der *Sunday Standard* von Kenia jubelte: »Vielen Dank, Mr. Pollack, vielen Dank, Mr. Redford, vielen Dank, Mrs. Streep, für das, was Sie für uns getan haben und für einen großartigen Film.«

Schon heute steht fest, daß Sydney Pollack ein Werk geschaffen hat, das neben Filmen wie *Gone with the Wind* (Vom Winde verweht), *Dr. Zhivago, Lawrence of Arabia* und *Gandhi* bestehen kann.

In Deutschland wurde *Out of Africa* erstmals auf der Berlinale im Februar 1986 gezeigt. *Der Spiegel* urteilte: »Sehenswert ist *Out of Africa* durch die schauspielerischen Leistungen von Meryl Streep und Klaus Maria Brandauer, aber auch durch den lakonischen – inzwischen ein wenig zerknittert wirkenden – Sex-Appeal von Robert Redford.«

Nachdem sich am 25. Januar 1986 bei der Golden-Globe-Verleihung John Houstons *Prizzi's Honour* (Die Ehre der Prizzis) als großer Sieger im Rennen um die Preise herausgestellt hatte (Pollacks Epos erhielt »nur« drei Auszeichnungen), war man in Hollywood angenehm überrascht, als bekannt wurde, daß *Out of Africa* insgesamt elfmal für den Academy Award nominiert war.

Auch Meryl zählte zu den Glücklichen. Obwohl sie, wie sie in einem Interview gestand, ständig das Gefühl hatte, schlecht frisiert zu sein und sie die Ansammlung von gutgelaunten Showprofis in ihren besten Abendgarderoben nur nervös machte, nahm Meryl zusammen mit Don an der Oscarverleihung teil.

Bilanz des Spektakels vom 24. März 1986: Sydney Pollack heimste von den elf Nominierungen sieben Oscars ein. Steven Spielberg ging erneut leer aus, eine schallende Ohrfeige für das Wunderkind. Dabei hatten Branchenkenner ein Kopf-an-Kopf-Rennen prophezeit. Später meinte Pollack, auch er sei überrascht, daß *The Color Purple* (Die Farbe Lila) »vom Trophäenregen ausgeschlossen« worden sei. Ausgeschlossen fühlte sich auch die Bürgerrechtsorganisation NAACP Hollywood Beverly Hills, die den 4200 Mitgliedern der Jury Rassismus vorwarf: Sie würden dem Spielberg-Film

Don und Meryl auf dem Weg zur Oscarverleihung '86. Obwohl ›Out of Africa‹ sieben Oscars gewann, ging Meryl leer aus.

aus rassistischen Gründen die fälligen Oscars verweigern, da in den Hauptrollen schwarze Schauspieler zu sehen waren. Dagegen würde man ein Werk, das den Kolonialismus verherrliche, mit Preisen überschütten.

Meryl verlor gegen die 61jährige Geraldine Page, die bereits mehrmals für einen Oscar nominiert gewesen war, ihn aber nie zuvor gewonnen hatte. Doch der anfängliche Kummer war vergessen, als Meryl zusammen mit Don bei der Oscar-Party eintraf, die Superagent Irving »Swifty« Lazar dieses Mal im Spago feierte.

Meryl, die hinterher oft gefragt wurde, ob sie nicht enttäuscht sei, antwortete diplomatisch: »Hauptsache, unser Film ist der große Gewinner. Und glauben Sie mir, ich habe zur Zeit andere Dinge, über die ich mich freue.« Gemeint war die Tatsache, daß sie erneut ein Kind erwartete.

Sodbrennen

>»Wenn ich es noch einmal tun müßte, würde ich
einen anderen Kuchen backen.«

Rachel Samstat in Nora Ephrons *Heartburn*

Obwohl niemand ihre schauspielerischen Leistungen in Frage stellte, wurden es die amerikanischen Kritiker allmählich leid, Meryl immer nur in tragischen Frauenrollen zu sehen. Pauline Kael faßte ihren und den Unmut ihrer Kollegen in folgenden Sätzen zusammen: »Mit der Zeit droht einem ihr Tränenfluß und ihre reflektierende Art fürchterlich auf die Nerven zu gehen. Ich wünschte, sie würde mehr lachen und weniger leiden.«

Ein Wunsch, den Meryl mit *Heartburn* (Sodbrennen) in reichlichem Maße erfüllte.

Der Film beruht auf dem gleichnamigen Roman von Nora Ephron, Tochter des bekannten Drehbuchteams Henry und Phoebe Ephron, denen das Kinopublikum Filme wie *The Desk Set* (Die Frau, die alles weiß) mit Spencer Tracy und Katharine Hepburn, *There's No Business Like Show Business* (Rhythmus im Blut) und *Take Her, She's Mine* (In Liebe eine 1) mit Jimmy Stewart verdankte.

Nachdem sich Nora einen Namen durch Artikel für die *New York Post* und den *Esquire* gemacht hatte, heiratete sie Carl Bernstein, einen Reporter, der tatkräftig den Watergate-Skandal aufdeckte und Nixon zu Fall brachte.

Während ihrer Schwangerschaft merkte sie, daß Carl alles andere als treu war. Nach mehreren neuen Anläufen ließ sich Nora schließlich von Bernstein scheiden, da ihr sein neurotischer Hang zum Seitensprung unerträglich wurde.

Um vergessen zu können, stürzte sie sich in Arbeit. So schrieb sie u. a. zusammen mit Alice Arlen das Drehbuch zu Mike Nichols' Film *Silkwood*.

Monate später, als Noras Roman über ihre gescheiterte Ehe bereits in allen Bestsellerlisten zu finden war, schickte sie Ni-

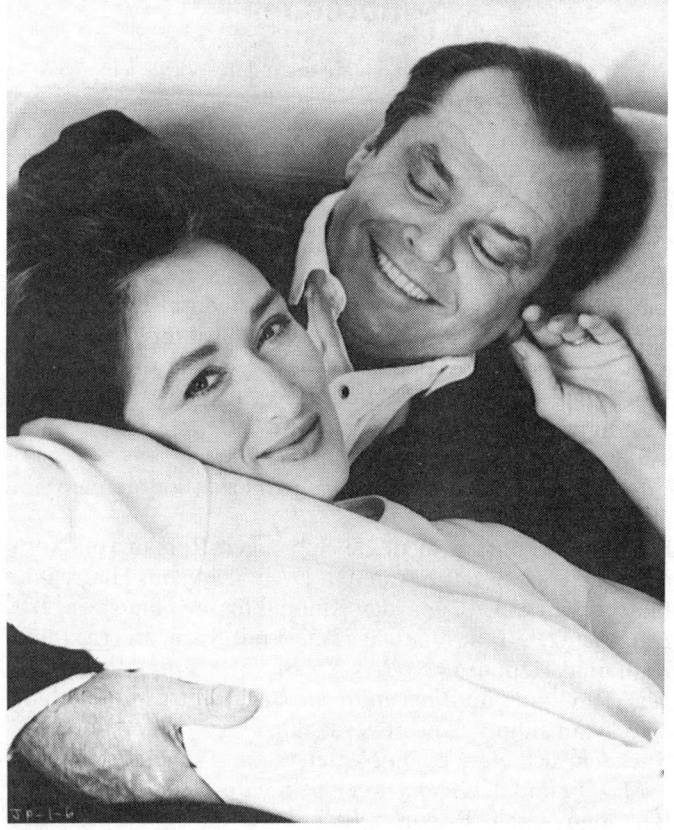

Zwei Superstars – Meryl und Jack Nicholson.

chols ein Exemplar. »Es war nicht meine Absicht, daß Mike einen Film daraus machen sollte«, behauptet sie heute. »Ich wollte einfach nur, daß er es las.«

»Die meisten Leute, die ich kenne, sind geschieden«, meint Nichols. »Aber was das eigentlich bedeutet, wurde mir erst durch Noras Roman klar. Ich rief sie an und fragte, ob sie an einer Verfilmung interessiert sei.

Zu den Dingen, die mich am Film interessieren, gehört all

das, was die Menschen nicht sagen, und diese Geschichte spricht genau davon. Es macht Spaß, wenn Leute das eine sagen, während sie ganz etwas anderes denken. Und ich finde, *Heartburn* ist nicht nur sehr komisch, sondern hat auch andere Aspekte – das Unausgesprochene.« Was Mike Nichols am meisten reizte, war die Darstellung zeitgenössischen Sexualverhaltens im Gewande beißender Sozialkritik.

Daß Nichols unter allen Umständen das Projekt verwirklichen wollte, führte Nora auf die Tatsache zurück, daß er in der Person der Rachel Samstat eine Paraderolle für Meryl sah. »Meryl und Mike wußten beide, daß sie noch nie in einer Filmkomödie mitgewirkt hatte und daß es interessant wäre,

Hochzeit mit Hindernissen – Rachel (Meryl) und Mark (Jack).

wenn sie beide zusammen diesem Umstand Abhilfe verschaffen würden.«

Nichols: »Meryl war schon in früheren Filmszenen komisch gewesen, aber eine durchgehende Komödie wurde ihr hier zum ersten Mal geboten. Sie besitzt so viel komisches Talent wie nur wenige. Und das wollte ich nutzen.«

Da in der Planung überwiegend New York als Drehort vorgesehen war, sagte die Streep zu. Als ihren »Gegenspieler« hatte Nichols zunächst Kevin Kline vorgesehen. Doch Kline war wegen eines Theaterengagements unabkömmlich, und so verpflichtete Nichols Mandy Patinkin. Doch schon nach kurzer Zeit stieg Patinkin, der mit seiner Rolle in *Yentl* bekannt geworden war, wieder aus dem Vertrag aus. Als Grund gab

Home, sweet home.

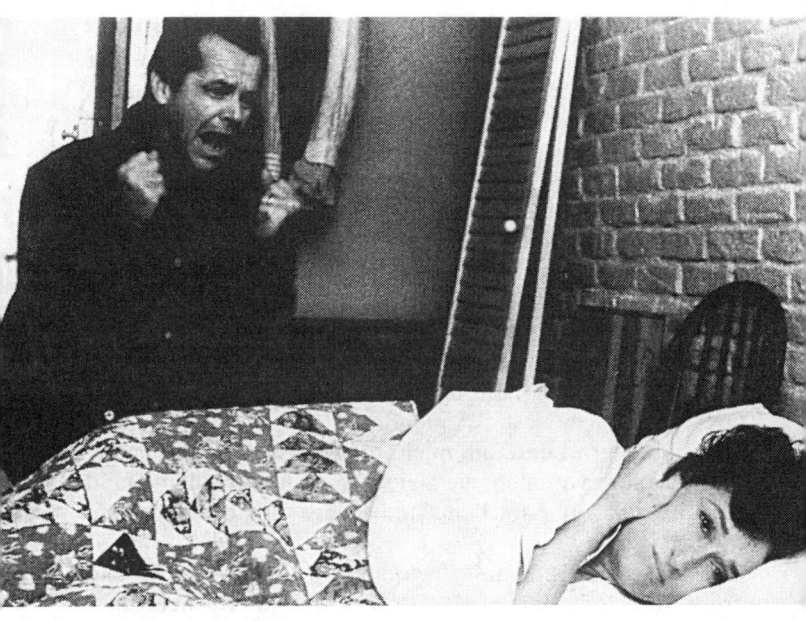

Ein Lied für's Baby.

er an, daß Carl Bernstein, ein alter Freund von ihm, ihn regelrecht terrorisiert hätte, nachdem er erfahren hatte, daß Mandy ihn darstellen sollte.

Als nächstes standen Harrison Ford und Jack Nicholson zur Debatte. Doch die beiden Superstars handelten das Rollenangebot unter sich aus. Während Ford die Hauptrolle in *Mosquito Coast* übernahm, entschied sich Jack für die Rolle des Mark Forman.

»Die Rolle war eine Herausforderung«, gesteht Jack Nicholson. »Ich sollte also einen brillanten jüdischen Reporter spielen. Ich bin nicht brillant, ich bin nicht jüdisch, und ich bin kein Reporter. Aber ich bin vielleicht ein guter Darsteller.«

Jack fährt fort, daß Anjelica Huston und sein Schwiegervater in spe es schon sehr bedauert hatten, daß Meryl aus Termingründen nicht die Rolle der Killerin Irene Walker in *Prizzi's Honour* (Die Ehre der Prizzis) übernommen hatte.

Nichols betonte, daß er glaube, Jack und Meryl paßten wunderbar zusammen. »Sie sind beide völlig glaubhaft, voller Ideen und in jedem ihrer Filme ein völlig anderer Mensch. Und wo sie zusammentreffen, da sprühen die Funken.« Da Nichols gerne mit Leuten arbeitet, die er von früheren Filmen und Theaterinszenierungen her kennt, verpflichtete er für *Heartburn* überwiegend alte Bekannte. Joel Tuber, der schon bei *Silkwood* dabeigewesen war, wurde der Co-Produzent; Sam O'Steen hatte schon sechs Nichols-Filme geschnitten; während Designer Tony Walton schon neun Broadway-Inszenierungen mit Mike »überstanden« hatte. Ann Roth, die für die Kostüme verantwortlich war, hatte ebenfalls langjährige Nichols-Erfahrung. Neu im Team war der Oscarpreisträger Nestor Almendros.

»Ich habe gern Leute um mich, die wie eine große Familie sind, die aber vor allem die gleiche Sprache sprechen«, fand Nichols. »In einer solchen Atmosphäre entstehen oft gute Ideen.«

Die restliche Besetzungsliste von *Heartburn* reiht junge und erprobte Talente aneinander. In der Rolle von Rachels Chefredakteur erscheint Jeff Daniels *(The Purple Rose of Cairo, Terms of Endearment);* kiloweise mit Schmuck behängt verkörpert Maureen Stapelton Rachels Psychiaterin; die besten Freunde von Mark und Rachel sind Stockard Channing *(The Fortune)* und Richard Masur *(Under Fire).* Amadeus-Schöpfer Milos Forman gibt sein Debüt als Schauspieler: Er spielt Dimitri, einen wohlhabenden Geschäftsmann vom Balkan. Steven Hill *(Yentl; Garbo Talks)* ist Rachels Vater, und Karen Akers *(The Purple Rose of Cairo)* ist Thelma, Rachels Konkurrentin. Für alle, die sich fragen sollten, ob das Filmtöchterchen Annie möglicherweise Meryls eigene Tochter war, lautet die Antwort ja. Während Nathalie Stern Annie als Baby darstellte, wurde die ältere Annie von Mamie verkörpert.

Die Dreharbeiten zu *Heartburn* (Sodbrennen) begannen am 19. Juli 1985 in New York. Meryl erinnert sich an diesen Tag nur mit Schrecken. »Ich war furchtbar nervös. Obwohl ich Jack schon hin und wieder getroffen hatte, hatte ich Lampenfieber. Während ich in meiner Garderobe saß, mit Locken-wicklern im Haar und wieder einmal fürchterlich aussah, klopfte es an meine Tür. Ohne mein ›Herein‹ abzuwarten, kam ein Mann hereingepoltert, der grinsend zu mir meinte: ›Hi, ich bin Jack Nicholson. Darf ich Ihre Toilette einmal be-nutzen?‹ Danach ging es mir um vieles besser.«

Zwölf Wochen später, am 10. Oktober 1985, waren alle Sze-nen im Kasten, einschließlich einer Woche Außenaufnah-men in Washington, D. C.

Die wichtigste Dekoration, das traute Heim von Rachel und Mark, stand auf dem Camera Mart, New York, wo schon *So-phie's Choice, The Exorcist* (Der Exorzist) und *Twelve Angry Men* (Die zwölf Geschworenen) gedreht worden waren.

Ein komplettes zweistöckiges Reihenhaus wurde aufgebaut, mit Wohnzimmer, Küche, Bädern, Kinderzimmer und

Auch Richard (Jeff Daniels) hätte nichts dagegen, wenn er der Vater von Rachels (Meryl) Kind wäre.

Atriumgarten. Die Handlung verlangt das gute Stück in den unterschiedlichsten Zuständen, am Anfang z. B. als trostlose Brandruine. »Wir glaubten, es sei am einfachsten, den ganzen Komplex nach und nach zu ruinieren«, erinnert sich Walton, »statt ihn allmählich zu verschönern. Aber die Drehpläne, die sich nach der Verfügbarkeit der Schauspieler richten mußten, machten uns einen Strich durch die Rechnung. Am Ende besaßen wir nahezu jedes Detail des Hauses in mehreren Erscheinungsformen. Egal, ob Nachdrehen oder Vorgriff angesetzt war – in kürzester Zeit war die Szenerie im passenden Zustand.«

Heartburn beginnt mit einer bombastischen Hochzeit, die Rachel Samstat und Mark Forman zusammenführt. Doch Gott behüte, es ist nicht ihre eigene, denn beide haben sich geschworen, niemals einen solchen Unsinn zu begehen und zu heiraten. Rachel und Mark sind nur hier, um ihren Lesern von dem gesellschaftlichen Ereignis zu berichten. Nachdem sie sich über die Tische hinweg erspäht haben, hat Amors Pfeil gleich zweimal getroffen.

Schon bald treten sie vor den Traualtar. Der Saal voller Freunde und Bekannte, der Klavierspieler in der Ecke, der sämtliche Schnulzenstücke aufwärmt, die jemals verbrochen wurden, und ein nervöser Bräutigam, der auf seine Braut wartet, die aber nicht erscheint. Die hat sich nämlich in ein Nebenzimmer verkrochen und hat Angst vor ihrer eigenen Courage. Erst nach stundenlangem Zureden gibt Rachel Mark ihr Jawort.

Weiter geht es fast wie in einem Schnulzenroman. Rachel verabschiedet sich unter Tränen von ihrem Chefredakteur, ihren Eltern und ihrer psychotherapeutischen Gruppe. In Washington angekommen, erwartet sie der erste Schock: Ein völlig ausgebranntes Reihenhaus soll ihr neues Zuhause werden. Durch einige öde Fensterhöhlen blickt Rachel auf das anheimelnde Ambiente einer Mülldeponie. Die Wiederaufbauarbeit wie nach einem Bombenangriff meistert sie mit Marks Hilfe und der eines befreundeten Innenarchitekten, der es nicht mitansehen kann, wie Rachel als Trümmerfrau einer strahlenden Zukunft entgegenlebt.

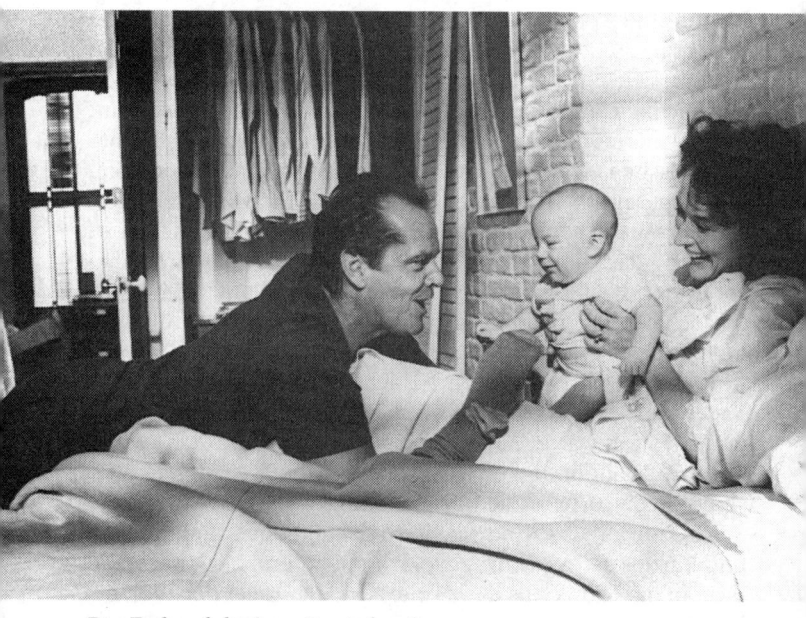

Das Endprodukt einer stürmischen Romanze.

Doch das junge Paar ist voll Optimismus, und das Eheglück beginnt inmitten von Wolken – aus Mörtelstaub.

Schon ist Nachwuchs unterwegs. Ein kleines Mädchen wird der neue Mittelpunkt der Familie.

Bald besteht die berechtigte Hoffnung, daß ein Brüderchen nachfolgt. Rachel, die sich mehr und mehr auf ihre häuslichen Pflichten konzentriert, ahnt nichts Böses, als Mark jeden Abend später nach Hause kommt. Erst als sie eines Tages der Erzählung einer Friseuse lauscht, ahnt sie Übles: Jede Nacht war der Mann spät nach Hause gekommen, und eines Tages war alles aufgeflogen. Er verbrachte die Abende mit einer anderen Frau in einem Hotelzimmer.

Impulsiv reißt sich Rachel die Trockenhaube vom Kopf und stürmt nach Hause. In Marks Schreibtisch braucht sie nicht lange zu suchen, denn er hat genügend Spesenquittungen aufgehoben. Wütend beschließt sie, Mark zu verlassen.

Mutter und Tochter fliehen nach New York in die elterliche Wohnung. Obwohl es so aussieht, als würde sie alles daran setzen, sich eine neue Karriere aufzubauen, wartet sie in Wirklichkeit auf einen Anruf von Mark. Doch der kommt nicht. Um sich auszuweinen, fährt Rachel zu ihrer psychotherapeutischen Gruppe nach Soho. In der U-Bahn erobert sie, besser gesagt ihr Ring, das Herz eines Ganoven. Doch Rachel ist viel zu sehr mit ihren Problemen beschäftigt, um zu merken, daß sie verfolgt wird. Als sie im vertrauten Gesprächskreis sitzt, stürmt eben jener junge Mann ins Zimmer und schießt gleich einmal ein Bild von der Wand. Dann sammelt er das Geld und den Schmuck der Anwesenden ein.

Mit »nacktem« Finger kehrt Rachel zu der Wohnung ihres Vaters zurück und trifft auf Mark, der am Brunnenrand lehnt und auf sie gewartet hat. Sowie er sagt »Ich liebe dich«, ist es um ihre Standhaftigkeit geschehen. Als sie wieder in Washington eintrifft, ist sie hochschwanger. Hausarbeit und die Vorfreude auf das Kind wechseln sich mit öden Einladungen und Parties ab. Mark ist zuvorkommend und begleitet seine Frau in die Klinik, als das zweite Kind das Licht der Welt erblickt.

Alles scheint in schönster Ordnung zu sein, besonders, als die New Yorker Polizei Rachels gestohlenen Ring zurückschickt, der kaum beschädigt ist. Rachel bringt den Ring zum Juwelier, der sich nichtsahnend nach der Kette erkundigt, die Mark erst kürzlich gekauft hat. Leider hat Rachel nie eine bekommen.

Wütend verkauft sie ihren Ring für 15.000 Dollar und fährt ins traute Heim, um einen Zitronenkuchen zu backen.

Diesen klatscht sie am Abend Mark ins Gesicht, dankt Gott für den pflegeleichten Linoleumboden und reist mit ihren zwei Kindern zurück nach New York.

Heartburn ist ein Film im alten Hollywoodstil. Er erinnert stark an die Screwball Comedies aus den dreißiger Jahren, in denen Cary Grant und Irene Dunne ähnliches durchmachten wie Rachel und Mark. Jack Nicholson meinte dazu: »Wen interessiert schon, ob der Film 100 Millionen einspielt oder ob er für einen Oscar nominiert wird. Die Hauptsache ist, daß die Leute unterhalten werden. Wir werden den Publicity-rummel mitmachen, Meryl wird das meiste Lob einstecken, und damit hat es sich dann. Ich glaube schon, daß er seine Kosten einspielt, aber dann werden die Kinder wieder in ihre Monster- und Science-fiction-Filme rennen.«

In Amerika und auch in Italien meinten die männlichen Zuschauer, daß der Film zwar eindrucksvoll, aber ziemlich übertrieben sei. Die Frauen dagegen fanden ihn unglaublich lebensecht. Wenn man *Heartburn* gesehen hat, weiß man nicht so recht, ob man lachen oder weinen soll. Richard Corliss meinte dazu in seiner Kritik: »Man kann Mark für seine Grausamkeit hassen, oder man liebt ihn wegen seines robusten Charmes und seines scharfen Humors. Ähnlich ist es mit dem ganzen Film.«

Als in Hollywood bekannt wurde, daß Meryl während der Dreharbeiten bereits schwanger war, erinnerte man sich an ein früheres Streep-Interview, in dem sie gemeint hatte: »Man sagt mir nach, ich sei eine Perfektionistin. Ja, das bin ich schon. Allerdings nur auf einem einzigen Gebiet. Wenn es ums Schauspielen geht, versuche ich, jedes auch noch so entlegene Detail ernst zu nehmen. Ich finde, daß die Folge der Gesten und Gefühle – also das Außen und das Innen des Schauspielers – wie ein Organismus wachsen sollte. Nur wenn das Resultat lebendig ist, kann der Zuschauer sagen: Das habe ich erlebt. Ich bin fest davon überzeugt, daß ich nicht nur die Rolle geworden bin, sondern daß ich mich auch in einen Zuschauer verwandelt habe. Durch diese Identifikation bin ich dann an zwei Orten zugleich: auf der Leinwand und vor der Leinwand, Subjekt und Objekt zugleich.«

Daß einige Klatschreporter daraus die Schlußfolgerung zogen, Meryl sei nur wegen ihrer Rolle schwanger geworden, amüsierte sie. Weniger amüsant fand sie es, daß man behauptete, sie hätte mit Jack, dem man eine Vorliebe für schnelle Amouren nachsagt, eine Affäre.

Meryls einziger Kommentar: »Während der Dreharbeiten war mir oft so schlecht, daß ich dachte, sie müßten hinterher die Farben korrigieren, weil ich viel zu grün im Gesicht war. Ein Wunder, daß der Film überhaupt zustande kam. Die

Wieder vereint!?

Übelkeit war so hartnäckig, daß ich gewiß keine Zeit und
auch keine Lust hatte, mich in Jack zu verlieben.« Und Anjelica Huston meinte trocken: »Ich glaube nicht, daß Meryl so
leichtsinnig wäre, ihre Augen zu riskieren, die ich ihr mit Sicherheit auskratzen würde, sollte etwas Wahres an diesem
Gerede sein.«
Dennoch hielt sich das Gerücht hartnäckig. So berichtete ein
Revolverblättchen, daß Jack wegen Meryl seine Hochzeit
mit Anjelica verschoben hätte. Und weiter: »Wie tief seine
Verehrung ist, zeigt der Umstand, daß er seine Picassogemäl-
de durch Streep-Poster ersetzte.«
Gerüchte hin oder her. Die Amerikaner haben in Jack Nicholson und Meryl Streep ihr Traumpaar gefunden, das

eventuell die Hepburn-Tracy-, Lombard-Gable-Tradition fortsetzt. Ende 1986 kündigte Jack an, daß er zusammen mit Meryl wieder in *Ironweed* zu sehen sein wird. Die Verfilmung des William-Kennedy-Bestsellers war ursprünglich für 1988 angesetzt, doch Tri Star drängte Hector Babenco, den Film bereits bis Ende 1987 fertigzustellen. Am 23. Februar 1987 begannen die Dreharbeiten in Albany. Neben Jack und Meryl wirken Carroll Baker, Fred Gwynne, Michael O'Keefe, Diane Venora und Tom Waits mit.

Kaum war der erste Ärger wegen der angeblichen Liebesaffäre zwischen Meryl und Nicholson vergessen, als erneut dunkle Wolken am Boulevardhimmel aufzogen. Eine bekannte amerikanische Wochenzeitung hatte Meryl in die »Riege der zehn reichsten Frauen Hollywoods« aufgenommen. Sie fand sich in der Gesellschaft von Goldie Hawn, Joan Collins, Greta Garbo, Lucille Ball, Linda Evans, Mary Taylor Moore, Jane Fonda, Barbra Streisand und Diana Ross wieder. Über sie war zu lesen: »Meryl Streep verwaltet ihre Filmgagen lieber selbst. Sie macht das sehr geschickt. Acht Millionen Dollar sind in Grundstücken angelegt.« Einziger Streep-Kommentar: »So ein Quatsch. Erstens geht das niemanden etwas an, und zweitens interessiert das eh keinen. Schließlich habe ich mir das Geld hart genug verdient.«

Dagegen ließ es sie völlig kalt, daß sie auf Richard Blackwells Liste der »schlechtestgekleideten Frauen der Welt« 1987 als Nummer eins geführt wird. Blackwell schreibt: »Die Schauspielerin sieht aus wie eine Zigeunerin, die von der Karawane zurückgelassen wurde.« »Das stört mich überhaupt nicht«, meint Meryl. »Schließlich ist dieser Mensch doch nur ein kleiner, mittelmäßiger Kleidermacher, der wenig mit Arbeit glänzte.«

Meryl als Brooke Reynolds in ›Still of the Night‹.

Scarlett oder George Sand, das ist hier die Frage

> »Die Zeit zwischen den Rollen ist schrecklich.
> Man analysiert seine Kräfte und wundert sich,
> daß sie später in alle theoretischen Winde zerstreut
> sein werden. Zwischen den Rollen sollte man wieder
> Kind sein dürfen oder: Kinder machen dürfen.«

Meryl Streep

Anfang 1986, nach einem ihrer produktivsten Jahre, erklärte Meryl Streep: »Es ist einfach unmöglich, die ganze Zeit zu arbeiten und dabei die Familie *nicht* zu vernachlässigen. Ich kann eben doch nicht, wie ich es immer gehofft habe, auf jedem Gebiet zehn Punkte erreichen.«

Aus diesem Grund beschloß sie, nach der Geburt ihrer zweiten Tochter Gracie eine zwölfmonatige Arbeitspause einzulegen.

Entgegen dieser Aussage glaubten viele, Meryl würde die weibliche Hauptrolle in *The Witches of Eastwick* übernehmen und so neben Jack Nicholson, Susan Sarandon und Michelle Pfeiffer zu sehen sein. Als im Oktober 1986 die Dreharbeiten in Cohasset, Massachusetts, begannen, stellte sich heraus, daß Cher die weibliche Hauptrolle erhalten hatte, da Meryl sich strikt weigerte, ihre Pause zu unterbrechen.

Im gleichen Monat verkündete Sergio Leone, er werde Margaret Mitchells Roman *Gone with the Wind* mit Meryl Streep und Robert De Niro in den Hauptrollen neu verfilmen und gleichzeitig eine Fortsetzung zu dem Hollywoodklassiker kreieren.

Kaum hatte sich der erste Sturm der Entrüstung gelegt, als die Mitchell-Erben aus Atlanta verlauten ließen, daß man weder eine Neuverfilmung noch eine Fortsetzung autorisieren würde, da die Autorin selbst eine Fortsetzung verbrannt hatte, um die »Einmaligkeit« ihres Romanes zu wahren. Sollte ihr Wunsch nicht »durch menschlichen Anstand und Respekt« gewahrt werden, würde man sich nicht scheuen, gerichtliche Schritte einzuleiten.

Meryl als Rachel Samstatt in ›Heartburn‹.

Leone, der wußte, daß die streitbaren Erben seit Jahren eine Fortsetzung des Klassikers gerichtlich unter Verschluß halten ließen, beschloß daraufhin, das Projekt noch einmal zu überdenken bzw. sich einem neuen Epos mit dem Arbeitstitel *The 900 Days of Leningrad* zuzuwenden.

Einige Wochen später erreichte die Showbranche aus Italien die Nachricht, Franco Zeffirelli werde mit Meryl Streep in der Hauptrolle das Leben der George Sand verfilmen. Kommentar der Streep: »Ich glaube, daß für diese Rolle ein Mann besser geeignet wäre, da es sich zu 90 Prozent um eine Hosenrolle handelt.«

Dennoch schickte Zeffirelli an die Streep ein Skript zur unverbindlichen Prüfung.

Ein bekanntes Branchenblatt Amerikas gab mittlerweile bekannt, daß es nicht auszuschließen sei, daß Meryl zusammen mit Dolph Lundgren (bekannt aus *Rocky IV*) in einer Komödie zu sehen sein wird. Meryl soll ein braves Hausmütterchen spielen, die den Über-Mann Lundgren aus den verworrensten Situationen befreit und schließlich vor den Traualtar führt.

Dagegen gab der Präsident der MGM, Alan Ladd jr., bekannt, daß sich unter den Projekten für 1987 auch ein Meryl-Streep-Film befinde. Der vorläufige Arbeitstitel laute *Tina*.

Der Film, der auf einer Novelle von Tschechow beruhen soll, wird aller Wahrscheinlichkeit nach unter der Regie von Nikita Mikhalkov in der UdSSR entstehen.

Nach der Fertigstellung von *Ironweed* dürfte von allen bekannten Projekten *Tina* die größte Chance haben, mit Meryl in der Hauptrolle verwirklicht zu werden.

Auf ihre zukünftigen Projekte angesprochen, meinte Meryl, daß sie ihre Filmpausen gerne dazu nutzen würde, wieder Theater zu spielen. Seit 1980 planen sie, Robert De Niro und Al Pacino, zusammen in Shakespeares *Othello* aufzutreten. Bis heute allerdings scheiterte dieses Vorhaben aus terminlichen Gründen.

Früher oder später wird Meryl Streep mit 100prozentiger Wahrscheinlichkeit auf die Leinwand zurückkehren. Man darf sicher sein, daß Meryl in der Rolle der Scarlett, der Tina oder der George Sand alles daran setzen wird, erneut ihre zehn Punkte zu erreichen.

Filmographie

1. TV-Filme

1977

Uncommon Women and Others
(TV-Fassung des gleichnamigen Stücks von Wendy Wasserstein)
Produktionsfirma: WNET
Besetzung: Swoosie Kurtz, Ellen Parker, Cynthia Herman, Anna Levine, Ann McDonough, Alma Cuervo, Jill Eikenberry, Meryl Streep (Leilah)
Länge: 90 min.

The Deadliest Season
Produktionsfirma: Titus Productions
Regisseur: Robert Markowitz
Drehbuch: Ernest Kinoy
Kamera: Alan Metzger
Schnitt: Stephen A. Rotter
Musik: Dick Hyman
Besetzung: Michael Moriarty (Gerry Miller), Kevin Conway (George Graff), Sully Boyar (Tom Feeney), Meryl Streep (Sharon Miller), Jill Eikenberry (Carole Eskanazi), Andrew Duggan (Al Miller), Patrick O'Neal, Walter McGinn, Paul D'Amato, Mason Adams, Mel Boudrot, Tom Quinn, Ronald Weyand, Dino Narrizano, George Hornish, Alan North, Ian Stuart
Länge: 98 min.

1978

Holocaust
dt. Titel: Holocaust
dt. Erstaufführung: 22., 23., 25. und 26. Januar 1979
Produktionsfirma: Titus Productions
Regisseur: Marvin Chomsky

Meryl als Inga Weiss in ›Holocaust‹.

Drehbuch: Gerald Green
Kamera: Brian West
Schnitt: Stephen A. Rotter
Musik: Morton Gould
Besetzung: Tom Bell (Adolf Eichmann), Joseph Bottoms (Rudi Weiss), Tovah Feldschuh (Helen Slomova), Marius Goring (Palitz), Rosemary Harris (Berta Weiss), Anthony Haygarth (Müller), Ian Holm (Himmler), Lee Montague (der Onkel), Michael Moriarty (Erik Dorf), Deborah Norton (Marta Dorf), George Rose (Lowy), Robert Stephens (Kurt Dorfs Onkel), Meryl Streep (Inga Helms-Weiss), Sam Wanamaker (Moses Weiss), David Warner (Heydrich), Fritz Weaver (Josef Weiss), James Woods (Karl Weiss), Sean Arnold (Hoefle), John Bailey (Hans Frank), Blanche Baker (Anna Weiss), Kate Jaenicke (Frau Lowy), Charles Korvin (Dr. Kohn)
Länge: 570 min.

2. Kino-Filme

1977

Julia
dt. Titel: Julia
Verleih/Produktionsfirma: 20th Century Fox
dt. Erstaufführung: 27. Januar 1978
Regisseur: Fred Zinnemann
Kamera: Douglas Slocombe
Drehbuch: Alvin Sargent nach der Erzählung *Pentimento* von Lillian Hellman
Schnitt: Walter Murch, Marcel Durham
Musik: Georges Delerue
Besetzung: Jane Fonda (Lillian Hellman), Vanessa Redgrave (Julia), Jason Robards (Dashiell Hammett), Maximilian Schell (Johann), Hal Holbrock (Alan Campbell), Rosemary Murphy (Dorothy Parker), Meryl Streep (Anne Marie Travers), Dora Doll, Elisabeth Mortensen, John Glover, Lisa Pelikan, Susan Jones, Cathleen Nesbitt, Maurice Denham, Gerard Buhr, Stefan Gryff, Philip Siegel, Milly Urquhart, Antony Carrick, Ann Queensberry, Edmond Bernard, Jacques David, Jacqueline Staup, Hans Verner, Christian De Tiliere
Länge: 117 min.

1978

The Deer Hunter
dt. Titel: Die durch die Hölle gehen
Verleih: Columbia – EMI – Warner
Produktionsfirma: EMI Films
dt. Erstaufführung: 9. März 1979
Regisseur: Michael Cimino
Drehbuch: Deric Washburn nach einer Story von Michael Cimino, Deric Washburn, Louis Garfinkle, Quinn K. Redeker
Kamera: Vilmos Zsigmond
Schnitt: Peter Zinner
Musik: Stanley Myers

Zusammen mit Christopher Walken in ›Die durch die Hölle gehen‹.

Besetzung: Robert De Niro (Michael Vronsky) John Cazale (Stan), John Savage (Steven), Christopher Walken (Nikanor Chevotarevich alias Nick), Meryl Streep (Linda), George Dzundza (John), Chuck Aspegren (Axel), Shirley Stoler (Stevens Mutter), Rutanya Alda (Angela), Pierre Segui (Julien), Mady Kaplan (Axels Freundin), Amy Wright, Mary Ann Haenel, Richard Kuss, Joe Grifasi, Christopher Colombi Jr., Victoria Karnafel, Helen Tomko, Paul D'Amato, Dennis Watlington, Charlene Darrow, Jane Colette Disko, Michael Wollett, Robert Beard, Joe Dzizmba, Father Stephen Kopestonsky, John F. Buchmelter III, Frank Devore, Tom Becker, Lynn Kongkham, Nongnuj Timruang, Po Pao Pee, Dale Burroughs, Parris Hicks, Samui Muang-Intata, Sapox Colisium, Vitoon Winwitoon, Somsak Sengvilai, Charan Nusvanon, Jiam Gongtongsmoot, Chai Peyawan, Mana Hansa, Sombot Jumpanoi, Phip Manee, Ding Santos, Krieng Chaiyapuk, Ot Palapoo, Chok Chai Mahasoke, Hillary Brown sowie der St.-Theodosius-Cathedral-Chor, Cleveland, Ohio
Länge: 182 min.

271

1979

The Seduction of Joe Tynan
dt. Titel: Die Verführung des Joe Tynan
Verleih: CIC
Produktionsfirma: Universal
dt. Erstaufführung: 13. Juni 1980

Meryl als Karen Traynor, die Alan Alda in ›The Seduction of Joe Tynan‹ verführt.

Regisseur: Jerry Schatzberg
Drehbuch: Alan Alda
Kamera: Adam Holender, Lou Barlia
Schnitt: Evan Lottman
Musik: Bill Conti
Besetzung: Alan Alda (Joe Tynan), Barbara Harris (Ellie Tynan), Meryl Streep (Karen Traynor), Rip Torn (Senator Kittner), Melvyn Douglas (Senator Birney), Charles Kimbrough (Francis), Carrie Nye (Althena Kittner), Michael Higgins (Senator Pardew), Blanche Baker (Janet Tynan), Maureen Anderman (Joes Sekretärin), Chris Arnold (Jerry), John Badila, Robert Christian, Maurice Copeland, Lu Elrod, Clarence Felder, Gus Fleming, Merv Griffin, Marian Hailey Moss, Dan Hedaya, Ronald Hunter, Walter Klavun, Norma La Rochelle, Kaiulani Lee, Charles Levin, Christopher McHale, Ron Menchine, M. B. Miller, Bill Moor, Novella Nelson, Stephan D. Newman, Eric Pederson, Wyman Pendleton, Don Plumley, Ben Prestbury, Frederick Rolf, Adam Ross, Peter H. Schroeder, William Shust, Martha Sherrill, Ben Slack, Leon B. Stevens, Frank Stoegerer, Suzanne Stone, Kay Todd, Nathan Wilansky
Länge: 107 min.

Manhattan
dt. Titel: Manhattan
Verleih/Produktionsfirma: United Artists
dt. Erstaufführung: 31. August 1979
Regisseur: Woody Allen
Drehbuch: Woody Allen, Marshall Brickman
Kamera: Gordon Willis, Fred Schuler
Schnitt: Susan E. Morse
Musik: George Gershwin, gespielt vom New York Philharmonic Orchestra unter der Leitung von Zubin Mehta und dem Buffalo Philharmonic Orchestra unter der Leitung von Michael Tilson Thomas
Besetzung: Woody Allen (Isaac Davis), Diane Keaton (Mary Wilke), Michael Murphy (Yale), Mariel Hemingway (Tracy), Meryl Streep (Jill), Anne Byrne (Emily), Karen Ludwig (Connie), Michael O'Donoghue (Dennis), Victor Truro, Tisa Farrow, Helen Hanft, Bela Abzug, Gary Weis, Kenny Vance, Charles Levin,

Meryl als lesbische Ex-Ehefrau von Woody Allen in ›Manhattan‹.

Karen Allen, David Rasche, Damion Sheller, Wallace Shawn, Mark Linn Baker, Frances Conroy, Bill Anthony, John Doumanian, Ray Serra
Länge: 96 min.

Kramer vs. Kramer

dt. Titel: Kramer gegen Kramer
Verleih: Columbia – EMI – Warner

*Zusammen mit Dustin Hoffman und Justin Henry in dem Scheidungs-
drama ›Kramer gegen Kramer‹.*

Produktionsfirma: Stanley Jaffe Productions
dt. Erstaufführung: 28. Februar 1980
Regisseur: Robert Benton
Drehbuch: Robert Benton nach dem gleichnamigen Roman von Avery Corman
Kamera: Nestor Almendros, Tom Priestley Jr.
Schnitt: Jerry Greenberg
Musik: Henry Purcell, gespielt von Paul Gemignani, Antonio Vivaldi, gespielt von Herb Harris
Besetzung: Dustin Hoffman (Ted Kramer), Meryl Streep (Joanna Kramer), Jane Alexander (Margaret Phelps), Justin Henry (Billy Kramer), Howard Duff (John Shaunessy), George Coe (Jim O'Connor), Jobeth Williams (Phyllis Bernard), Bill Moor (Gressen), Howland Chamberlain (Richter Atkins), Jack Ramage, Jess Osuna, Nicholas Horman, Ellen Parker, Shelby Brammer, Carol Nadell, Donald Gantry, Judith Calder, Peter Lownds, Kathleen Keller, Ingeborg Sorensen, Iris Alhanti, Richard Barris, Evelyn Hope Bunn, Joann Friedman, Quentin J. Hruska, Joe Seneca, Dan Tyra, David Golden, Petra King, Melissa Morell, Frederick W. Hand, Scott Kuney
Länge: 105 min.

1981

The French Lieutenant's Woman
dt. Titel: Die Geliebte des französischen Leutnants
Verleih: United Artists
Produktionsfirma: Juniper Films
dt. Erstaufführung: 11. März 1982
Regisseur: Karel Reisz
Drehbuch: Harold Pinter nach dem gleichnamigen Roman von John Fowles
Kamera: Freddie Francis, Gordon Hayman
Schnitt: John Bloom
Musik: Carl Davis, Wolfgang Amadeus Mozart, gespielt von John Lill
Sarahs Zeichnungen: Sally Scott
Besetzung: Meryl Streep (Sarah Woodruff/Anna), Jeremy Irons

Unvergleichlich als Sarah Woodruff in ›Die Geliebte des französischen Leutnants‹.

(Charles Smithson/Mike), Hilton McRae (Sam), Emily Morgan (Mary), Charlotte Mitchell (Mrs. Tranter), Lynsey Baxter (Ernestina Freeman), Jean Faulds (Cook), Peter Vaughan (Mr. Freeman), Colin Jeavons, Liz Smith, Patience Collier, John Barrett, Leo McKern, Arabella Weir, Ben Forster, Catherine Willmer, Anthony Langdon, Edward Duke, Richard Griffiths,

Graham Flechter-Cook, Richard Hope, Michael Elwyn, Toni Palmer, Cecily Hobbs, Doreen Mantle, David Warner, Alun Armstrong, Gerard Falconetti, Penelope Wilton, Joanna Jospeh, Judith Alderson, Cora Kinnaird, Orlando Fraser, Frederika Morton, Alice Maschler, Matthew Morton, Vicky Ireland, Clarie Travers-Deacon, Harriet Walter, Janet Rawson, Mia Soteriou, Mary McLeo, Peter Fraser, Rayner Newmark
Länge: 123 min.

1982

Still of the Night

dt. Titel: In der Stille der Nacht
Verleih/Produktionsfirma: MGM/UA
dt. Erstaufführung: 25. Februar 1983
Regisseur: Robert Benton
Drehbuch: Robert Benton nach einer Idee von Robert Benton und David Newman
Kamera: Nestor Almendros, Dan Lerner
Schnitt: Jerry Greenberg, Bill Pankow
Musik: John Cander, Jonathan Elias
Besetzung: Roy Scheider (Dr. Sam Rice), Meryl Streep (Brooke Reynolds), Jessica Tandy (Dr. Grace Rice), Joe Grifasi (Joseph Vittuci), Sara Botsford (Gail Phillips), Josef Summer (George Bynum), Rikki Borge (Heather Wilson), Irving Metzman, Larry Joshua, Tom Norton, Richmond Hoxie, Hyon Cho, Danille Cusson, John Bentley, George A. Tooks, Sigrunn Omark, Randy Jurgenson, Palmer Deane, William Major, Joseph Priestley, Will Rose, Arnold Glimcher, Jeffrey Hoffeld, Linda LeRoy Janklow, Elinor Klein, Susan Patircof
Länge: 91 min.

Sophie's Choice

dt. Titel: Sophies Entscheidung
Verleih: UIP
Produktionsfirma: ITC Entertainment
dt. Erstaufführung: 5. Mai 1983
Regisseur: Alan J. Pakula
Drehbuch: Alan J. Pakula nach dem gleichnamigen Roman von William Styron

Zusammen auf dem Dach mit Kevin Kline und Peter MacNicol in ›Sophies Entscheidung‹.

Kamera: Nestor Almendros, Tom Priestly Jr.
Schnitt: Evan Lottman
Musik: Johann Sebastian Bach, Wolfgang Amadeus Mozart, Ludwig van Beethoven, Georg Friedrich Händel, Felix Mendelssohn Bartholdy, Robert Schumann, Johann Strauss, geleitet von Lorin Hollander
Besetzung: Meryl Streep (Sophie Zawistowska), Kevin Kline (Nathan Landau), Peter MacNicol (Stingo), Rita Karin (Yetta Zimmerman), Stephen D. Newman (Martin Landau), Greta Turken (Leslie Lapidus), Josh Mostel (Morris Fink), Marcel Rosenblatt, Moishe Rosenfeld, Robin Bartlett, Eugene Lipinski, John Rothman, Joseph Leon, David Wohl, Nina-Polan, Alexander Sirotin, Armand Dahan, Joseph Tobin, Cortez Nance, Günther Maria Halmer, Karl Heinz Hackl, Ulli Fessl, Melanie Pianka, Eugeniusz Priwieziencew, Krystyna Karkowska, Katharina Thalbach, Neddim Prohic, Jennifer Lawn, Adrian Kalitka, Peter Wegenbreth, Vida Jerman, Irena Hampel, Sandra Markota, Hrovoje Sostaric, Marko Zec, Ivo Pajer, Michaelea Karacic, Josef Sommer
Länge: 151 min.

1983

Silkwood
dt. Titel: Silkwood
Verleih: Rank
Produktionsfirma: ABC Motion Pictures
dt. Erstaufführung: 6. April 1984
Regisseur: Mike Nichols
Drehbuch: Nora Ephron, Alice Arlen
Kamera: Miroslav Ondricek
Schnitt: Sam O'Steen
Musik: Georges Delerue
Besetzung: Meryl Streep (Karen Silkwood), Kurt Russell (Drew Stephens), Cher (Dolly Pelliker), Craig T. Nelson (Winston), Diana Scarwid (Angela), Fred Ward (Morgan), Ron Silver (Paul Stone), Charles Hallahan (Earl Lapin), Josef Sommer (Max Richter), M. Emmet Walsh (Walt Yarborough), Les Lannom (Jimmy), Richard Hamilton (Georgie), Kent Broadhurst, J. C. Quinn, David Strathairn, Bruce McGill, E. Katherine Kerr, Henderson Forsythe, Sudie Bond, Graham Jarvis, James Rebhorn, Ray Baker, Michael Bond, Bill Cobbs, Norm Colvin, Haskell Carver, Kathie Dean, Gary Grubbs, Susan McDaniel, Tana Hensley, Anthony Fernandez, Betty Harper, Tess Harper, Anthony Helad, Nency Hopton, Betty King, Dan Lindsey, John Martin, Will Patton, Vern Porter, Christopher Saylors, Don Slaton, Tom Stovall
Länge: 131 min.

1984

Falling in Love
dt. Titel: Der Liebe verfallen
Verleih: UIP
Produktionsfirma: Paramount
dt. Erstaufführung: 5. April 1985
Regisseur: Ulu Grosbard
Drehbuch: Michael Cristofer
Kamera: Peter Suschitzky, Ernie Miscelli, Tom Priestley
Schnitt: Michael Kahn
Musik: Dave Grusin

Besetzung: Robert De Niro (Frank Raftis), Meryl Streep (Molly Gilmore), Harvey Keitel (Ed Lasky), Jane Kaczmarek (Ann Raftis), George Martin (John Trainer), David Clennon (Brian Gilmore), Dianne Wiest (Isabelle), Viktor Argo (Victor Rawlines), Wiley Earl (Mike Raftis), Jesse Bradford (Joe Raftis), Chevi Colton, Richard Giza, Frances Conroy, James E. Ryan, Sonny Abagnale, George Barry, L. P. McGlynn, J. S. Klinetob, Paul Herman, Kenneth Walsh, John H. Reese, Clem Caserta, Yanni Sfinias, Donald R. Goodness, Florence Anglin, Gerald M. Kline, Barry R. Smith, John Ottavino
Länge: 106 min.

1985
Plenty
dt. Titel: Meryl Streep ist eine *demanzipierte* Frau
Verleih: Columbia/EMI/Warner, in der BRD/20th Century Fox
Produktionsfirma: Edward R. Pressman Productions, RKO
dt. Erstaufführung: 12. Juni 1986
Regisseur: Fred Schepisi
Drehbuch: David Hare nach seinem gleichnamigen Theaterstück
Kamera: Ian Baker, Doug Milsome
Schnitt: Peter Honess
Musik: Bruce Smeaton
Besetzung: Meryl Streep (Suzan Traherne), Sam Neill (Lazar), Charles Dance (Raymond Brock), Sir John Gielgud (Sir Leonard Darwin), Tracey Ullman (Alice Park), Sting (Mick), Ian McKellen (Sir Andrew Charleson), André Maranne (Villon), Tristram Jellinek, Peter Forbes-Robertson, Hugo De Vernier, James Taylor, Ian Wallace, Andy De La Tour, Hugh Laurie, Mitch Davies, Christopher Fairbank, Lindsay Ingram, Richard Hope, Roddy Maude-Roxby, Andrew Seear, Roger Rowland, John Kidd, James Snell, Michael Johnson, Bernard Brown, Rupert Vansittart, Beth Morris, Geoffrey Larder, Tim Seely, Jasper Jacob, Karen Lewis, Burt Kwouk, Pik Sen Lim, Nicholas Frankau, Clare McIntyre, Ali Refaie, William Hoyland, Roger Ashton-Griffiths, Jerry Wickham, Alexander John, Matthew Guinness, John Rees, Lyndon Brook, Joan Blackham, John Serret, Terry Lightfoot and his Band
Länge: 124 min.

Out of Africa
dt. Titel: Jenseits von Afrika
Verleih: UIP
Produktionsfirma: Universal
dt. Erstaufführung: 13. März 1986
Regisseur: Sydney Pollack
Drehbuch: Kurt Luedtke nach den Büchern *Out of Africa,* Schatten
wandern übers Gras, *Letters from Africa* von Isak Dinesen (alias
Karen Blixen) sowie *Isak Dinesen: The Life of a Storyteller* von
Judith Thurman, *Silence Will Speak* von Errol Trzebinski
Kamera: David Watkin, Rodrigo Gutierrez, Peter Allwork,
Freddie Cooper
Schnitt: Frederic Steinkamp, William Steinkamp, Pembroke
Herring, Sheldon Kahn
Musik: John Barry
Besetzung: Meryl Streep (Karen Blixen), Robert Redford (Denys
Finch Hatton), Klaus Maria Brandauer (Bror von Blixen-Fineckel/
Hans von Blixen-Fineckel), Michael Kitchen (Berkeley Cole),
Malick Bowens (Farah), Joseph Thiaka (Kamante), Stephen
Kinyanjui, Michael Gough, Suzanna Hamilton, Rachel Kempson,
Graham Crowden, Leslie Phillips, Shane Rimmer, Mike Kenneth
Mason, Tristram Jellinek, Stephen Grimes, Annabel Maule, Benny
Young, Sbish Trzebinski, Allaudin Qureshi, Niven Boyd, Iman,
Peter Strong, Abdullah Sunado, Amanda Parkin, Muriel Gross,
Ann Palmer, Keith Pearson
Länge: 162 min.

1986

Heartburn
dt. Titel: Sodbrennen
Verleih: UIP
Produktionsfirma: Paramount
dt. Erstaufführung: 29. Januar 1987
Regisseur: Mike Nichols
Drehbuch: Nora Ephron nach ihrem gleichnamigen Roman
Kamera: Dan Lerner, Bruce MacCallum, Chaim Kantor, Brian
Hamill, Nestor Almendros
Schnitt: Sam O'Steen

Musik: Russ Kunkel, Bill Payne, George Massenburg, Carly Simon
Besetzung: Meryl Streep (Rachel), Jack Nicholson (Mark), Jeff Daniels (Richard), Maureen Stapelton (Vera), Stockard Channing (Julie), Richard Masur (Arthur), Catherine O'Hara (Betty), Steven Hill (Harry), Milos Forman (Dmitri), Natalie Stern (Annie), Karen Akers (Thelma Rice), Aida Linares, Anna Maria Horsford, Ron McLarty, Kenneth Welsh, Kevin Spacey, Mercedes Ruehl, Joanna Gleason, R. S. Thomas, Jack Gilpin, Christian Clemenson, John Wood, Sidney Armus, Yakov Smirnoff, Caroline Aaron, Lela Ivey, Tracey Jackson, Libby Titus, Angela Pietropinto, Cynthia O'Neal, Susan Forristal, Dana Ivey, John Rothman, Elijah Lindsay, Jack Neam, Kimi Parks, Salem Ludwig, Patricia Falkenhain, Margaret Thomson, Charles Denney, Gregg Almquist, Garrison Lane, Ryan Hillard, Dana Streep, Mary Streep, Cyrilla Dorn, May Pang, Michael Regan, Ari M. Rousimoff, Luther Rucker
Länge: 109 min.

Für die deutsche Synchronisation lieh Hallgard Bruckhaus in den meisten Filmen Meryl Streep ihre Stimme.

Danksagung

Viele Menschen waren direkt und indirekt an diesem Buch beteiligt. Vor allem möchte ich aber der Schauspielerin, ihrer Familie, ihren Freunden und Kollegen danken. Ebenso Frank Rodriguez (20th Century Fox), Brian Burton (Columbia-EMI-Warner), der Stanley Jaffe Productions, CIC, Paul Lindenschmid (Universal), Deanna Wilcox (MGM/UA) ABC Motion Pictures, Rank, ITC Entertainment, Anne Bennett (UIP), Helene Johnson (Paramount), Tony Slide (Academy of Motion Picture Arts and Sciences), Bernardsville High School, Vassar College, Scotia Filmverleih, Frau Schmitt (UIP), Patrizia Arrigo sowie M. O. H., dem ich in jeglicher Hinsicht sehr viel zu verdanken habe.

Mein weiterer Dank gilt Federica und ihrer Familie und natürlich auch »Wolframo«, denen ich eine herrliche Zeit in Florenz verdanke, die mir Kraft gab, das Buch zu schreiben. Nicht zu vergessen Inge Rhee und dem Wilhelm Heyne Verlag, die die Realisierung meines Streep-Projektes ermöglichten, das ich seit 1982 mit mir herumtrug.

Bibliographie

Über Meryl Streep

Faux, Dominique: *Meryl Streep*. Star d'aujourd'hui, Atlas Lherminier, Paris 1986

Maychick, Diana: *Meryl Streep*. The Reluctant Superstar, Robson Books, London 1984

Smurthwaite, Nick: *The Meryl Streep Story,* Columbus Books, Bromley, 1984

Artikel:

Gittelson, Nathalie: Meryl Streep. Surprising Superstar, in: *McCall's,* März 1983

Greene, Bob: Streep, in: *Esquire,* Dezember 1984

Pally, Marcia: Choice Parts Films – Plenty of Streep, in: *Film Comment,* Oktober 1985

Skow, John: What Makes Meryl Magic, in: *Times,* 7. September 1981

Allgemeines:

Cameron-Wilson, James: *The Cinema of Robert De Niro,* Zomba Books, London 1986

Gomery, Douglas: *The Hollywood Studio System,* London 1986

Jeier, Thomas: *Jane Fonda.* Ihre Filme – ihr Leben, Wilhelm Heyne Verlag, München 1981

Lebrun, Michel: *Woody Allen.* Seine Filme – sein Leben, Wilhelm Heyne Verlag, München 1980

Lenburg, Jeff: *Dustin Hoffman.* Seine Filme – sein Leben, Wilhelm Heyne Verlag, München 1983

Stresau, Norbert: *Der »Oscar«.* Alle Filme – Schauspieler – Preisträger, Wilhelm Heyne Verlag, München 1985

Thain, Andrea: Robert De Niro

Harrison Ford

Jack – Die Ehre des Mister Nicholson

Warren, Doug: *Cagney.* The Authorized Biography, St. Martin's Press, New York 1983

Zurhorst, Meinolf/Just, Lothar: *Jack Nicholson.* Seine Filme – sein Leben, Wilhelm Heyne Verlag, München 1983

Zeitschriften:

Ciak 1985–1987
Cinema 1979–1987
Monthly Film Bulletin 1974–1987
New York Times 1970–1987
Photoplay 1975–1987
Variety 1969–1987

Register

Alda, Alan 57, *77*, 79, *81*, 82 f., 84, 125, *272*
Alda, Rutanya *59*, 62
Alexander, Jane 106, *124*
Alice in Concert 113 f., 117, 127, 161
Allen Woody 84 f., 86, *87*, 120 f., 192
Anderson, Marty 22
Aspegren, Chuck *59*, 66, 68, *117*
Attenborough, Richard Sir *201*

Baker, Blanche *67*, 80
Baxter, Lynsey *132*, 140
Benton, Robert 92 f., 95 ff., *97*, *103*, *107*, 111
Botsford, Sara 154
Bottoms, Joseph 70
Bradford, Jesse 211
Brandauer, Karl Maria 236, *237*, 245, 248
Brodkin, Herbert 55, 69
Brown, Arvin 52
Bufman, Zev 197
Byrne, Anne 85

Caldicott, Helen, Dr. *177*
Cano, Larry 179, 182
Carter, Dixie 114 f.
Castrilli, Sue 22
Cazale, John *45*, *53*, 54, 56 f., *59*, 61, 66, 68, 74 f., *117*, 118
Christian, Robert 77
Cimino, Michael 54, 57, 59 f., 66, 68
Clayburgh, Jill *177*
Clennon, David 211
Close, Glenn 198
Cohn, Sam 155
Collier, Patience *132*
Copeland, Maurice 80
Coppola, Ford 60
Corvelli, Mike *22*
Cuervo, Alma *51*

Dance, Charles *231*, 232
Daniels, Jeff *257*
Deadliest Season, The 55 f.
Deer Hunter, The (Die durch die Hölle
   gehen) 10, 59, 62, 68, 118 ff., 209, 215
De Niro, Robert *59*, 60 ff., *61*, 64, 66, 68,
   117,118, 173, 177, 208 ff., *208*, *209*, *215*, 216
Dennehy, Brian *37*
Dewhurst, Colleen 114
Douglas, Melvyn 80, 82, *124*
Dzundza, George *59*

Eare, Wiley 211
Eikenberry, Jill *51*, 52

Fairbank, Christopher 225
Falling in Love (Der Liebe verfallen) 11,
   208 ff., 229

Fonda, Jane 46, *49*, 49 f., 52
French Lieutenant's Woman, The (Die
   Geliebte des französischen Leutnants) 11,
   126, 129 ff., 159, 161, 163, 198

Gielgud, Sir John 224
Giglio, Candy 22
Grifasi, Joe *37*, 58, 150
Gummer, Don 75, 78, 86, 90 f., *91*, 96, *110*,
   119, *249*
Gummer, Gippy 123 f., 172
Gunton, Bob 58

Halmer, Günther Maria 168
Hamilton, Suzanna 237
Hare, David 220 f., 234
Harris, Rosemary *65*, 70
Haygarth, Tony 70
Heartburn (Sodbrennen) 11, 251 ff.
Hellman, Lillian 46
Hemingway, Mariel 85
Henry, Justin *99*, *109*, *275*
Herman, Cynthia *51*
Hirsch, Buzz 179, 181 f.
Hoffman, Dustin 93, *94*, *95*, 96 f., *97*, 99, *101*,
   103, 103 f., *107*, *109*, 111, 177, 192, 202, *275*
Holocaust (Holocaust) 11, 55, 69 ff., 97
Hudson, Rodney *116*

Irons, Jeremy *132*, *133*, 140, *143*, *145*

Jaffe, Stanley R. 93, 95, 97, *97*, *107*, 111, 129
Julia (Julia) 10, 46, 49 ff., 92, 97, 132
Julia, Raul 87, *89*, 90

Kaczmarek, Jane 211
Kaplan, Mady *59*
Karin, Rita 165
Keaton, Diane 52, 85, 121
Keitel, Harvey 211, 216
Kingsley, Ben *201*
Kitchen, Michael 237
Kline, Kevin *160*, *161*, 164 f., *169*, 170, *173*,
   177, *279*
Knight, Shirley 58
Kramer vs. Kramer (Kramer gegen Kramer)
   9, 11, 92 ff., 129, 156, 158, 216
Kurtz, Swoosie *51*

Leach, Wilfried 87
Leone, Sergio 265
Levine, Anne *51*
Lithgow, John *41*
Lloyd, Christopher 59

MacNicol, Peter *163*, 164 f., 170, *171*, *279*
Manhattan (Manhattan) 10, 84, 86, 120

Martin, George 211
McDonough, Ann *51*
Meryl, Arvin Brown 43
Mitchell, Charlotte *132*
Moriarty, Michael 55, 70
Murphy, Michael 85

Neill, Sam 223
Nelson, Craig T. 188
Nichols, Mike 197 f.
Nicholson, Jack *252, 253,* 260, 262, 265
Norton, Deborah 70

Out of Africa (Jenseits von Afrika) 11, 234, 236 ff.

Pacino, Al 162, 177
Page, Geraldine 250
Pakula, Alan J. *161,* 162 ff., 172 ff.
Papp, Joseph 47 f., 86, 113 f., *123,* 126, 220 f., 230
Parker, Ellen *51*
Plenty (Meryl Streep ist eine *demanzipierte Frau) 11, 220 ff.*
Pollack, Sydney 242 ff., 248
Poole, Ray 39
Porter, Dennis 132

Quinlan, Kathleen 114

Rawlines, Victor *212*
Redford, Robert 236, 243, *244,* 246, *247,* 248
Redgrave, Vanessa 47, 49 f., 52
Reisz, Karel 126, 130, 132 ff., *133, 140,* 144 f.
Ricciardi, John G. *22*
Robards, Jason 50
Rudd, Paul *43*
Russell, Kurt *185,* 186

Savage, John *59,* 62, 66

Scheider, Roy *149,* 150, *151,* 155, *157,* 162, 177
Seduction of Joe Tynan, The (Die Verführung des Joe Tynan) 7, 11, 78 f., 82, 84, 125
Segui, Pierre 62
Serban, Andrei 54, 58
Silkwood (Silkwood) 11, 184, 186, 191 ff., 207, 251
Sills, Beverly 20
Silver, Ron 189, *189*
Sophie's Choice (Sophies Entscheidung) 11, 14, 138, 158, 162, 177, 179, 196, 205
Still of the Night (In der Stille der Nacht) 11, 147 ff.
Strade, Bob *22*
Streep, Dana 37
Streep, Harry 15, *22,* 26, 37, 75
Streep, Mary Louise 15 f., 20, 75, 100, 125
Streep, Third 37, 75
Summer, Josef *148*

Taken in Marriage 114
Tandy, Jessica 151
Thomson, Bruce *21*
Truffaut, François 92, 156
Turken, Greta 165

Ullman, Tracey *223,* 224, *231*
Uncommon Women and Others 52

Walken, Christopher *59,* 62, 66, *271*
Weaver, Fritz *65,* 70
Wiest, Dianne *210,* 211
Wilson, Elizabeth 114
Woods, James *65,* 70
Worth, Irene 53

Zeffirelli, Franco 267
Zinnemann, Fred 46, 50 f., 132

HEYNE
FILMBIBLIOTHEK

Unvergeßliche
Stars
Große Filme
Geniale
Regisseure

32/98 - DM 12,80

32/57 - DM 9,80

32/33 - DM 9,80

32/90 - DM 12,80

32/85 - DM 9,80

32/24 - DM 7,80

32/86 - DM 12,80

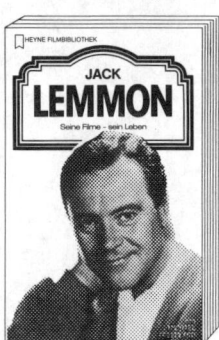

32/97 - DM 12,80